本书获湖南省船山学基地、湖南省重点学科建设项目资助

湖南电视对长沙城市形象的建构研究

杨旭明◎著

中国社会科学出版社

图书在版编目(CIP)数据

湖南电视对长沙城市形象的建构研究/杨旭明著.—北京:中国社会科学
出版社,2017.8

ISBN 978 - 7 - 5161 - 8545 - 2

Ⅰ.①湖… Ⅱ.①杨… Ⅲ.①电视—关系—城市—形象—研究—长沙市
Ⅳ.①G229.276.4②TU984.264.1

中国版本图书馆 CIP 数据核字(2016)第 154211 号

出 版 人	赵剑英
责任编辑	陈雅慧
责任校对	王 斐
责任印制	戴 宽

出 版	中国社会科学出版社
社 址	北京鼓楼西大街甲 158 号
邮 编	100720
网 址	http://www.csspw.cn
发 行 部	010 - 84083685
门 市 部	010 - 84029450
经 销	新华书店及其他书店

印 刷	北京明恒达印务有限公司
装 订	廊坊市广阳区广增装订厂
版 次	2017 年 8 月第 1 版
印 次	2017 年 8 月第 1 次印刷

开 本	710×1000 1/16
印 张	18.75
插 页	2
字 数	309 千字
定 价	69.00 元

凡购买中国社会科学出版社图书,如有质量问题请与本社营销中心联系调换
电话:010 - 84083683

序　言

　　城市形象是城市内外部公众拥有的对某一城市的共同的心理图像。这种心理图像的形成，可以通过人们直接的现场体验而形成，也可以通过人们间接的媒体建构而获得。伴随着现代城市化进程产生和发展起来的大众传媒，包括报纸、杂志、广播、电视、网络和微博等，都在有意或无意地建构城市形象。特别是在传媒化生存的当下，大众传媒在着意建构城市形象的过程中，扮演着多样的角色，发挥着重要的功能。在电视强势鲜明突出的长沙，电视以其快捷、直观、形象、大众等特点，兼容图文声像等符号和新闻、娱乐、服务等功能，成为建构长沙形象的重要媒介。

　　本书从传播学的视角研究城市形象，拟以湖南电视中的长沙形象为个案，在历时性和共时性的维度下，抽取湖南电视发展40多年来的代表性频道、栏目和节目样本，立足传播学的学科范式，结合城市学、形象学、地理学、管理学、社会学、心理学、符号学、叙事学等学科相关理论，探讨以电视为代表的大众传媒，因何和如何在特定的地理和社会环境中，自觉或不自觉地建构了怎样的长沙城市形象，具有较为重要的理论和现实价值。

　　本书除绪论和结语外，共分四章。各章的主要问题和观点是：

　　第一章，掀起你的盖头来：大众传媒中的城市形象概述，旨在回答大众传媒中城市形象的内涵、类型、功能及其生成过程。本章的主要观点是：大众传媒中的城市形象，是大众传播机构或组织借助大众传播媒介，通过对城市源像信息的把关和编码而产生的符号图像。它是一种媒介形象，也是一种媒介景观，更是一种拟态环境。基于它所具备的真实与虚拟的双重属性，大众传媒中的城市形象，是一柄利弊兼备的双刃剑。一方面，它相对客观地再现了城市化的进程与成就，有利于城市软实力的提升和城市正能量的释放；另一方面，它又相对主观地夸大或缩小了城市发展中的某些成就，甚至遮蔽了城市发展中的某些问题，形成了对城市的误读和偏见，一定程度上影响了城市的公平与正义，以及公众对城市的认知、评价甚至决策。大众传媒中城市形象的生成过程，与其说是一个形象化或符号化的过程，不如说是一个城市源像基因遗传与变异的过程，或者说是一个政治、经济和公众等意识形态力量博弈下城市信息的把关与编码过程。

第二章，谁持彩练当空舞：电视建构长沙形象的动力因素，旨在揭示长沙形象电视建构的动力因素。本章的主要观点是：城市化导致了城市源像信息和人们认知结构的变化，催生了当代中国城市建设的热潮。城市化催生的大众传媒，成了建构和传播城市形象的利器。视觉文化时代的来临，彰显出城市的视觉性和城市的图像叙事或书写特征。在城市、传媒和文化的互动关系中，诞生于长沙城市化进程的电视湘军，自觉地担负起了城市文化建设和城市形象建构的时代使命。

第三章，赤橙黄绿青蓝紫：湖南电视节目中的长沙形象，本章拟对湖南电视节目中的长沙形象进行定量和定性分析，即描述湖南电视节目中的长沙是什么样的形象，同时分析湖南电视节目为什么和如何建构这一形象。本章的主要观点是：湖南电视节目建构了丰富、立体、多元的长沙形象。这些形象涉及城市的过去、现在和未来，涉及城市的自然和人文，涉及城市化进程中的方方面面。本章下设四节。

第一节，湖南电视新闻报道中的长沙形象。本节的主要观点是：新闻报道中长沙的主体形象总体上呈现出三大特点：一是软件形象多于硬件形象；二是硬件形象呈现出重物质设施轻环境生态的特点；三是软件形象中政府和企业呈现出绝对的上镜率优势。这一现象的出现原因，可能与中国电视媒体是党和政府的喉舌、工具这一特殊属性有关，也可能与中国城市化进程中呈现出的政府主导这一特点有关。长沙的功能形象特征是：以政治、经济和文化功能为主，生态、科技功能为辅，军事功能相对弱化。这是传播内容的体现，也是传媒议程设置的结果，还是长沙城市功能与时俱进的累积和变迁结果。湖南电视新闻对长沙的报道，倾向性十分明显：事件选择上，选择的多为政府和企业的正面性事件，报道倾向上，正面宣传占绝对优势，批评报道较少。

第二节，湖南电视宣传片中的长沙形象。本节的主要观点是：城市形象宣传片中的长沙形象，由于政府主导下的拍摄和所表现的母题的不同，主体形象上呈现出或重人轻物或重物轻人的特点，功能形象上呈现出经济与文化并重的特点。形象建构的技巧呈现三多的特点：近景和远景是用得最多的景别。移镜头因最有利于展示城市宏观面貌而用得最多。平视因最能体现拍摄者和画面的客观公正而用得最多。

第三节，大型新闻报道和纪录片中的长沙形象。本节的主要观点是：大型新闻报道和纪录片中的长沙形象，是秀美的自然景观形象，是丰富的人文景观形象，是历史文化名城形象，是革命圣城和伟人故里形象，是发展中的新城形象，是拥有快乐、坚强和英勇的普通市民的城市形象。

第四节，《一家老小向前冲》中的长沙人形象。本节主要观点是：《一家老小向前冲》推出了内涵丰富的长沙人形象：个体商人、都市白领、蓝领工人、公务员、学生、农民工。从呈现次数看，个体商人形象最多，农民工形象最少。从塑造倾向来看，正面形象为主，负面形象为次。这种人物形象塑造的类型和主次安排，符合受众的期盼和社会主流的现实。方言表述的坚守与局限、人物形象的丰富内涵与刻板成见、叙事的真实与虚拟，是该剧建构长沙人形象的魅力与遗憾。

第四章，路漫漫其修远兮：电视建构长沙形象的反思与前瞻，本章顺承第三章，进一步总结湖南电视建构长沙形象的得与失，归纳电视建构长沙形象的机制与策略，并基于长沙城市化和电视传媒的发展趋势，展望新形势下湖南电视建构长沙形象的挑战及其应对思路。本章的主要观点是：湖南电视建构了立体多元的长沙形象，这些形象折射了长沙城市的发展变迁，提升了长沙形象的知名度和美誉度，但也存在遮蔽与失真等不足。从把关与编码的角度看，湖南电视建构长沙形象的影响因素主要是城市的实力资源和政治、经济、公众的力量。选择最能代表和反映这些因素的形象符号，以及类型化和陌生化，是建构长沙形象的主要策略。在长沙城市和湖南电视发展的新趋势面前，湖南电视要建构良好的"大长沙"形象，必须扎根城市土壤，重构源像基因，融合其他媒介。

本书需要进一步探讨的问题主要是：第一，由于侧重生产和建构的维度，关注的重点是电视湘军主观意图的是否被实现，相对忽视了公众消费和建构的维度。第二，由于侧重省会长沙的本土电视，相对忽视了长沙本土电视内部频道间在城市形象建构上的差异，忽视了本土和湖南境外的报纸、杂志、广播、网站、微博、动漫等其他传媒对长沙形象的建构。这些问题都需要更为细致的内容分析和受众调查才能得出答案。

目　录

绪　论

第一节　问题的缘起与研究综述

一　问题的缘起

人类在认识和改造环境的过程中，建构出丰富多彩的形象。物质形象与精神形象，内在形象与外在形象，局部形象与整体形象，静态形象与动态形象，单一形象与多元形象，正面形象与负面形象，丰富多彩的形象之潮，激荡着历史的长河，充盈着人类的世界。在心理学家们看来，形象是人类在长期进化中所形成的一种思维本能，这种本能可以使人脑迅速地处理外界环境输入的信息，最终在人的心目中形成能影响人们认知和决策的心理图像。在历史唯物主义者们看来，任何形象都有其客观的来源和内容，同时，形象也不完全等同于客观物源，形象是客观事物的主观反映和人主观介入的结果。

人们对形象的自觉关注，始于人类进入文明时代或者说文字等传播媒介出现以后。随着人类社会由工业社会向后工业社会或者说信息社会的演进，形象爆发出巨大的发展势能，人们对形象的自觉关注超过了以往任何时代。自觉的关注，彰显出形象的重要："人类正在步入一个形象制胜的时代。对形象的追求与塑造，已成为维系个体、群体、企业、政府、事业单位以及城市、区域、国家等社会组织生存、发展的一种基本目标与手段。"[①] 自觉的关注当然包括理论的探讨。曾几何时，形象的研究蔚然成风，形象学成为一门显学。现有的研究表明：形象世界复杂多元，它既可以是客观世界的浓缩和加工，也可以是客观世界的扩展与延伸；形象世界

---

① 秦启文、周永康：《形象学导论》，社会科学文献出版社 2004 年版，第 1 页。

意涵丰富，它承载着人类对自然环境和社会环境的不断认知与深入理解，寄寓着人类对物质家园和精神家园的美好憧憬与执着追求。

然而，形象世界也神秘难测，它的结构、功能，它的生成过程、作用机制等，人们还心存疑惑。这些疑惑，如同形象世界的一块块短板，影响着人们对形象的生产与消费，影响着人们对环境的认知与改造，影响着人们对自我的认识与提升。

本书的研究对象——大众传媒中的城市形象，就是植根于这样一个形象制胜的时代背景和形象短板的问题语境。

为什么要选择大众传媒中的城市形象呢？主要原因有三点：第一，它兼具形象的普遍性和特殊性。就普遍性来说，大众传媒中的城市形象和个体头脑中的形象一样，都是人们主观介入的结果，都有其客观现实来源。就其特殊性来说，大众传媒中的城市形象，其认知主体不是普通的个体，而主要是专业化的传媒组织或机构，是专门从事信息传播的人。此外，在大众传媒日益发达的当下，个体不仅通过直接途径获取城市的第一手信息并形成城市形象，而且更多地通过大众传媒中的城市形象，即第二手信息去认知城市，并最终形成城市形象。也就是说，传媒的"拟态环境"，对人们的环境认知甚至行为决策，影响越来越大。第二，它能从一个侧面了解个体心目中形象元素的内涵和发生机制。一般来说，要了解和描述个体心目中的形象元素有哪些，切入点有两个：一种是受众调查，直接从个体入手，通过面谈、问卷等方法去获取；另一种是内容分析，从受众接触最多的传播媒介入手，分析传播媒介中的文本内容，从而间接地获得受众头脑中的形象元素。而在现有的形象研究中，后一切入点的尝试是很少的。大众传媒中的城市形象，则为这一切入点提供了分析的文本。第三，它能影响城市管理者和城市内外部公众对某一个城市的认知、评价甚至行为决策。正如后面章节所论述的那样，城市形象影响着城市建设的理念与决策，关系着城市现实的改造与提升，城市形象影响着人们对城市的认知与评价，关系着城市生活的优化与和谐。在城市功能由宗教、军事、政治为主转向经济、文化为主的今天，城市形象既是一种生产力，也是一柄双刃剑。城市形象之水能载城市发展之舟，也能使之搁浅甚至倾覆。市场经济的深入发展，要求城市形象从自在状态尽快转向自为状态，这就要求城市形象传播者，包括城市政府、组织和民众，有较强的形象意识，能正确地认识、设计、建设、传播城市形象，使城市形象正面功能得以充分发挥，从而助推城市发展，满足人类需求。

　　基于大众传媒内容分析的切入点，本书聚焦的问题，就是大众传媒（mass media）对城市形象（city image）的建构。这里的大众传媒（mass media），包含两层意思，一是大众传播媒介，即传递信息的中介或手段，包括报纸、电视等；二是指"从事信息的采集、加工制作和传播的社会组织，即传媒机构"①，包括报社、杂志社、电台、电视台等，是大众传播生产资料的直接控制者和使用者。城市形象表面上看是作为技术的媒介建构的，但深层里看是作为意识形态的媒介组织建构的。这里的"建构"（construct）一词，本是一个建筑学术语，意指建筑起一个系统，包括设计、构建和建造等内容。借用到社会学和文化研究中，是指一个多方互动、协商、对话、合作的社会过程。现实的社会建构理论认为，建构不仅是一个心理过程，更是一个社会过程，一个建构、维持和解构的循环过程，一个包括合作、沟通、协商、争议、妥协等的过程。从大众传媒中城市形象的生成过程来看，电视中的城市形象，是城市公众共同创造的，同时也是电视媒体建构出来的。这样一来，对电视中的城市形象的研究，就至少产生了两种可能的研究取向：一种侧重形象的生产，研究电视传媒对城市形象的建构；另一种侧重形象的消费，研究公众或受众对城市形象的建构。本书选择的是侧重形象的生产的研究取向。之所以选择电视传媒对城市形象的建构这一研究取向，主要原因有两点：一是在大众传媒发达的时代，或者说传媒化生存的当下，电视是传播形象的佼佼者。电视建构的城市形象，不但是城市公众建构其心目中城市形象的前提和基础，而且一定程度上影响着城市管理者和城市内外部公众对城市的认知、决策和认同。二是从现有的城市形象传播研究来看，大多侧重于城市形象建构之后，而对建构本身关涉太少。

　　大众传媒对城市形象的建构这一问题，至少包含着如下子问题：何为城市形象？城市形象是因何和如何建构出来的？大众传媒在什么样的历史和现实语境中，成了建构城市形象的一种力量或手段？在建构城市形象的过程中，大众传媒扮演着怎样的角色？占据着怎样的地位？行使着怎样的功能？大众传媒建构出的城市形象，包含哪些形象元素？这些形象元素与城市的客观现实是否存在偏差？如果存在，这种偏差是如何形成的？这种

---

① 　郭庆光：《传播学教程》，中国人民大学出版社1999年版，第147页。

偏差对于媒介组织、城市发展和城市居民来说，意味着什么？不同类型的大众传媒，在构建城市形象的过程中，是否存在着某种鲜为人知的话语机制或生产规律？在当代中国城市化进程高速发展、城市形象工程涌现的现实背景下，如何合理运用大众传媒的力量来建构良好的城市形象，实现传媒与城市发展的良性互动？

为了理性地思考和回答上述问题，本研究拟以湖南电视中的长沙形象为个案。这里的"湖南电视"，并非指湖南境内的所有电视，而是指湖南省会长沙的电视，因为省会长沙的电视是湖南境内覆盖率最高、影响力最大的电视。特别是湖南广播电视台所辖的湖南卫视、湖南经视等频道，更是本研究的重点样本。这里的"长沙"，指的是湖南省的省会城市。作为一个区域性概念，长沙城的区域范围包括"五区四县"，即：市区的芙蓉区、开福区、天心区、雨花区、岳麓区五个区，和其所辖的宁乡县、望城县、浏阳县、长沙县四个县。作为行政中心，长沙城指的区域范围主要是长沙的市区。在选择样本时，侧重的是市区范围。在分析形象时，兼顾了所辖四县。

为什么选择长沙？因为长沙的城市发展史，在某种程度上暗合了中国内陆城市的发展史，而且人们对长沙形象的自觉关注，与人们对中国大陆城市形象的自觉关注，在关注的话题焦点上，有很多类似。长沙是湖南省的省会城市。3000多年来，长沙主城址一直未变，城名沿用至今。据考古发现，在距今7000多年的新石器时代，长沙地区就形成了居民聚落。商周时期，长沙出现了城邑的雏形。战国时，长沙城是楚南重镇，三湘首邑。秦灭楚后，设长沙郡，从此，长沙一直为历代郡、国、州、路、府治及省会所在地。1904年7月，长沙正式通商开埠，揭开了城市近代化的帷幕。1933年10月1日，国民政府批准成立长沙市，长沙开始步入现代化的管理轨道。1938年的文夕大火，长沙建筑十有八九付之一炬，直到1950年，才开始全面进行城市规划和改造。在广州等中国沿海城市开始提出区域形象设计概念的时候，1993年，当时的市委书记秦光荣提出长沙创建现代化国际性城市的战略构想。1996年，《长沙市国民经济和社会发展"九五"计划和2010年远景目标纲要》出台，揭开了长沙城市建设和发展新的一页。在中国各大城市争相定位、设计和建设城市形象的时候，2010年，《长沙建设国际文化名城战略纲要》尘埃落定，吹响了长沙迈进国际城市之林的集结号。长沙在城市化的进程中如何解决新城发展与旧城改造矛盾带来的城市形象问题，如何设计、定位和建设长沙城市的个性形象，过去、现在和将来都是城市管理者和城市公众共同关注的问题。

为什么选择长沙电视？主要基于三点考虑。一是长沙的电视发展与长沙的城市化进程息息相关。第二章对此有专门论述。二是在长沙的诸多大众传播媒介中，电视的影响力最大，观众市场也最大。很多统计数据能支持这一观点。如《中国城市文化消费报告》（长沙卷）的抽样统计表明，与报纸、杂志、网络、手机、动漫等媒介相比，从电视中获取各种文化信息的长沙居民人数最多，而且远远高于其他媒介，说明电视是长沙居民获取各种信息的最主要渠道。①三是电视节目一般包括新闻类、服务类、娱乐类和教育类四大类型，对这些节目的分析，与分析主打新闻信息的报纸和主打艺术形象的电影相比，样本类型似乎更丰富而全面。

二　研究综述

城市形象的理论研究，是在19世纪60年代环境认知研究者们的关注下发展起来的。人类对城市形象的研究，折射出人们对人地关系的不断认识和对理想人居环境的美好憧憬。沿着林奇铺设的城市印象理论框架，研究者们将城市形象的内涵由实体景观扩展到社会文化和内在的精神心理层面，形成了城市形象研究的规划与设计、营销和传播三条径路。中国城市形象研究的发展趋势，将由城市形象的定位、规划、设计、营销，走向城市形象的想象、建构、再现、传播，并在有机融合相关理论的基础上，实现中国城市形象研究的本土化。

1. 城市形象的定位、规划与设计研究

该径路研究的开启者，是美国学者凯文·林奇（Kevin Lynch）。在1960年出版的 *The Image of the City*（中译本名为《城市的印象》和《城市意象》）一书中，他以小样本的长期面谈调查结果为基础，从人们的主观意识中提取出意境地图，认为城市形象是城市居民中多数人拥有的共同的心理图像，主要由路径（paths）、边界（edges）、区域（districts）、节点（nodes）和地标（landmarks）五要素构成，城市设计就是运用这些"积木"进行有规律地穿插和叠合。②但林奇的上述研究侧重城市的物质

---

① 朱敏、刘婷：《中国城市文化消费报告》（长沙卷），社会科学文献出版社2010年版，第41页。

② ［美］凯文·林奇：《城市的印象》，项秉仁译，中国建筑工业出版社1990年版，第6—7页。

性和感觉方面，排除了影响城市印象性的其他因素。为弥补这一局限，他在 1988 年出版的 *Good City Form* 一书中，扩充了城市形象的社会文化内涵，将"管理、效率和公平"列为一个好的城市形态不可或缺的因素。①

　　林奇的理论贡献，在于开创了一种认知人们心理地图的新方法，并将城市形象的内涵，从物质层扩展到社会和文化层。这一基于物质形体的规划与设计理论，在西方源远流长，影响深远，直到系统方法、理性决策和控制论等被引入，才宣告其主导地位的终结。② 当然，当代城市形象的规划与设计，还增加了人文内涵、审美取向和可持续发展等新的主题。③

　　在中国，这一径路的研究萌生于民国时期，发展于改革开放特别是 20 世纪 90 年代以后。其出现的背景主要是：城市化进程加快，人们的物质生活水平提升，对美好环境的需求日益要求尽快解决城市化伴生的种种"城市病"。其所借助的，主要是欧美的规划与设计理论和企业形象设计理论。其代表性的人物和成果主要有：王建国的《现代城市设计理论》（1991），罗治英的《花都市形象设计课题报告》（1993）和《崇文之邦：〈广东省兴宁市形象建设〉课题报告》（1997），陈俊鸿的《城市形象设计：城市规划的新课题》（1994），仇保兴的《优化城市形象的十大方略》（1995 年），张鸿雁的《城市建设的"CI 方略"》（1995）和《城市形象与城市文化资本论：中外城市形象比较的社会学研究》（2005），卢继传的《持续发展观与城市形象设计》（1997），钱智的《城市形象设计》（2002），周朝霞的《多维视角的城市形象定位、设计与传播》（2006），郑宏的《通向 2008 年的北京形象工程：城市形象艺术设计》（2006），孟建、何伟的《城市形象与软实力》（2008）。

　　综观该径路的研究，城市规划与设计者们关注的城市形象，实际上是影响城市"可印象性"的因素，即直接感知的城市形象要素，包括客观存在的物质与非物质元素。他们通过探讨人们心目中的城市形象，把握城市现实元素的"秩序法则"及其"结构"，从而定位、规划和设计现实中的城市形象，试图解决现实城市中的部分问题。该径路研究存

①　Lynch, K., *Good City Form*, The MIT Press, 1984, pp. 102 – 105.
②　参见刘国新、王君华《近现代西方城市规划理论综述》，载《特区经济》2006 年第 5 期。
③　参见李芸《现代城市形态规划理念的转型取向》，载《社会科学研究》2002 年第 1 期。

在的主要问题是：对城市形象的界定和定性评价指标体系主观性强，缺乏公众和媒体视角的城市形象内涵；对城市群、都市圈等大区域的形象研究不足；对城市景观形象背后的框架、话语等隐性因素的研究，更是少见。

随着城市形象的内涵由实体景观扩展到社会文化和内在的精神心理层面，城市形象研究转向，从社会经济文化等宏观范畴审视城市形象的生产、传播和消费，从而开启了城市形象的营销和传播研究。

2. 城市形象的营销研究

城市形象营销研究的理论原点，是西方城市理论中城市即地点和产品的概念。阿什沃兹和沃德最早将城市规划与营销理论结合起来，提出了城市形象营销理论。该理论认为城市形象主要包括城市产品的形成、城市形象的塑造和城市形象的营销三部分。他们对城市形象进行了集大成式的论述，认为城市形象是人们对某一城市的信念、观念和印象的总和，是人们对城市相关信息的联想与简化，是经过长期、综合的宣传与沟通所获得的结果。[①] 之后的代表性观点有：弗里德勒和巴利强调城市形象的树立不仅要向潜在的旅游者和投资者宣传城市，还要遵循推动城市经济发展这一原则。霍尔则从城市当前的文化时尚和未来的发展趋势出发，提出了"正负城市形象"学说，认为城市负面形象来自糟糕的自然环境、封闭压抑的文化、不稳定的社会和萧条的经济。[②]

在中国，随着城市化进入加速发展期，城市形象营销研究自 20 世纪 90 年代中期以来，日益受到重视。围绕如何策划和宣传城市，居易提出"形象经济"概念，启发人们从公共关系学的视角策划城市形象。张鸿雁则提出了城市文化资本运作和城市新行为文化主义的概念，认为城市形象是城市的资源和资产，是城市核心竞争力的要素之一，城市营销要重视城市形象的理念、行为和视觉识别设计。[③] 金元浦指出了当代世界都市形象的竞争内容，要从创意都市、网络都市、华彩都市和舒适都市四个方面来

---

① Ashworth, G. J., Voogd, H., "Marketing the City: Concepts, Processes and Dutch Applications", *Town Planning Review*, 1988 (1), pp. 65 – 79.

② 参见李怀亮等主编《城市传媒形象与营销策略》，中国传媒大学出版社 2009 年版，第 100 页。

③ 张鸿雁：《城市形象与城市文化资本论：中外城市形象比较的社会学研究》，中国社会科学出版社 2005 年版，第 3—5 页。

展开。于世宏认为主题事件是提升城市形象的重要手段，并探讨了其中的长效机制。① 章仁彪认为城市形象本质上是城市"软实力"的体现，世博会对上海城市形象的成功营销，体现了"后世博"时代城市形象由管理到治理的理念转变。② 该径路的代表性著作，当推中国传媒大学李怀亮等人主编的《城市传媒形象与营销策略》(2009)。

综观该范式的研究，城市形象营销学者们都认识到城市形象也是生产力，他们对城市形象的界定，使城市形象的研究从最初的局限于物质层次、单一目标市场和政府主导，逐渐扩展到对非物质层次、多目标市场和顾客导向的研究。但该角度的研究大多忽视了媒体在城市形象营销过程中的作用，对城市形象营销效果的实证研究更是少见。

实际上，营销即传播，城市形象的营销，就是借助大众媒介传递城市符号和信息的过程。在社会日益媒介化的现实背景下，城市形象的塑造、宣传和营销效果的实现，都离不开传播媒介特别是大众传媒的重要作用。当前城市形象营销研究的趋势之一，便是与传播结合起来。

3. 城市形象的传播研究

传播学视角研究城市形象，是基于这样一个假设，即任何形象的生成过程，实质上是信息在个体内的传播过程。该径路将城市形象看作人们认知觉信息的总和，并结合传播学的研究范式，从传播者、传播内容、传播渠道、传播媒介和传播效果等五个层面，围绕信息的编码与解码，展开城市形象的传播研究。随着媒介的发达和信息社会的发展，现代人对拟态环境越来越失去诸如身临其境获取第一手信息之类的验证能力，而是根据媒介提供的第二手信息，展开对环境的认知和行为决策，拟态环境因而具有演化为现实环境的趋势，这就是所谓的"信息环境的环境化"，或者说信息环境的现实化。③ 换言之，媒介化生存的社会趋势下，越来越多的人对城市形象的感知和行为决策，更多地将来自大众传媒。传播媒介特别是大众传媒，将是塑造和提升城市形象的利器。

因此，传播，是形象研究中具有突出地位的一种联结公众的桥梁，也

---

① 于世宏：《主题事件提升城市形象的长效机制研究》，载《城市发展研究》2011 年第 5 期。

② 章仁彪：《志愿精神与"后世博"的城管理念转型：兼论从"城市形象"到"城市印象"的"软实力"》，载《上海城市管理》2011 年第 2 期。

③ 参见〔日〕竹内郁郎《大众传播社会学》，复旦大学出版社 1989 年版，第 211—212 页。

是形象研究的重要理论基础和有效手段。然而，现有的城市形象研究中，传播视角的缺失是十分明显的。截至 2012 年 10 月 8 日，笔者在中国知网（CNKI）上输入主题词"城市形象"，得到 1997 年至 2011 年共 6530 篇相关研究论文，年均 435 篇，再输入主题词"城市形象传播"，得到的只有 117 篇，年均只有 8 篇。具体数据分别如下图所示。

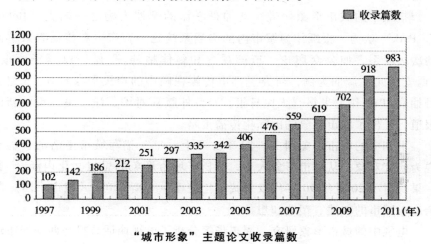

"城市形象"主题论文收录篇数

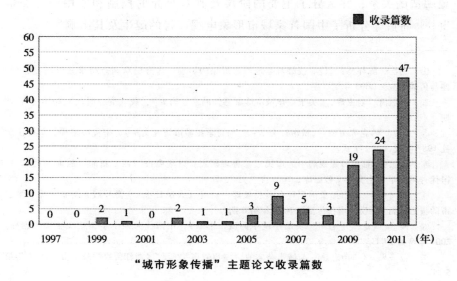

"城市形象传播"主题论文收录篇数

　　尽管如此，城市形象的传播研究，在研究的对象和范围、研究的内容和方法等方面，都呈现出发展的态势。

（1）城市形象传播研究的对象和范围不断拓展

人际传播中的城市形象研究。杨洸等抽样考察了跨境互访和民间议论等人际交流因素对珠海城市形象建构的影响。① 刘照清等以亚运会服务体系为内容，通过实证调查了广州市居民和国内外游客对广州城市形象的感知情况。②

报纸中的城市形象研究。芝加哥学派的领袖人物之一帕克（Robert E. Park）认为，报纸作为城市内的沟通系统之一，产生和传播着人群间的次级联系，如公众舆论、道德观念和整体精神。③ 侯敏以《华商报》"西安新闻"版面为例，研究了都市传媒视阈中的市民形象再现。④ 赵文丹抽取 2010 年上半年《人民日报》（海外版）对沪、津、渝三市的新闻报道，提出了城市形象的国际化传播策略。⑤

书刊中的城市形象研究。闻彦以"十七年"描写城市生活的长篇小说为研究对象，从城市形象入手，分析了城市形象的思想文化内涵。⑥ 曾一果探讨了 20 世纪 90 年代以来城市化进程中《新周刊》《城市中国》等杂志对城市的叙述、塑造和想象。⑦

电视中的城市形象研究。周东华等分析了电视谈话节目与西安城市形象塑造的关系，并区分了主要的阶层及其对媒介的控制和使用的三类情况。⑧ 周怡等分析了中国首家城市形象电视广告的诞生及其影响⑨。

---

① 杨洸、陈怀林：《传媒接触对本地城市形象的影响：珠海受众调查结果分析》，载《新闻与传播研究》2005 年第 3 期。

② 刘照清、刘家珉：《关于广州城市形象感知的实证研究》，载《商业时代》2010 年第 19 期。

③ ［美］帕克等主编：《城市社会学：芝加哥学派城市研究文集》，宋俊岭等译，华夏出版社 1987 年版，第 271 页。

④ 侯敏：《都市传媒视阈中的市民形象再现研究：以华商报"西安新闻"版面为例》，中国优秀硕士学位论文全文数据库，2009 年 7 月 20 日。

⑤ 赵文丹：《城市形象的国际化传播策略——对〈人民日报〉（海外版）对沪、津、渝三市的报道分析》，载《当代传播》2010 年第 6 期。

⑥ 闻彦：《论"十七年"长篇小说中的城市形象》，中国优秀硕士学位论文全文数据库，2001 年 9 月 27 日。

⑦ 曾一果：《"杂志热"与城市杂志的"城市叙事"》，载《浙江传媒学院学报》2011 年第 5 期。

⑧ 周东华、高筱洁：《电视谈话节目与西安城市形象塑造关系刍议》，载《理论导刊》2008 年第 9 期。

⑨ 周怡、黄伟：《城市发展中的城市形象广告——中国首家城市形象电视广告的诞生及其影响分析》，载《新闻界》2007 年第 2 期。

电影中的城市形象研究。张康庄分析了近 20 年来大陆城市电影产生的语境、城市电影中的城市形象及其文化内涵、叙述方式、困境与出路。①　孙若婷以张艺谋制作的各类城市形象推广作品为个案，从视觉奇观的生产、传播与消费三个环节研究客观实在的景观经过媒介的生产加工，转变成为视觉奇观并进行消费的过程。②　赵志伟认为申亚宣传片是一个城市形象的视觉表征，并用影像话语分析法对部分镜头的色彩运用、拍摄手法和符号文化意义进行了解读。③

网络中的城市形象研究。杨效宏以四川灾后成都城市形象的重建为例，探讨了手机等新媒体作为民间话语对城市形象的影响。④　肖荣春对天涯论坛宁波版中有关城市形象的帖子从内容和话语策略等方面作了定量研究。⑤　马友平等从受众的角度对新媒体参与重庆市城市形象塑造与传播的情况作了分析⑥。

总之，从人际传播，到大众传播，城市形象传播研究的对象和范围在不断拓展，现已深入到网络、微博等新媒体领域。

（2）城市形象传播研究的内容和方法不断优化

城市形象传播的研究者们大体认为，传播媒介建构的城市形象，是一种集体想象，有利于城市文化的认同。曾一果认为，改革开放以来，"想象城市"是大众媒介把握城市的一种重要方式，但不同时期不同媒介的城市想象的内容和特点是不同的。⑦　孙玮以《申江服务导报》"发现上海"栏目十年中的重要特刊为例，描述并阐释了这家地方性媒介如何进

---

① 张康庄：《近 20 年来大陆城市电影中的城市形象及其叙述方式》，中国优秀硕士学位论文全文数据库，2001 年 7 月 1 日。

② 孙若婷：《从景观到视觉奇观：媒介的打造与传播》，中国优秀硕士学位论文全文数据库，2010 年 8 月 19 日。

③ 赵志伟：《申亚宣传片：一个城市形象的视觉表征》，载《南方电视学刊》2010 年第 3 期。

④ 杨效宏：《现代媒介环境下的民间话语对城市形象的影响与重建——四川灾后成都城市形象重建策略的分析》，载《西南民族大学学报》（人文社科版）2008 年第 10 期。

⑤ 肖荣春：《城市的想象：网络传播场域中的城市形象展演——以天涯论坛宁波版为分析对象》，载《新闻界》2010 年第 1 期。

⑥ 马友平、汪崇渝：《新媒体参与城市形象塑造与传播的受众分析——以重庆市新媒体实证调查为例》，载《重庆师范大学学报》2010 年第 2 期。

⑦ 曾一果：《想象城市：改革开放 30 年来大众媒介的"城市叙事"》，中国书籍出版社 2011 年版，第 38—40 页。

行都市空间生产和建构"上海人"的集体想象和文化认同。① 黄玉蓉分析了近 30 年来深圳作家塑造出的改革之都、欲望都市、沧桑都市、活力之都、阳光都市等各类深圳形象，认为多元化的深圳叙事整合出一个真实全面的深圳形象，为读者想象深圳提供了文学符码，在构建和传播深圳城市形象过程中发挥了独特作用。②

研究者们同时指出，城市形象是一柄双刃剑，城市形象传播要重视传播的正向效果，尽可能规避负向效果。朱晓彧等指出了城市形象影像化的放大和标签化等负面效果。③ 叶晓滨认为商业化、职业化和传播力的失衡导致了"拉拉队"媒体和"乌鸦嘴"媒体对城市形象的误读和负向传播。④ 陈晞等分析了新闻报道的领域、向度、主要议题，提出要建立城市形象危机的预警机制。⑤ 孙江华等用知名度和美誉度的指标体系，探讨了城市形象媒体监测系统的建设及应用。⑥

研究者们明确提出，传播媒介建构城市形象，需要相关机制和传播策略。何国平认为，城市形象传播的总体范式，是在城市定位与城市形象元素的二元张力中，利用自塑与他塑的传播与建构合力，形成优选方案，并指出城市形象传播的策略呈现出利益相关者策略、大众传媒策略、城市营销策略和文化策略四者交互作用的金字塔结构。⑦ 周诗岩探讨了视觉文本中的都市构形、真实的现场和都市想象间的关系，指出人们对具有通约性和异化视点的奇观的需求，推动了基于符号的想象闯入现实。⑧ 陈映认为媒体对城市形象的建构是认知主体与媒体资讯以及实质城市形象诸要素之间不断相互传递与改变的长期涵化过程。⑨ 江根源等研究了《人民日报》

---

① 孙玮：《中国传播学评论》（第四辑，传播媒介与社会空间特辑），复旦大学出版社 2009 年版，第 47—62 页。

② 黄玉蓉：《深圳及其城市形象》，载《深圳大学学报》2007 年第 4 期。

③ 朱晓彧、朱瑞臣：《城市形象影像化传播的类型、原则与策略》，载《青年记者》2011 年第 8 期。

④ 叶晓滨：《媒体对城市形象负向传播成因探析》，载《新闻前哨》2011 年第 1 期。

⑤ 陈晞等：《城市形象危机防范与新闻报道：以深圳市为例》，载《城市问题》2010 年第 2 期。

⑥ 孙江华、严威、周建新：《城市形象媒体监测系统的建设及应用》，载《现代传播》2009 年第 4 期。

⑦ 何国平：《城市形象传播：框架与策略》，载《现代传播》2010 年第 8 期。

⑧ 周诗岩：《框错觉：影像传媒时代的空间多义性研究》，载《郑州大学学报》2008 年第 3 期。

⑨ 陈映：《城市形象的媒体建构——概念分析与理论框架》，载《新闻界》2009 年第 5 期。

《光明日报》和《中国青年报》2000 年至 2007 年间对国内 31 个城市数百篇新闻报道的内容演变，发现城市媒介形象的演变是媒介与制度性的客观社会现实互动的结果。①

综观城市形象传播学径路的研究，呈现出"五多五少"的特点。在研究思路上，大多集中于探索大众传媒在城市形象传播中"应该怎么做"，但较少涉及"为什么这样做"和"这样做后的效果如何"。在研究内容上，综合性论述多，结合具体媒介形态和城市形象的系统化研究少。在研究方法上，定性研究多，定量研究少。在理论诠释上，运用的传播学理论多，其他学科（如符号学、叙事学等）的理论少。在样本选择上，纸质媒体多，电子媒体特别是电视、网络媒体少。

4. 城市形象研究的动向

探讨城市形象研究的动向，首先必须追问城市形象研究的原点。如前所述，城市形象的理论研究是从西方的环境认知研究开始的。环境认知研究关注的中心，是人们在环境认知中获得的形象信息、内在表述、内心地图以及框架。与之相对应，城市形象研究也应关注这些核心问题。然而，中外研究中"城市形象"这一概念的出场和发展，语境是不一样的，这就导致了研究目的和研究内容等的不同。就中国城市形象研究来说，它起源于 20 世纪 90 年代，主要受到西方的城市规划与设计理论以及企业形象策划理论的影响而发展起来，其研究的出发点，是为了塑造良好的城市形象，提升城市形象这一无形资产，进而推动城市社会的全面协调发展。其研究的主要内容，是如何定位、设计、建构、营销和传播城市形象。据此，笔者认为，当前和今后一段时间，在研究内容和理论版图上，城市形象研究将呈现出如下两大动向。

一是研究内容上，将由城市形象的现实性因素走向虚拟性因素，即由城市形象的定位、规划、设计、营销，走向城市形象的想象、建构、再现、传播上。推动这一转向的现实背景是，我国的城市化发展在 20 世纪 90 年代后期以来，进入了高速发展的时期。在这一过程中，正在发生两大巨变，一是城市人口的规模集中和城市景观的建设更新，二是城市居民文化价值观的形成。只有人口的集中和景观的更新，没有城市文化价值观

---

① 江根源、季靖：《城市媒介形象及其传播战略的选择：解读杭州市在三份国家级报刊中的媒介形象》，载《浙江工业大学学报》（社会科学版）2010 年第 3 期。

的形成，不是真正的城市化，而是所谓的"假城市化"。而城市文化价值观的形成，必须深入城市个体和群体的认知心理过程，以及城市媒介和社会、环境的影响等宏观层面。因此，当前中国城市形象研究中，除了研究传统的地理空间规划与设计等问题外，更要研究社会空间的正义、公平、效率等问题，如农民工群体的社会认同和城市融入问题，拆迁中的矛盾形式与被拆迁户的利益表达问题，新型社区的物业管理问题，弱势群体的社会救助问题，等等。对这些城市社会空间问题的关注，不但反映出人们对一座城市形象的认知与评价，而且折射出城市形象研究的重要转向。

实际上，这种转向在文化地理学者那里就已经开始了。以卡尔·索尔（Carl Ortwin Sauer）为代表的"文化生态学派"和以迈克·克朗（Mike Crang）为代表的"新文化地理学"，视城市为一个文化实践的空间和可以解读的景观"文本"，关注城市社会空间中各种隐含的意识形态和权力关系，从而将城市形象从传统的"自然实在世界或客观实在世界或实像和原像世界，推进到文化再现世界或主观实在世界或符号、造像、媒像和形像的世界"①。对此转向，爱德华·索亚表达了强烈的研究兴趣："后都市作为拟像城市，其对真实世界的模仿，日益吸引和激活我们的城市想象，并渗透到了我们日常的城市生活。拟像城市话语需要在当今的城市研究中被认真对待，不仅是日常生活的微观领域，而且在城市化和城市空间社会生产的宏观分析方面。我本人的工作也越来越注重后都市拟像运动和城市生活超现实性的增长，部分原因是我怀疑城市想象的重构正在对逐渐兴起的社会调控模式起重要作用。"②

二是理论版图上，将由上述三条径路的相关理论，走向更多径路的更多理论，如何有机地融合而非机械地拼凑这些理论，将是实现中国城市形象研究本土化的关键。城市形象是一方开放的热土，城市规划、景观设计、建筑学、生态学、地理学、经济学、政治学、管理学、社会学、人类学、心理学、传播学、人文地理学、美学、符号学等多个相关学科，都在这块沃土上投下了理论研究的身影。例如，经济学的公共产品理论，社会学的空间生产理论和社会建构主义理论，信息传播认知心理学理论，符号

---

① 李蕾蕾：《从新文化地理学重构人文地理学的研究框架》，载《地理研究》2004 年第 1 期。

② 转引自汪民安、陈永国、马海良主编《城市文化读本》，北京大学出版社 2008 年版，第 39 页。

编码与解码理论，对于认识城市形象的本质内涵和发生过程，都有重要的启发性意义。笔者以为，基于信息、符号、媒介、传播、形象、城市等关键词，建构一个能有机融合上述理论的研究框架，或许还可能形成诸如城市形象传播学、城市形象符号学、城市形象社会学等交叉学科。例如，邵培仁教授和他的团队就媒介地理学展开了深入的研究，且获得了丰富的成果。

"城市研究在未来几十年里的新突破将立足于在跨文化的比较框架背景中对经济社会方法和对城市科技经济研究及城市设计角度的融合。"① 曼纽尔·卡斯泰尔（Manuel Castells）对 21 世纪城市研究的预测，或许同样适合于当前和今后的城市形象研究。

第二节　理论依据和研究假设

一　理论依据

1. 现实的社会建构理论

"社会建构"（social construction）理论是从知识社会学领域发展而来的一种研究思路或研究范式。它虽有不同的流派，但其共同的元理论假设是，知识、科学、技术等几乎所有事物，都是相关社会群体互动和协商的结果，具有建构性。建构的主体，或者说建构者，是社会性的，而非个人性的，是主体间性的或群体性的，包含社会实践、社会制度和社会文化等社会因素。建构的过程，不仅是一个心理过程，更是一个社会过程，一个建构、维持和解构的循环过程，一个包括合作、沟通、协商、争议、妥协等的过程。建构的结果，具有主观和客观的双重属性。

该理论的代表性人物，是皮特·伯格（Peter L. Berger）和托马斯·卢克曼（Thomas Luckmann）。在 1966 年出版的《现实的社会建构：知识社会学的论述》（*The Social Construction of Reality: A Treatise in Sociology of Knowledge*）一书中，他们认为，所谓的"现实"（reality，也译作"真实"或"事实"），不是一个现成给定的外在于人、独立于人的实在，而是一种意义和知识的建构。正是这种共享的"信以为真"的"知识"，使人们共享了一个有意义的（真的）和有秩序的（共信的）"现实"。由于

---

① 转引自汪民安、陈永国、马海良主编《城市文化读本》，第 363 页。

人类所有的知识都是在社会情境中发展、传递和维持的，因此，意义和知识的建构，实质上是一种社会的建构，知识社会学的使命在于对现实的社会建构进行分析。通过探讨制度化（institutionalization）、合法化（legitimation）、内在化（internalization）、社会化（socialization）的建构机制，他们得出一个结论：社会现实具有双重属性：既是外在的客观事实，也是内心认同的主观真实。①

尽管还存在忽略社会间的冲突与变异、漠视个体间的差异与竞争等理论缺陷，但"社会建构主义试图超越现代主义哲学的主客二元论，从发生机制的角度，研究社会建构者与社会建构物之间的相互创造关系，代表着一种认识论和方法论视角的转换，对曾被视为'社会因素空场'的科学、技术等诸多领域进行了独到的解读"②。

现实的社会建构理论，对于分析城市形象的本质和生成机制等问题，具有重要的方法论启示和观点借鉴意义。

2. 符号互动理论

符号互动理论（Symblolic interactionism），或称象征相互作用理论，是通过对基于语言和手势动作等的思想交流的分析，研究人与人之间的相互交往和相互作用，进而研究人类群体生活的社会学理论。③

该理论的奠基人乔治·赫伯特·米德（George Herbert Mead）假设，人类个体自身的局限性，迫使他们在群体中相互合作以求得生存，这种合作最终被人类保存下来。据此，他建构了关于从心灵到自我再到社会以及它们之间的互动关系的社会心理学体系。他的主要观点是：第一，人类个体与社会的关系在于互动，这种互动的内在机制，在于心灵（Mind）对语言、文字、手势、表情等象征符号的操纵和控制。④ 第二，个体在心灵主控下与其他社会成员之间的符号互动过程，是一个自我认识的过程，体现为自我形象的获得和自我观念（包括主我"I"和客我"me"）的生成。自我的形成，确保了互动的稳定与持续。⑤ 第三，自我的认识和发

---

① 彼得·伯格、托马斯·卢克曼：《现实的社会建构》，汪涌译，北京大学出版社 2009 年版，第 133 页。

② 刘保：《作为一种范式的社会建构主义》，载《中国青年政治学院学报》2006 年第 4 期。

③ 刘泽君主编：《合理与现实：社会学基本理论》，学苑出版社 1998 年版，第 160 页。

④ ［美］乔治·H. 米德：《心灵·自我与社会》，赵月瑟译，上海译文出版社 1992 年版，第 119 页。

⑤ 同上书，第 135—138 页。

展，经历了游戏、竞赛和泛化的他人三个阶段，其中，在"泛化的他人"阶段，个体拥有了推断一个社会所认可的价值信仰和规范的能力。而社会，就是一个"泛化的他人"。①

"符号互动论"的定名人和主要倡导者赫伯特·乔治·布鲁默（Hebbert George Blumer），从米德的主我和客我分析中，提出了"自我互动"的概念，它包括自我定义、自我反应、重新定义自我等连续过程。自我互动的反复过程，其结果就是，创造出一个用以形成人们共同行动的背景和为个体解释这一背景提供新的固定符号的框架，即社会组织。②

符号互动论在现代的推进者欧文·戈夫曼（Erving Goffman），在《日常生活中的自我表演》和《公开场合中的行为》等著作中，认为社会互动包括社会机构内的持续性互动和没有界限的临时性互动。不管哪一种互动，个体不仅彼此向对方表现自我，还努力进行特殊的印象处理，以求在一定的社会情境中给人留下某种印象。也就是说，自我互动不仅是为了满足自己的需要，而且是为了满足他人的需要。他将社会机构内的人际互动，比作舞台上的表演，并以成功表演的各种策略的分析，提出了社会互动的戏剧分析模式。这一模式包括演出成功的条件、前后台的划分、理想化表演、神秘化技术及剧班成员的合作等内容。③

尽管存在过分强调心理层面的个体、忽视历史和社会客体等理论局限，但符号互动论在微观层面对个体与社会关系的研究，其代表性的观点和方法，对我们深入认识个体心目中的城市形象，无疑具有重要的启示意义。

3. 信息加工心理学理论

始于 20 世纪 50 年代末的认知心理学（cognitive psychology）现已成为西方现代心理学的一种新的思潮和研究取向。信息加工心理学是其中的一个流派。该流派"用信息加工的观点和术语说明人的认知历程"。"它所研究的认知历程就是人接受、贮存和运用信息（或知识）的历程，如知觉、注意、记忆、心象（或意象、表象）、思维等"。④ 该理论的创建者

---

① ［美］乔治·H. 米德：《心灵·自我与社会》，前引书，第 240 页。
② 刘泽君主编：《合理与现实：社会学基本理论》，学苑出版社 1998 年版，第 170—172 页。
③ 同上书，第 176—179 页。
④ 参见车文博《西方心理学史》，浙江教育出版社 1998 年版，第 582 页。

纽厄尔（Alan Newell）和西蒙（Herbert Alczander Simon）等人假设人脑如同电脑，是加工符号的物理系统，人的思维活动因此可成为能进行客观描述的具体信息过程。他们认为，信息加工系统由感受器（receptor）、效应器（反应器）（effector）、记忆（memory）和处理器（processor）等四部分构成。感受器接受外界信息，效应器做出反应，记忆可贮存和提取作为外部事物内部表征的符号结构（symbol structure），处理器包括基本信息过程、短时记忆和解说器三个过程。信息加工系统因而具有下述功能：输入（input）、输出（output）、贮存（storage）、复制（copy）、建立符号结构（build symbol structure）和条件性迁移（conditional transfer）。

尽管存在抹杀心理活动的社会制约性和主观能动性、漠视心理活动的生理机制等理论缺陷，但信息加工心理学在解读个体的认知过程方面，提供了图式、表征等科学的观点。

其中，图式理论能解释人类有限的认知能力为何可加工大量不同的模式。图式，即人脑中已有的知识和知识结构，是贮存在长时记忆中的东西，是各个事物所具有的那些特征（feature）的名称，对人的行为和认知活动具有决定作用。"人进行知觉活动时，作为外部世界内化了的有关知识单元或心理结构的图式被激活，使人产生内部知觉期望，以指导感觉器官有目的地搜寻和接受外部环境输入的特殊信息。"[1]

而表征（representation，也译作再现）是认知历程一个重要标志和步骤，是"信息在心理活动中的表现和记载方式，代表了外部世界贮存在头脑中的信息。一个外部客体在心理活动中可以以具体形象，或以语词和概念的形式表现出来，这些形象、语词和概念等都是信息的表征。表征既是反映和代表的相应客观事物，同时又是内部加工的对象。不同的表征所具有的共同信息称为表征的内容，每一不同的表征形式称为编码"[2]。表征形式可分为命题表征（propositionally based representation）、类比表征（analogical representation）和程序表征（procedural representation）三类。

二 研究假设

基于前述的研究问题和相关理论，本书基于长沙的个案，提出如下五

---

① 车文博：《西方心理学史》，第592页。
② 同上书，第598页。

点研究假设：

第一，城市形象是城市内外部公众所拥有的对某一城市的共同的心理图像。

第二，城市内外部公众之所以能拥有对某一城市的共同的心理图像，是因为每一个生理功能正常的社会个体，可以通过下图所示的方式，建构关于某一城市的认知结构或认知图式，最终生成关于某一城市的城市形象。

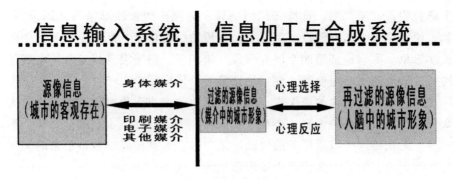

城市形象生成模式图（笔者自绘）

第三，随着非身体媒介（如印刷媒介和电子媒介）的出现和发展，相比只通过身体媒介生成的城市形象，人们更倾向于通过非身体媒介来生成城市形象。或者说，非身体媒介中的城市形象，特别是电子媒介中的城市形象，越来越影响着个体对城市的认知、评价甚至行为决策。

第四，大众传播媒体在建构城市形象的过程中，或者说在将城市源像信息符号化或形象化的过程中，受到了诸多力量的制约。这些力量主要包括宏观社会场域的政治、经济、文化等多元话语或意识形态力量，媒介组织内部的生产规制，媒介受众的心理需求，以及城市自身的运动变化。不同类型的大众传媒，就是在这种多元权力话语的张力空间中寻找平衡点和传播策略，从而建构、维持和解构各自的城市形象。

第五，随着中国城市化进程的高速发展和媒介化社会的初见端倪，城市面貌日新月异，城市问题层出不穷，城市形象复杂多元。诞生于现代城市中的大众传媒，只有扎根城市，叩问城市，才能在城市化的匆匆过程中，提取当地城市源像的"基因"，建构当地城市形象的个性脸谱，从而让城市内外部公众更好地关注城市、认同城市，进而推进当地城市的良性发展。

第三节　研究内容和研究方法

一　研究内容

　　本研究的主要内容，是以长沙为个案，对上述五个研究假设进行阐述和论证。本研究除绪论和结语外，还包括如下四章内容：第一章，掀起你的盖头来：大众传媒中的城市形象透视，侧重从理论上论证第一个和第二个研究假设。第二章，谁持彩练当空舞：电视建构长沙形象的动因分析。侧重论证第三个研究假设。第三章，赤橙黄绿青蓝紫：湖南电视节目中的长沙形象。侧重论证第四个研究假设。第四章，路漫漫其修远兮：电视建构长沙形象的反思与前瞻。侧重论证第五个研究假设。

　　第一章，掀起你的盖头来：大众传媒中的城市形象概述。旨在回答大众传媒中城市形象的内涵、类型、功能及其生成过程。本章共分三节。第一节，大众传媒中城市形象的内涵。第二节，大众传媒中城市形象的类型与功能。第三节，大众传媒中城市形象的生成。

　　本章的主要观点是：大众传媒中的城市形象，是大众传播机构或组织借助大众传播媒介，通过对城市源像信息的把关和编码而产生的符号图像。它是一种媒介形象，也是一种媒介景观，更是一种拟态环境。基于它所具备的真实与虚拟的双重属性，大众传媒中的城市形象，是一柄双刃剑。一方面，它相对客观地再现了城市化的进程与成就，有利于城市软实力的提升和城市正能量的释放；另一方面，它又相对主观地夸大或缩小了城市发展中的某些成就，甚至遮蔽了城市发展中的某些问题，形成了对城市的误读和偏见，一定程度上影响了城市的公平与正义，以及公众对城市的认知、评价甚至决策。大众传媒中城市形象的生成，与城市形象的生成过程密切相关。它是大众传播机构或组织对城市源像信息进行选择把关和编码合成的结果。

　　第二章，谁持彩练当空舞：电视建构长沙形象的动力因素。旨在揭示长沙形象电视建构的动力因素。下分三节。第一节，城市化催生城市形象。第二节，视觉文化时代的图像转向。第三节，电视湘军的文化担当。

　　本章的主要观点是：城市化导致了城市源像信息和人们认知结构的变化，催生了当代中国城市建设的热潮。城市化催生的大众传媒，成了建构和传播城市形象的利器。视觉文化时代的来临，彰显出城市的视觉性和城市的图像叙事或书写特征。在城市、传媒和文化的互动关系中，诞生于长沙城市化进程的电视湘军，应当自觉地担负起城市文化建设和城市形象建构的时代使命。

第三章，赤橙黄绿青蓝紫：湖南电视节目中的长沙形象。本章拟对湖南电视节目中的长沙形象进行定量和定性分析，即描述湖南电视节目的长沙是什么样的形象，同时分析湖南电视节目为什么和如何建构这一形象。本章的主要观点是：湖南电视节目建构了丰富、立体、多元的长沙形象。这些形象涉及城市的过去、现在和未来，涉及城市的自然和人文，涉及城市化进程中的方方面面。本章下设四节。

第一节，湖南电视新闻报道中的长沙形象。本节的主要观点：新闻报道中长沙的主体形象总体上呈现出三大特点：一是软件形象多于硬件形象；二是硬件形象呈现出重物质设施轻环境生态的特点；三是软件形象中政府和企业呈现出绝对的上镜率优势。这一现象的出现原因，可能与中国电视媒体是党和政府的喉舌、工具这一特殊属性有关，也可能与中国城市化进程中呈现出的政府主导这一特点有关。长沙的功能形象特征是：以政治、经济和文化功能为主，生态、科技功能为辅，军事功能相对弱化。这是传播内容的体现，也是传媒议程设置的结果，还是长沙城市功能与时俱进的累积和变迁结果。湖南电视新闻对长沙的报道，倾向性十分明显：事件选择上，选择的多为政府和企业的正面性事件，报道倾向上，正面宣传占绝对优势，批评报道较少。

第二节，湖南电视宣传片中的长沙形象。本节的主要观点是：城市形象宣传片中的长沙形象，由于政府主导下的拍摄和所表现的母题的不同，主体形象上呈现出或重人轻物或重物轻人的特点，功能形象上呈现出经济与文化并重的特点。形象建构的技巧呈现三多的特点：近景和远景是用得最多的景别。移镜头因最有利于展示城市宏观面貌而用得最多。平视因最能体现拍摄者和画面的客观公正而用得最多。

第三节，大型新闻报道和纪录片中的长沙形象。本节的主要观点是：大型新闻报道和纪录片中的长沙形象，是秀美的自然景观形象，是丰富的人文景观形象，是历史文化名城形象，是革命圣城和伟人故里形象，是发展中的新城形象，是拥有快乐、坚强和英勇的普通市民的城市形象。

第四节，《一家老小向前冲》中的长沙人形象。本节主要观点是：

《一家老小向前冲》推出了内涵丰富的长沙人形象：个体商人、都市白领、蓝领工人、公务员、学生、农民工。从呈现次数看，个体商人形象最多，农民工形象最少。从塑造倾向来看，正面形象为主，负面形象为次。这种人物形象塑造的类型和主次安排，符合受众的期盼和社会主流的现实。方言表述的坚守与局限、人物形象的丰富内涵与刻板成见、叙事的真实与虚拟，是该剧建构长沙人形象的魅力与遗憾。

第四章，路漫漫其修远兮：电视建构长沙形象的反思与前瞻

本章的主要任务体现在如下三节上：第一节，电视建构长沙形象的得与失，本节顺承第三章，进一步总结湖南电视建构长沙形象的得与失；第二节，电视建构长沙形象的机制与策略，主要归纳湖南电视建构长沙形象的机制与策略；第三节，趋势与应对：电视建构长沙形象的前景展望，基于长沙城市化和电视传媒的发展趋势，展望新形势下湖南电视建构长沙形象的挑战及其应对思路。

本章的主要观点是：湖南电视建构了立体多元的长沙形象，这些形象折射了长沙城市的发展变迁，提升了长沙形象的知名度和美誉度，但也存在遮蔽与失真等不足。从把关与编码的角度看，湖南电视建构长沙形象的影响因素主要是城市的实力资源和政治、经济、公众的力量。而选择最能代表和反映这些因素形象符号，类型化和陌生化，是其中主要的建构策略。在长沙城市和湖南电视发展的新趋势面前，湖南电视要建构良好的"大长沙"形象，必须扎根城市土壤，重构源像基因，融合其他媒介。

最后是结语部分

从湖南电视对长沙形象的建构研究，得出如下结论：

第一，城市形象的产生，可通过人们直接的现场体验，也可通过人们间接的媒介建构。在传媒化生存的当下，大众传媒成了建构城市形象的利器。电视媒介建构出的城市形象，是人们间接形成城市形象的重要桥梁与纽带。在电视强势鲜明突出的长沙，湖南电视就是建构长沙形象的重要媒介，但不是唯一媒介。

第二，湖南电视建构长沙形象的动力主要在于：长沙城市化的发展，视觉文化时代城市的视觉性和图像消费，以及电视湘军的文化担当。湖南电视建构长沙形象的意义可能就是：它是人们认知城市的必备途径，是城市在视觉文化时代的必然表达，也是电视湘军自身发展的必要担当。

第三，湖南电视中的长沙形象，丰富而多元。无论是新闻报道中的城

市形象，还是大型报道、宣传片、纪录片甚至情景剧中的城市形象，都只是长沙形象的重要构成，但不是唯一构成。这些形象虽然是长沙城市化进程的一面面透镜，甚至一定程度上提升了长沙形象的知名度和美誉度，但还是存在不同程度的失真和偏离。正是这种失真和偏离，为电视建构具有个性的或良好的城市形象，提供了张力空间。媒介的和人为建构的城市形象，不能覆盖城市源像的自然累积过程。三者之间的差异，三者的分离和铆接，需要借用基模、基因等概念进行深入的分析。

第四，城市化实践导致的城市历史和现实的实力资源，是城市形象建构的母体和根基。根基不厚实，建构的形象不丰满，难长久。扎根城市土壤，选择代表城市实力资源的信息，是建构长沙形象的一种基本策略。

第五，从把关与编码的角度看，湖南电视建构长沙形象的影响因素主要是城市的实力资源和政治、经济、公众的力量。而选择最能代表和反映这些因素形象符号，类型化和陌生化，是其中主要的建构策略。

第六，城市形象和城市的媒介形象之间的关系，并不是客体和镜像的呈现或再现关系，而是一种建构关系。这种建构，与其说是一个形象化或符号化的过程，不如说是一个城市源像基因遗传与变异的过程，或者说是一个政治、经济和公众等意识形态力量博弈下城市信息的把关与编码过程。

第七，城市个性形象的建构是一个动态的历史的累积过程，在此过程中，需要城市内部和外部的政府、公众、媒介共同发力。在塑造、累积城市形象的诸多力量中，媒介特别是以电视为代表的电子媒介的重要性日益增加。这可能意味着，在城市形象的累积过程中，自发性累积正在和还将让位于有意识、有目的的人为建构。电视融合网络、手机等新媒介建构城市形象，前景尤其值得期待。

二　研究方法

本研究总体上属于发展传播学或传媒社会学的范畴，需要综合运用定性研究法和定量研究法。具体研究方法主要是内容分析法。

内容分析法是一种客观、系统、能对明确的传播内容进行定量描述的研究方法。这一方法的目的是描述湖南电视文本中的长沙形象。这些文本主要包括栏目、新闻报道节目和专题类节目。文本的获取主要通过抽样。根据研究内容、研究时间和资料获取的便利性，新闻报道节目的样本拟在湖南广电集团的"音像资源中心节目信息查询库"中抽取。按照系统分层抽样法，抽取可供分析的适量样本。然后定义分析单位（指标变量），输入 Excel 或 SPSS12 统计分析软件系统，进行描述性分析和相关性分析。栏目文本则主要从湖南电视台编写的《湖南电视 40 年》中获取。依时间分段，统计 400 多个栏目内容的变迁与设定的城市形象指标的关联。专题类节目的文本用同样方法在该书中抽取。纪录片和城市形象宣传片主要从网络中获取。还有部分资料，则通过访谈和实地调研获取。

第四节　研究价值和创新之处

一　研究价值

本研究拟以湖南电视中的长沙形象为个案，在历时性和共时性的维度下，抽取湖南电视发展 40 多年来的代表性频道、栏目和节目样本，立足传播学的学科范式，结合城市学、形象学、地理学、管理学、社会学、心理学、符号学、叙事学等学科相关理论，探讨以电视为代表的大众传媒，因何和如何在特定的地理和社会环境中，自觉或不自觉地建构和审视长沙的城市形象，理性解答长沙城市化进程中电视与城市发展的互动互助、共进共演等现实难题，具有如下理论和现实价值。

1. 城市形象研究传播学转向的学科融合价值

在中外语境中，城市形象都是一个意蕴丰富的跨学科概念。从现有研究来看，支撑这一概念体系的，主要是城市学、地理学和社会学等学科，且各学科尚缺乏有效的融合。近年来，文化地理学家们开始从实在的地理，转向想象的地理，例如媒介中的地理。传播学者们也开始从地理的维度，关注媒介与社会，例如，邵培仁教授和他的团队倡导的媒介地理学研究，将媒介研究的重心转向城市和地理。尽管如此，在中国内地现有的城市形象研究中，传播学的视角仍然是十分匮乏的。本研究以电视传媒对长沙城市形象的建构为问题，将大众传媒中的城市形象这一核心概念，置于传播学、城市学、心理学、社会学、符号学等学科的观照之下，勾连出社会学的社会建构理论和符号互动理论、认知心理学的信息加工心理学理论、传播学的议程设置和拟态环境等理论，不仅有助于挖掘电视建构长沙城市形象的动因和机制，而且有助于推动城市形象研究的传播学转向。

2. 城市形象量化研究的方法创新价值

大众传媒中的城市形象，与城市形象一样，类型多样，内涵丰富，难以进行量化研究。特别是电视的影像文本，由于影像资料相对难以保存和获取，与纸质的文字文本相比，更难对画面进行量化研究。本研究采取较为科学的抽样方法，对抽取的电视新闻报道和电视宣传片、纪录片等样本，结合城市形象研究现有的细分指标，对样本进行了较为全面的内容分析。量化研究使得论文的结论有数据支持，相对客观可信。虽然抽样误差必然会影响结论的置信度，而且量化研究在解释力度上也没有定性研究那么有力，但本研究力争将定性研究和定量结合起来，一定程度上弥补了量化研究的先天不足。

3. 良好城市形象建构与传播的社会应用价值

大众传媒的发展与城市化进程有着内在的互动关系。透过一个城市大众传播媒体中呈现的城市形象的变迁，可以折射出这座城市的变迁。因此，传媒对城市形象的建构与传播，对于城市形象的自我认同和他者认同，对于城市化的发展，对于传媒自身的发展，都有重要的现实意义。本研究通过城市形象将湖南电视40多年的发展与长沙城市化进程关联起来，在对数百个栏目的代表性文本分析中，梳理了湖南电视中的长沙形象，并将这一城市在电视媒介中的形象，在共时性的维度下，与城市化进程中政府所倡导或定位的城市形象，与城市公众心目中的城市形象，进行比照，以发现其形象的偏差，找出偏差的成因，提出形象偏差最小化的对策。这对于"两型社会"理念影响下的长沙城市化新型形态——长（长沙）株（株洲）潭（湘潭）城市群——的建设和发展，对于电视湘军的空间生产和扩张，都有重要的现实指导意义。

二　创新之处

1. 建构了电视建构城市形象的理论模型

研究内容上，本书聚焦湖南电视这一具体的媒体形态和长沙城市形象，展开历时性的专题探讨，在此基础上结合相关理论，借鉴基模、基因等理论，再创了一个电子传媒建构城市形象的理论模型（详见第一章第三节和第四章第三节），这是理论创新的尝试。同时，通过定量和定性研究，提供了大量研究长沙形象和湖南电视的新资料（详见第二章第一节、第三节和第四章第一节）。

2. 挖掘了电视建构长沙形象的操作策略

研究思路上，城市形象传播的已往研究多立足"城市形象被建构之后"，本书则将预设前提转向"城市形象被建构之前"，追问城市形象建构背后"看不见的手"及其深层的互动过程，进而挖掘出类型化、陌生化、重组城市源像基因、融合新媒介等电视建构长沙形象的操作性策略（详见第四章第二节、第三节），这是思维创新结出的成果小花。

第一章

掀起你的盖头来：大众传媒中的
城市形象概述

本章的主要任务是：厘清大众传媒中的城市形象的概念、类型、功能及其生成。本章的主要观点是：大众传媒中的城市形象，是大众传播机构或组织借助大众传播媒介，通过对城市源像信息的把关和编码而产生的符号图像。它既是一种媒介形象，也是一种媒介景观，更是一种拟态环境。基于它所具备的真实与虚拟的双重属性，大众传媒中的城市形象，也是一柄双刃剑。一方面，它相对客观地再现了城市化的进程与成就，有利于城市软实力的提升和城市正面功能的实现；另一方面，它又相对主观地夸大或缩小了城市发展中的某些成就，甚至遮蔽了城市发展中的某些问题，形成了对城市的误读和偏见，一定程度上影响了城市的公平与正义，以及公众对城市的认知。大众传媒中城市形象的生成，与城市形象的生成过程密切相关。它是大众传播机构或组织对城市源像信息进行选择把关和编码合成的结果。

第一节　大众传媒中城市形象的内涵

一　城市形象的界定与内涵

1. 形象的内涵

"形象"一词，中外皆有，其义却丰富多元。

古代汉语中，"形"与"象"最初是分开使用的，如《周易·系辞上》："在天成象，在地成形，变化见矣。"汉字"形"的本义是指人、物之外部形状。《说文解字》中说："形，象形也。从彡，开声。""彡"义指"毛饰画文也"，即用羽毛装饰或刻画出来的文彩、纹理，是事物外露、可见的装饰部分。汉字"象"的本义是兽名，即大象。现存的甲骨文中就有"象"这个字，是大象的侧视图形。《说文解字》中说："象，长鼻牙，南越大兽，三年一乳。"从字源上看，"形"与"象"的基本义都是事物的外部形状。随着词义的发展，"形"与"象"之义同中有异。① 二者都有"形状"之义，但"形"只指有形，偏于"形状"义而不及内在之生机、生命、精神，与视觉对应。"象"既可指有形，也包含无形，含有与"形"相对的"质""生""神"等实质内涵，"象"不仅可"观"，还可"想"（想象）、可"意"（意象）、可"表"（表象）、可"味"（澄怀味象），作用于人的多种感觉。

　　"形"与"象"二字合成"形象"而使用，最早始于何时暂无确证，但最迟在秦朝即有使用。《吕氏春秋》卷十五在论"顺说"时，有这样的话："善说者若巧士，因人之力以自为力，因其来而与来，因其往而与往，不设形象，与生与长，而言之与响，与盛与衰，以之所归。"这里的"形象"，是相对于抽象的语言来说，当指具体而有形的人物或事物，是"善说"的一种技巧或手段。《尚书》之《商书·说命上》说："恭默思道，梦帝赉予良弼，其代予言。乃审厥象，俾以形旁求于天下。"西汉孔安国在《尚书注疏》中对此作注："审所梦之人，刻其形象，四方旁求之于民间。"意思是殷王武丁梦见天帝送给他一个贤相，于是回忆梦中之所见，令人"刻其形象"，去民间寻找。这里的"形象"，不是指实在和现实的人之相貌，而是指依据梦中之人描绘出的虚拟人像，"形象"由此包括了对人物、事物原型的描摹和复制。此后，东汉郑玄、贾公彦的《周礼注疏》中，多次提到"形象"一词。如在解释"凡在书契版图者之贰"时，明确写道："图，土地形象，田地广狭。"在解释"内宰掌书版图之法"时，说："图，王及后、世子之宫中吏官府之形象也。"这里的"形象"都是指人、物之形状。

　　现代汉语中，"形象"的解释条目下依然具有与上述含义相同的"具体事物""肖像""形状、样子""塑像、偶像"等阐释。还增加了三条："象征""文学艺术区别于科学的一种反映现实的特殊方式"和"描绘或表达具体、生动"。

　　英语世界中，与汉语"形象"一词对应的有"image""figure""form""appearance"等，其含义也在演变中丰富。以常用的"image"为例，雷蒙·威廉斯认为，"英文词 image（意象）的最早意涵源自 13 世纪，指人像或肖像，由拉丁文 imago（幻影、概念或观念）衍生而来。到

---

① 参见贡华南《中国思想世界中的形与象之辩》，载《杭州师范大学学报》（社会科学版）2008年第 3 期。

16世纪，成了一个介于'模仿'（copying）与'想象、虚构'（imagination and the imaginative）的心理概念：设想不存在的东西或明显看不见的东西，心像或意念。17世纪，其实体意涵人像或肖像广为使用，还另指书写或言语中的'比喻'（figure）。最后一个意涵是指'可感知的名声'（perceived reputation），如品牌形象"①。

中西方现有的"形象"的词义，折射出人们对"形象"的不同认识。形象学研究专家宗坤明认为，认识史上关于形象的看法有很多种，但概括起来主要有三种：一是侧重于外，把形象看作人与物的外貌，包括对人物、事物原型的描摹和复制。这种看法强调了形象对客观存在的物的依附性；二是侧重于内，把形象看作精神或理念的感性呈现和表征。这种看法强调了主观情感在形象中的决定性作用；三是内外结合，把形象看作主体与客体相结合的产物，这种看法调和了主观和客观在形象中的地位和作用，至于是主体统一于客体，还是客体统一于主体，则又见仁见智。② 宗坤明从形象化过程和历史运动的内在联系中，认为形象的内涵是自然、社会和精神在相互作用中所生成的一种活性有机体，其外延则是历史地生成的一切。

笔者认同宗坤明对"形象"的历史唯物主义的解读。"形象"和任何概念一样，是在人类的实践和认识的相互作用下抽象概括出来的。"形象"的意涵延伸，实质上反映了人类对客观事物的认识在由感性认识向理性认识升华。形象的生长点是物体的外在表现，由于人类社会活动和情感活动的介入，"形象"由"物象"走向"意象"。世界上的形象据此可分为两大类：一是实在性的形象，即自然物、社会物和人体本身的形象；二是虚拟性的形象或意识形态的形象，即人们心目中产生的意象和艺术创造形象。从自然物的形象到社会创造物的形象再到艺术形象，这既是形象内涵的丰富和深化，也是人类实践和认识水平的发展和提升。

但是，要理解形象的发生及其本质，还须借助心理学的相关理论。认知心理学告诉我们，人的心理是人脑的机能，也是客观现实在人头脑中的主观反映。人的心理不是空中楼阁，总有其客观的现实来源和内容，但也不是对客观现实的镜子式反映。人的社会生活实践和认识活动是联系主观

---

① 参见［英］雷蒙·威廉斯《关键词：文化与社会的词汇》，刘建基译，生活·读书·新知三联书店2005年版，第224—225页。

② 参见宗坤明《形象学基础》，人民出版社2000年版，第9—11页。

与客观的纽带，是心理信息的生成动力。因此，笔者认为形象是客观现实在人脑中的心理图像，这一图像的形成，是以人与环境的实践和认识活动为中介的，换言之，形象从本质上来说，是人的认知觉信息的总和。

2. 城市的内涵

"城，所以盛民也。""市，买卖之所也。"自从"城"与"市"结合为"城市"以来，人们对城市所下的定义多达数十种，可谓众说纷纭，莫衷一是。地理学家认为，城市是地表的一个组成部分，是一种与乡村相对的聚落形态。经济学家认为，城市是商品交易的场所，是经济密集的结果，是区域发展的中心。社会学家认为，城市是意识形态和权力纷争的舞台，是一种独特的生活方式。《不列颠百科全书简明本》（简体中文版）则这样定义城市：人口集中，工商业发达，居民以非农业为主的地区，通常是周围地区的政治、经济和文化中心。

这些阐释，无疑都是正确的，但都集中于城市的某一方面，且各方面之间缺乏逻辑的相互勾连。笔者以为，要全面深入地认知城市的内涵，必须联系城市的起源和发展。因为城市本质上是人类实践的产物，是人类属性的延伸和物化，城市的内涵与外延，伴随人类需求的变化和生产力的提高而发展演化。

英国文化学者雷蒙·威廉斯曾从动态的层面分析过城市的内涵。他认为：

> 城市（city）一词，从 13 世纪就已存在。该词源自拉丁文 civetas，当时指一群市民（citizen）而非特别的定居地（settlement）。16 世纪开始，用来指涉较大的或非常大的城镇（town），也用来区别城市地区（urban arrear）与乡村地区。当 city 与 town 开始由面积大小来区别时，city 变成专指地方政府或地方行政机关的词。较普遍的词义用法是因应工业革命期间城市生活的快速发展而产生的。19 世纪初期，city 作为一个独特类型的定居地，并且隐含一种完全不同的生活方式及现代意蕴，虽然这种概念的历史渊源来自文艺复兴甚至古典的思想。[①]

---

① 参见［英］雷蒙·威廉斯《关键词：文化与社会的词汇》，刘建基译，生活·读书·新知三联书店 2005 年版，第 43—45 页。

　　从居住场所、行政中心到生活方式，威廉斯勾勒了一张城市概念变迁的线索图。但他侧重的是西方中世纪以来的城市，难以解释中国古代城市的内涵，也难以解释今天崛起的大都市区、城市场、大都市带等内涵。要想更深刻地理解城市的内涵，"必须掠过历史的天际线去考察那些依稀可辨的踪迹，去了解城市更远古的结构和更原始的功能"①。美国著名城市研究专家刘易斯·芒福德（Lewis Munford）在人、文化与历史的深度关联中，揭示了城市的文化本质，认为城市是文明的孵化器和载体，城市的发展，联系着文明的进步、文化的更替。

　　按照芒福德对城市起源和发展所做的分析，人类选择定居的生存方式，为城市注入了最初的内涵：生息的场所，心灵的家园。芒福德认为，人和动植物一样，摇摆在两种生存方式之间：游动和定居。人是高级动物，游动是其本性需求，为什么要选择定居呢？主要有两个原因。一是物质性的原因，人不能永远游动，觅食、择偶和繁衍生息都需要固定的领地。二是非物质性的原因，定居有利于祭祀墓地的祖先和部落的神灵。这种祭祀后来发展为宗教，是形成城市的动力之一。城市起源说中的宗教论者，应该不会忘记芒福德的这句话："人类最早的礼仪性汇聚地点，即各方人口朝觐的目标，是城市发展最初的胚胎。"②

　　人类长期地群居某地，会有目的地改造这一环境。农夫的采集和驯养，猎人的狩猎和防卫，技术的改造和发明，劳动的协作与分工，生产的剩余和消费的延续，这一切的结果，是农业村庄的形成和新石器文化的出现。人类文化在新石器时代之后，具备了两条开放的发展道路：村庄之路和城堡之路。从分散的村落经济向高度组织化的城市经济进化，王权制度，军事征服，商业贸易，都是至关重要的参变因素。"城市主要是新石器文化同更古老的旧石器文化相互结合的产物。"③ 在这结合、发展的过程中，"古老的村庄文化便逐步向新兴的城市文明退让，这种城市文明是创造与控制的奇异综合，是扬与抑、张与弛的奇异综合，它的外在形式即是古代历史上的城市。"④ 至此，城市又注入了新的内涵："城市不只是建

---

　　① ［美］刘易斯·芒福德：《城市发展史：起源、演变和前景》，宋俊岭、倪文彦译，中国建筑工业出版社 2005 年版，第 2 页。

　　② 同上书，第 9 页。

　　③ 同上书，第 28 页。

　　④ 同上书，第 32 页。

筑物的群集，它更是各种密切相关并经常相互影响的各种功能的复合体——它不单是权力的集中，更是文化的归极（Polarization）。"①

工业革命之后的城市化进程，改变了大都市的数量、规模和形态，同时也改变了城市居民的行为方式、生活习惯和价值观念。报纸、电视等大众传播媒介，在专业化的监视和集中的控制中，为人们营造了一个幻影而非真实的世界。城市如要进一步发展，必须创立一种社会组织形式，发挥城市贮存、流传和创造文化的积极功能，恢复古代城市所具有的那些必不可少的活动和价值观念，充分发展各个地区、各种文化、各个个体的多样性及其特性。"未来的城市，将是无形的城市。"芒福德的预言，让我们想起了卡斯泰尔的《信息化城市》，想起了米切尔的《比特之城：空间·场所·信息高速公路》和《伊托邦：数字时代的城市生活》，它们共同赋予了城市崭新的意涵：信息之城，比特之城，媒介之城。

当然，城市的起源和发展问题，还有很多代表性的看法，如：水力说、人口压力说、剩余农产品说、贸易需求说、宗教说、防卫需求说。②当前学术界普遍流行的是综合理论，认为城市是地理、经济、社会、政治、军事、文化等自然要素和人文要素交织的区域实体，其起源和发展是多种因素综合作用下渐变而成的。因而，与之相对应的城市内涵，就应当如芒福德所言，是一个"巨大而复杂的文化磁体和容器"：一个生息的场所，一个心灵的家园，一个意识形态的空间，一个媒介再现的景观。

3. 城市形象的内涵

从语法角度看，"城市形象"是"城市"与"形象"合成的一个偏正短语，可理解为"城市的形象"（the image of the city）。从理论渊源来看，"城市形象"是西方 20 世纪 60 年代环境感知领域的研究产物。该研究角度的中心是人们在环境感知中获得的意象、内在表述、意境地图以及框架。而这些都源自这样一个过程，即人们以经验和价值观来过滤大脑主观接受的环境刺激信息，并允许大脑处理这些分割的简化的（通常也是歪曲的）、现实的过程。由于每个人有效地生活在自己的世界中，同样的环境刺激会在不同个体身上激发出不同的反应。但在相当大的人群中，环

---

① 刘易斯·芒福德：《城市发展史：起源、演变和前景》，宋俊岭、倪文彦译，中国建筑工业出版社 2005 年版，第 91 页。
② 陈恒：《城市起源理论》，载《博览群书》2011 年第 1 期。

境意象的某些方面是有共同性的，其原因在于人们的社会化、过去的经历及现在城市环境的相似性。这些意象是什么样子？城市人的脑海中存在着什么样的城市地理？这样的城市地理是如何与客观世界相关联的？这是该领域关注的焦点问题。由此可展开对城市意象的指示性和评价性方面的研究。[①]

该领域最重要的著作是凯文·林奇（Kevin Lynch）1960 年出版的 *The Image of the City*（中译本名为《城市的印象》和《城市意象》）。他以小样本的长期面谈调查结果为基础，从人们的主观意识中提取出意境地图，认为城市形象是"城市居民中多数人拥有的共同的心理图像"，发现人们倾向于将其心中的城市意象，按路径（paths）、边界（edges）、区域（districts）、节点（nodes）和地标（landmarks）五种元素进行构造。但林奇的上述研究侧重城市的物质性和城市内部居民的感觉方面，排除了影响城市印象性的其他因素和城市外部公众的感觉。为弥补这一局限，他在 1988 年出版的 *Good City Form* 一书中，扩充了城市形象的社会文化内涵，将"管理、效率和公平"列为一个好的城市形态不可或缺的因素。

将城市形象的内涵从物质层扩展到社会和文化层，这是林奇的理论贡献。沿着林奇铺设的研究道路，国内外学者基于不同的学科维度和城市认知，深入挖掘"影响城市印象性的其他因素"，使得城市形象的内涵和外延，日趋丰富和多元。其中代表性的学说和观点，主要有如下四种：

第一种，侧重城市的物质性和形象对客体的依附性，认为城市形象是城市的具体形态和特征。早期的城市规划学家和城市设计师，多持有此观点。他们探讨的，是城市物质景观的"结构"及其背后的"秩序法则"，如埃比尼泽·霍华德（Ebenezer Howard）的"田园城市"（garden city）和以芝加哥为起点的"城市美化运动"，关注的都是城市自然、实在的物理景观形象。显然，这一观点忽视了城市的非物质性因素和形象的主观性。

第二种，侧重城市的物质与非物质性因素以及形象的主观感受性，认为城市形象是城市内外部公众对城市诸要素的看法和评价。我国著名的城市形象策划专家居易认为，城市形象是一个涉及方方面面的印象和感受系

---

① ［美］保罗·诺克斯、史蒂文·平奇：《城市社会地理学导论》，柴彦威、张景秋等译，商务印书馆 2005 年版，第 284—285 页。

统，包括六大体系：城市理念体系、市民行为体系、民俗风情体系、视觉景观体系、生活消费体系和经济发展体系。① 王苏州认为，城市形象是人们对城市的看法、观念和印象的综合，包括狭义和广义两个层次。"狭义的城市形象是城市的'形'，即通过视觉识别的城市物质形态。广义的城市形象则还包涵城市的'质'（功能和性质）、'量'（城市规模）和'向'（产业结构），即通过理念识别的城市精神和通过行为识别的城市行为。"②

第三种，综合上述两种观点，认为城市形象既是一种客观存在，也是一种主观评价。侯全华等人认为，城市形象是城市内在属性的表现形态，是本质与现象、内涵与外延的对立统一。它由硬形象和软形象构成。硬形象有客观形体，可精确测量，软形象无法精确测量，受心理感受影响较大。③ 成朝晖认为，从主客体结合的角度而言，城市形象是该城市以物质和非物质为载体的各种信息向人们传递与交流的外在形式和综合反映，是融合时间、空间与人共同建构的代表该城市特质的整体形象。④

第四种，认为城市形象是一种地区形象。从地域空间和行政区划的角度看，地区形象包括乡镇形象、农村形象、城市形象、区域形象等，与国家形象相对。罗治英认为，地区形象是指能够引起公众感知并进而做出评价、产生一定看法的地区的内在与外显诸因素之总和。这个概念的另一种表述是，"地区形象，是一个地区的内部公众与外部公众，对这个地区的内在综合实力、外显前进活力和未来发展前景的具体感知、总体看法与综合评价"⑤。罗治英的观点提醒我们，在研究城市形象时，有必要将城市形象作为一种地区形象。

笔者认为，要科学地把握城市形象的内涵，还应结合城市形象的历史生成及其在人们心目中的建构过程。从发生学的角度看，城市形象的产生，源自人类的城市实践及其认识的提升。一方面，城市形象是人们对自

①　居易：《城市形象的基本概念和系统构建》，载《苏州城市建设环境保护学院学报》2000 年第 2 卷第 1 期。

②　参见王苏州《城市形象的四维定位——以江西赣州为例》，载《经营管理》2011 年第 5 期。

③　侯全华、岳邦瑞、刘明国：《城市形象的可持续消费》，载《社会科学家》2006 年第 1 期。

④　成朝晖：《城市形象的认知与表述》，载《新美术》2008 年第 6 期。

⑤　罗治英：《DIS：地区形象论》，中央编译出版社 1997 年版，第 4 页。

己能及的城市信息，经心理选择筛选后的心理反应，是一种心理图像，其内涵是人们认知的信息总和，其外延可包括城市中的一切。另一方面，人类的城市历经了前工业化城市、工业化（现代化）城市和后工业化（后现代化）城市的发展过程，对某座城市的形象来说，它可能来自城市信息变化中的自发性累积，也可能来自人们有意识、有目的的人为建构。因而，城市形象的要素或内涵，是发展变化的，是可控的，也是不可控的。

城市形象（city image）与城市印象（city impression）是有区别的。二者都是人们对城市的心理感受或映象，是观察者与被观察对象之间双向过程的产物。但城市印象只是城市局部元素在个体心中留下的印象，是个体对"城市记忆"的自然感受和个人化理解，是偶然的、非系统的和非整体性创造的结果。城市印象是城市形象生成的前提和基础。当这种个人印象为社会上大多数人所接受和拥有时，就成了城市形象的一部分。正如林奇所言，城市形象是"多数人拥有的共同的心理图像"。多数人之所以能共同拥有某一心理图像，是因为人们社会化、过去的经历和现在城市环境的相似性。当城市形象作为千百万人的总体认知时，它成了一种历史文化的总结，成了城市经济、社会、文化和环境的结晶，其中蕴含着丰富的内涵和研究价值。诚如张鸿雁所言："城市形象是现代意义上城市人有目的的、自觉的、主动塑造的结果，是现代社会城市发展战略和城市全员参与的一种城市新文化行为。"①

总之，"城市形象是城市给予人们的综合印象与整体文化感受，是历史与文化凝聚构成的符号性说明，是城市各要素整合后的一种文化特质，是城市传统、现存物质与现代文明的总和特征。"② 城市形象的具体内涵是特定的"历史场"所决定的，它是历史的，也是现实的；它是静态的，也是动态的；它是客观存在的，也是主观想象的。当前，在塑造、累积现代城市形象的诸因素中，媒介特别是以电视为代表的电子媒介的重要性日益增强。本研究关注的，主要是人们通过媒介所建构的城市形象，或者说是媒介想象中的城市。

---

① 张鸿雁：《城市形象与城市文化资本论：中外城市形象比较的社会学研究》，东南大学出版社 2002 年版，第 26 页。

② 同上书，第 50 页。

二　大众传媒中的城市形象：概念的内涵与特征

1. 内涵

大众传媒中的城市形象，是城市形象的一部分，或者说城市形象诸多类型中的一种。它是大众传播机构或组织借助大众传播媒介，通过对城市源像信息的把关和编码而产生的符号图像。这里的大众传媒，既指一种传播工具或手段，也指从事信息采集、加工、复制和传播的专业组织或机构。

对于大众传媒中的城市形象这一概念，具体可从如下三个层面来理解和把握其内涵。

第一个层面，大众传媒中的城市形象是一种"媒介形象"。栾轶玫认为，媒介形象的理解有两个维度。"第一个维度，认为媒介形象即媒介组织个体或整体的形象，它可指相同时空的多个同类媒介组织给人们的印象，还可以指不同时空的多个同类媒介组织的'身影'；第二个维度，认为媒介形象是指社会中的具象或个体（公众人物、社会团体、国家机器、企业、产品、品牌等）通过媒介传播所衍生出来的公开形象，在某种意义上等同于公众形象。在这重含义里，媒介只是作为表现形象的一个传播介质而存在，而不是形象的主体。"① 她所研究的媒介形象，主要是指媒介机构的形象。而在宣宝剑看来，媒介形象实质上包括传播者媒介形象和被传播者媒介现象。他认为，大众传媒是一副具有魔法的眼镜，如果只看到这副眼镜本身，它就是"媒介的形象"，也就是大众传播媒介组织的形象，即传播者媒介形象，如果透过这副眼镜看到了这个世界，那就是"在媒介上的形象"，也就是大众传播媒介组织再现的人或事物的形象，即被传播者媒介形象。二者共同构成了媒介形象系统。②

按照上述理解，大众传媒中的城市形象，可视为城市在媒介上的形象，或者说被传播者形象。而对于被传播者媒介形象，现有研究的表述可谓五花八门。如："某某媒介形象""某某媒介中的某某形象""某某媒介对于某某形象的塑造或建构""某某媒介与某某形象""媒介再现形象"，等等。其中的"某某媒介"，一般包括书籍、报纸、杂志、广播、电视、

① 栾轶玫：《媒介形象学导论》，中国人民大学出版社 2007 年版，第 17 页。
② 宣宝剑：《媒介形象》，中国传媒大学出版社 2009 年版，第 45 页。

电影、网络等，而"某某形象"，一般包括某人、某群体、某组织和某区域等的形象。为简明起见，本书采用的是"大众传媒中的城市形象"这一表述。

第二个层面，大众传媒中的城市形象是一种"媒介景观"。景观（spectacles）一词，最早来自绘画，指"风景""景色"。现在，景观在不同的学科中具有不同的内涵。地理学家认为，景观是指地球上有机界与无机界对象的有机结合，包括自然景观和人文景观。生态学家认为，景观是一个历时性的纵向概念，泛指人类生存空间的视觉总体。文化景观论者认为，景观包括视觉感知的有形景象和不能直接感知的无形的人文因素，如生活方式等。社会学家认为，在现代生产条件无所不在的社会，生活本身展现为景观的庞大堆聚。"直接存在的一切全都转化为一个表象。从生活的每个方面分离出来的影像群（images）汇成一条共同的河流。景观同时将自己展现为社会自身，社会的一部分，抑或是统一的手段。作为社会的一部分，景观是全部视觉和全部意识的焦点。景观不是影像的聚积，而是以影像为中介的人们之间的社会关系。"①

传播学者们则借用上述景观定义，将其移植到城市传播研究或媒介地理研究之中，提出了"媒体奇观""媒介景观"的概念。道格拉斯·凯尔纳（Douglas Kellner）认为："媒体奇观指那些能体现当代社会基本价值观、引导个人适应现代生活方式、并将当代社会中的冲突和解决方式戏剧化的媒体文化现象，它包括媒体制造的各种豪华场面、体育比赛、政治事件。"② 道格拉斯虽然没有明确将传媒中的城市形象纳入媒体奇观的范畴，但媒体通过自己生产的形象来影响并作用于大众的城市感知和文化想象，且成为社会建构的重要力量，应该理解为一种媒介奇观或媒介景观。正如袁瑾所言，"21 世纪的城市图景是带有世界烙印的媒介景观，城市不仅是居住的实在之地，更是具有象征意义的想象之物"③。

按照上述理解，城市景观不仅是自然的，更是人为的。人为的城市景观，就包括媒介生产和制造的城市景观。因此，大众传媒中的城市形象，

---

① ［法］居伊·德波：《景观社会》，王昭风译，南京大学出版社 2007 年版，第 3 页。

② ［美］道格拉斯·凯尔纳：《媒体奇观——当代美国社会文化透视》，史安斌译，清华大学出版社 2003 年版，第 19 页。

③ 袁瑾：《媒介景观与城市文化：广州城市形象研究》，中央编译出版社 2012 年版，第 2 页。

就是一种"媒介景观"。它是人们创造、表述和解释城市的一种结果，反映了人们的世界观以及人与城市、人与他人的意义或关系。

第三个层面，大众传媒中的城市形象是一种"拟态环境"。虚拟环境（Pseudo - environment，也译为虚假环境）是美国著名政论家李普曼在《公共舆论》一书中所提出的一个概念，用以指代人以符号为媒介在头脑中制作的行为环境。我们知道，环境（environment），即某个主体周围的情况和条件，可分为自然环境、社会环境，直接环境、间接环境等不同类别。李普曼将环境分为现实环境和行为环境，或者说直接环境和间接环境。现实环境，又叫客观环境，是包围人的外部条件的总和，如阳光、空气、大地、动物和植物等。它独立于我们的意识、体验之外，与人的行为没有任何直接的关系，是同作为环境主体的人尚未发生关系的一切外部条件。行为环境则是具体的人在现实中置身其间的生活环境。它是一个被体验的世界，或者说被意识的世界。人的行为，产生于这一行为环境中，并受其制约。①现代人的行为环境的特征在于，需依赖他人才能接触到的环境比重越来越大。要了解这部分环境，现代人必须依赖于他人的行为环境，这叫间接环境。他人从地理环境中抽出的有意义的体系，还得由他人进行符号操作，使之成为社会性信息。唯有这样，我们才能获知间接环境，并生存于其中。用李普曼的话来说就是："由于真正存在的环境总起来说太大、太复杂，变化得太快，难于直接去了解它。我们没有条件去对付那么多难以捉摸、那么多的种类、那么多的变换的综合体。然而我们必须在那种环境中行动，我们必须先把它设想为一个较简单的模式，我们才能掌握它。人们必须先掌握世界的概貌，才能详细地考察世界。然而他们长期的困难是获得他们自己需要或者其他人需要的地图。"② 而媒介即人的延伸，特别是大众媒介的出现，延伸了人类的这种认知能力。由于大众传播的活动实质上是一种环境媒介决定信息取舍的组织性活动，因而大众传媒成了提供这幅地图的重要来源。其结果就是，大众传媒中的"见闻"或"事实"，成了我们行动的指南和认识世界的"地图"。大众传媒对某状况下定义、作解释，结果，有的事物"存在"，有的却"不存在"了。③

---

① ［日］竹内郁郎：《大众传播社会学》，张国良译，复旦大学出版社 1989 年版，第 211—212 页。

② ［美］李普曼：《公共舆论》，林珊译，华夏出版社 1989 年版，第 10 页。

③ ［日］竹内郁郎：《大众传播社会学》，第 321 页。

根据李普曼的拟态环境理论，大众传媒中的城市形象，是大众传播媒介组织或机构对城市源像信息符号化运作的结果，是大众传播的"见闻"及其判定为"事实"的东西，也是现代城市环境的主要部分。它不可能等同于现实的城市环境，但在现代传播媒介的作用下，正不断接近或逼真于现实的城市环境。如下节所述，从城市形象的生成来看，城市形象可划分为现场直接感知的城市形象和通过媒介间接感知的城市形象。现实生活中，个体可以不通过媒介而身临其境直接感知城市，这种感知借助的是人的身体，感知的是城市的第一手信息，其结果更多的是如前文所述的"城市印象"。除非共时共地的感知和个体间相同的视角、路径、情境和经验等，否则很难导致城市被"共同感知"而形成"城市形象"。当人类开始以各种媒介再现城市时，人与城市客观存在之间竖起了一面媒介之镜，感知的过程和结果都发生了改变，因为媒介过滤城市客观存在的信息。媒介的过滤，实际上是媒介使用者的信息把关或者信息管理，它有放大，有缩小，有真实，有想象，不能简单地等同于客观存在本身。因此，我们感知到的，是媒介过滤后提供的城市信息，即李普曼所谓的"拟态环境"（pseudo-environment）或"信息环境"。随着媒介的发达和信息社会的发展，现代人对拟态环境越来越失去诸如身临其境获取第一手信息之类的验证能力，而是根据媒介提供的第二手信息，展开对环境的认知和行为决策，拟态环境因而具有演化为现实环境的趋势，这就是所谓的"信息环境的环境化"，或者说信息环境的现实化。

2. 特征

大众传媒中的城市形象，和城市形象一样，具有多种辩证特征。如单一与多元，正面与负面，真实与虚拟，稳定与变化，等等。下面主要介绍后面两种特征。

真实与虚拟共生。大众传媒中的城市形象，源自大众传媒对城市源像信息的选择和把关，因而能够相对客观真实地反映城市的现实环境，其内涵表现出一定的真实性。但大众传媒中的城市形象，在符号化的过程中，又渗透了大众传媒自身的价值观和主观评价，因而必然带有虚拟性。鲍德里亚从符号与现实对等的原则出发，总结了形象与现实的四种关系：一是形象反映了基本现实；二是形象掩盖和歪曲了基本现实；三是形象掩盖基本现实的不在场；四是形象与任何现实无关，它是自己纯粹的仿像。这就表明，大众传媒中的城市形象，永远不可能等同于客观现实，而只能无限地逼近客观现实。它只是真实与虚拟的共生体，或者说是真实与虚拟不同比重的组合体。至于这种比重的大小，不仅取决于媒介技术和符号文本的类型，更取决于传播媒介机构在编码过程中所受到的诸多场域的合力大小。例如，一般而言，新闻文本中的城市形象，相比电影和文学文本中的城市形象，其真实性要大一些。又如，受到了某种力量阉割或宰制失去了自己相对独立话语权的传媒机构，相比平衡了各种力量拥有自己相对独立话语权的传媒机构，其所生产和再现的城市形象，其真实性就要小一些。

大众传媒中城市形象的真实与虚拟共生这一特性启发我们：传媒在建构城市形象的过程中，不能过分强调媒介真实中因主观介入导致的与客观真实的差距而失去对客观的信任，也不能太过注重其与现实世界的相似之处而导致对主观的倚重，而要尽可能地追求真实，规避虚拟。要充分认识真实与虚拟的距离，着眼和依托城市的现实发展进程，发挥传媒社会公器的角色，采用新闻专业主义的理念，努力排除主观干扰，客观地建构，真实地反映。

稳定与变化并存。大众传媒中的城市形象一经塑造或建构完成，并经由公众的接受之后，在城市公众的心目中便具有相对的稳定性。心理定式会使人们不会因为事物的某些变化而马上改变对该事物形象的看法和评价。然而，这种稳定也是相对的，大众传媒中的城市形象完全有可能因为人们主观的努力或被动的因素而发生变化。例如，时间造成的记忆模糊或淡忘，城市源像信息的客观变化，大众传媒的传播理念变化，以及其他社会力量对传播内容的管制等。曾一果就认为，中国自改革开放以来，社会发展大体经历了以乡村为主体、以城市为主体和以全球化为主体三个历史时期，不同的历史时期，大众传媒所关注的城市形象，从与乡村相对的景观形象，到以现代城市为主的想象，再到城市全球化的想象和本土重构，三者之间，既有稳定性，又有变化性。①

稳定与变化并存的这一特性启示我们：大众传媒致力于建构一个相对稳定的良好的城市形象，有利于城市形象的公众认同。而当城市形象危机事件爆发或者新的城市形象定位推出之时，大众传媒要适时调整思路和对策，尽可能地消除城市的负面形象，重塑城市的美好形象。

---

① 曾一果：《想象城市：改革开放 30 年来大众媒众的"城市叙事"》，中国书籍出版社2011 年版，第 41 页。

第二节　大众传媒中城市形象的类型与功能

一　大众传媒中城市形象的类型

城市是一个巨大的文化容器，大众传媒中的城市形象是这一容器的重要表现形式。广义的文化可指人所创造的一切，因而传媒中城市形象的构成要素极其广泛。不同的角度，可划分出不同的类型。

根据城市源像信息的内容，可划分为硬件形象和软件形象。[1] 前者是大众传媒中通过感官可以直接感受到的城市形态、色彩、质感和声音等要素，后者是潜藏在城市深层的地域性特有的文化和意识形态等城市元素。二者彼此相辅相成，虚实相生。

根据大众传媒中城市形象的正负性，可分为正面的城市形象、负面的城市形象和中性的城市形象。

根据大众传媒中城市形象的多寡，可分为单一的城市形象和丰富的城市形象。[2]

根据大众传媒中城市形象的时间性，可分为过去的城市形象、现在的城市形象和未来的城市形象。

根据城市消费者或城市顾客的需求，可分为宜商、宜居、宜业、宜游和原产地的城市形象。[3]

北京市社会科学院在"通向 2008 年的北京形象工程"的课题中，将城市形象细分为五大子系统，即城市主体形象、城市功能形象、城市环境形象、城市文脉形象、城市识别形象。各子系统又可细分为若干子系统。笔者认为这一分法较为全面，同样适应于大众传媒中的城市形象。且本书实证研究中的城市形象指标体系基本源自这一分法，故在此详细引述。

其一，按城市主体形象细分。所谓主体形象，就是树立形象的实体，是城市形象的依附体。城市形象细分为三大主体：一是城市建设主体形象。建设主体形象又细分为空间（布局）主体形象、建筑

---

① 参见陈映《城市形象的媒体建构——概念分析与理论框架》，载《新闻界》2009 年第 5 期。

② Avraham, E., "Cities and Their News Media Images", *Cities*, 2000（17）.

③ 参见庄德林、陈信康《基于顾客视角的城市形象细分》，载《城市问题》2009 年第 10 期。

（含交通）主体形象、绿色主体形象（绿化、绿地）、生态主体形象（水、气、土、建材、生物）和设施主体形象（供水、供电、供气、环保、防灾）。二是城市组织主体形象。组织主体形象又细分为政府主体形象，社区主体形象和产业主体形象。三是城市市民主体形象。市民主体形象又细分为本市人主体形象，常住外地人主体形象和流动人主体形象。

其二，按城市功能形象细分。功能形象细分为城市一般功能（内涵功能）形象（居住、经济、交通、教育、文化、政治、信息、管理、艺术），城市核心功能形象（如政治、经济、文化、生态等），城市区域形象，城市外延形象（扩展方向和地带）。

其三，按城市环境形象细分。环境形象细分为城市自然环境形象（天然自然、人造自然和天人合成自然）、城市人文环境形象（物质文明、精神文明和政治文明）和城市经济环境形象（产业实力、行政效率、市场潜力和资源状况）。

其四，按城市文脉形象细分。文脉形象细分为城市现代文化与古代文化形象，城市主流民族建筑文化形象与少数民族建筑文化形象，城市世俗建筑文化形象与宗教建筑文化形象，城市本土建筑文化形象与域外建筑文化形象。

其五，按城市识别形象细分。这是用传统的企业形象设计方法来划分城市形象，分为城市理念形象、城市行为形象和城市视觉形象。城市理念是城市的思想观念体系，是城市的价值观、精神和灵魂。城市行为包括政府行为、社区行为、企事业单位行为和居民行为。城市标志性视觉要素主要有三：一是城市设计性标志要素。包括市徽、市旗、城市标准字、标准色、城市各种规格的地图及城市各个区域的同类设计。二是城市设定性标志要素。包括市花、市树、市鸟和吉祥物。三是城市建筑性标志要素。包括城市标志性建筑和标志性雕塑。①

二　大众传媒中城市形象的功能

要深刻认识大众传媒中城市形象的功能，必须追问大众传媒中城市形

---

① 参见曹随《城市形象细分：通向 2008 年的北京形象工程》，中国建筑工业出版社 2003 年版，第 2—3 页。

象的创造动机。大众传媒中的城市形象是人与作为环境的城市在双向互动过程中产生的。大众传媒中城市形象的功能，或者说作用，其落点主要两个：城市和人，而其终极落点，则是人。大众传媒中城市形象的功能问题，就与人们为什么需要建构或再现城市形象这一问题息息相关。人类为什么要创造城市形象？笔者的回答是：为了更好地认识和改造其所居住的城市环境，从而使人们生活得更加美好。正如莉恩·洛芙兰德所言：城市形象是社会性和文化性的，城市形象在城市社会现象中主要发挥着两种功能：一是影响着人们对城市生活的理解，二是塑造着城市生活本身。① 大众传媒中的城市形象也是一种城市形象，尽管它类型多样，内涵丰富，但其终极功能只有一个：让人们生活得更加美好。"美好"的标准是多样的，实现"美好"的因素也是多样的，大众传媒中的城市形象在其中所起的功能或作用，也因其类型和内涵而有所差异。

具体来说，大众传媒中城市形象的子功能主要有如下三个：

第一，大众传媒中的城市形象影响着城市建设的理念与决策，关系着城市现实的改造与软实力的提升。

大众传媒中的城市形象是依附于城市现实的。城市建设就是对城市现实的改造与提升。一般来说，城市的现实存在，决定了大众传媒中城市形象的良好与否。但是，大众传媒中城市形象的良好与否，反过来影响着城市建设的理念和决策，进而影响着城市现实的改造与软实力的提升。

从柏拉图的"理想国"，到霍华德的"田园城市"，从以芝加哥为起点波及欧美各大城市的"城市美化运动"，到改革开放以来中国内地传播媒介中涌现的"城市形象工程"，古今中外，人类对城市形象的探索与追求，从未停歇。正是在这些城市形象的理论和实践中，当今世界城市的决策者和建设者们，形成了一些城市发展的共识，如城市功能的国际化，城市形态的智能化，城市环境的园林化，城市建筑的特色化，等等。例如，中国不少城市都将城市形象定位为国际性城市，上海决心建成为"东方明珠"，武汉要在新世纪建成"东方芝加哥"，大连提出 20 年建成"北方香港"。尽管具体的实施和目标略有不同，但不难想见，这样的城市形象定位和建设，通过大众传媒的建构与传播，可以形成整体的统一传达机制

---

① 参见蔡禾主编《城市社会学：理论与视野》，中山大学出版社 2003 年版，第 112 页。

和识别机制，必将有利于促进城市经济、城市文化、城市基础设施等城市现实的整合和发展。

例如，2002 年至 2004 年，湖南省会长沙的几家媒体关于历史名城保护的报道多达 300 余篇，有力地唤起了各级领导和人民的文物保护和名城保护意识。《长沙晚报》的《抢救老街，留住特色》《火宫殿：怎一个拆字了得》《天心阁受伤呼救》《古亭何日露"真容"》《湖南贡院古墙在喊痛》，《东方新报》的《保护太平街刻不容缓》《救救这对鸳鸯吧》《快去看看老公馆的最后一眼》，《潇湘晨报》的《拯救长沙地理杂志》，《三湘都市报》的《250 年的历史该不该让路》等，振聋发聩，反响强烈。经此呼吁，火宫殿的门楼保住了，太平街不拓宽为太平路了，已画上拆字的老公馆暂时不拆了。就连《长沙市历史文化名城保护条例（草案）》，也全文登载在《长沙晚报》上，征求社会各界的意见易稿 20 余次后，才在人大会议上正式通过。这就说明："随着大众传媒在社会话语中的地位不断提升，各地的城市形象建设也逐渐向媒体倾斜，有意识地利用媒体塑造自己的城市形象不仅成为本世纪城市文化建设的新趋势和重要特征，同时也预示着媒体主导的城市形象文化开始与官方意识形态乃至商业资本进行合流，媒体的城市想象成为建构当代城市认同的一种重要文化力量。"[①]

第二，大众传媒中的城市形象影响着人们对城市的认知与评价，关系着城市生活的优化与和谐。

大众传媒中的城市形象不但影响着城市的客观现实，而且影响着城市内部和外部的人。一个和谐、有序、美好、文明的城市再现形象，会增强本地人的文化和心理认同，增强外地人前往的欲望和投资的信心。反之，一个充斥犯罪、贫困和社会混乱的城市再现形象，会使本地人的城市生活更加紧张和失望，会使外来的投资者和游客望而却步。

城市符号互动论的理论家们认为，人类行为以事物所含的意义价值为基础，生活在城市中的个体在真实地感受城市生活的同时，必须凭借符号来寻求城市生活的意义。尽管完全理解城市是不可能的，但可根据自身的经历、通过由符号形成的城市形象来表达自己所理解的整个城市。大众传

---

① 袁瑾：《媒介景观与城市文化：广州城市形象研究》，中央编译出版社 2012 年版，第 12 页。

媒中的城市形象提供了一张关于某一场所的简图，好比是一张从空中拍摄的照片，它规划了界限，提出了总体看法。城市一旦在某种程度上被符号化了，处于城市环境中的个体的行动在某种程度上也被组织化了，例行化了。据此，符号互动论者们相信："个体通过将城市特征符号化，接受并理解了具体的城市形象，这不仅仅是为了寻求精神上的宁静，也是为了能更好地在城市中生活。"①

第三，大众传媒中的城市形象是大众传媒的一种重要资源和资本，它关系着大众传媒的生存与发展。城市化进程中产生的大众传媒，要想获得生存和发展，必须具备相应的人力、物力和财力等资源。大众传媒中的城市形象，首先就是一种重要的内容资源。大众传媒中城市形象的内容是十分丰富的，其外延可包括城市中的一切。不少报纸、杂志、电视等大众传媒，在报道城市的发展成就、评价城市的现实问题的过程中，创立了不少专栏、频道，有的甚至成为传媒的品牌栏目，为传媒带来了丰厚的广告收入和发行收入。这说明，传媒关于城市的内容资源只要做得好，就可以增值为经济资本。同时，大众传媒中的城市形象，更多的情况下以一种符号形态而出现，具备意识形态渗透及同化的力度和二度生产的能力，进而作用于受众和政府的注意力，产生更多的社会效益，因而又是传媒发展所必须具备的重要的文化资本和社会资本。

总之，大众传媒中的城市形象，和城市形象一样，"是一种资源，更是一种资产，既是城市经济社会发展的基础，也是城市经济社会发展在文化意义上的表现，同时还是对内创造城市凝聚力，对外创造城市辐射力和内化优质结构的核心要素"②。在城市功能由宗教、军事、政治为主转向经济、文化为主的今天，大众传媒中的城市形象既是一种生产力，也是一柄双刃剑。大众传媒中的城市形象之水，能载城市发展之舟，也能使之搁浅甚至倾覆。市场经济的发展要求城市形象从自在状态尽快转向自为状态，这就要求城市领导者、管理者和大众传播机构，有较强的形象意识，能正确地设计与传播城市形象，使城市形象的正面功能得以充分发挥，进而助推城市与传媒的发展，满足人类的需求。

---

① 蔡禾主编：《城市社会学：理论与视野》，中山大学出版社2003年版，第108页。
② 张鸿雁：《城市形象与城市文化资本论：中外城市形象比较的社会学研究》，东南大学出版社2002年版，第8页。

第三节　大众传媒中城市形象的生成

大众传媒中城市形象的生成，与城市形象的生成密切相关。如前所述，城市形象是城市内外部公众所拥有的对某一城市的共同的心理图像。大众传媒中的城市形象，则是大众传播机构或组织利用大众传播媒介，通过对城市源像信息的选择和编码而形成的关于某一城市的符号图像。多数人为什么会拥有对某一城市的共同的心理图像呢？大众传媒又是如何进行城市源像信息的选择和编码呢？本节拟结合城市形象的生成过程，从"如何共同拥有"和"共同拥有的是什么心理图像"两个层面，来回答这些问题。

一　城市形象的生成模式图

城市形象是如何生成的？Foot 认为，城市形象这一主观的图像是整合语言、大众传媒、记忆、照片、电影和环境而成的。[1] 他指出了城市形象生成过程中的三个重要因素，即个体因素（语言、记忆）、媒介因素（大众传媒、照片、电影）和环境因素，至于如何整合，他没有深入。钱智指出，城市形象的生成是城市与公众之间通过一定媒介进行相互沟通的过程，此过程可分为三个阶段：感知，一定时间内对所处环境的直觉体验和感受；认知，理解、学习、构造，并在心理上重现；评价，判断和决定的行为与决策。[2] 该观点的最大亮点，是从信息运动的角度理解城市形象的生成过程。阿尔文·托夫勒（Alvin Toffler）则认为，外部环境向我们倾注了大量的刺激，来源于我们之外的信号（声波、光等）触动了我们的感觉器官，这些信号一旦被接受，便通过一种仍然还很神秘的过程转变为现实的象征，转变为形象。[3]

尽管人们对城市形象生成的机制和具体过程尚有争议，但一般都认同城市形象的产生过程，实质上是人们的认识过程，是一个信息加工的心理过程。一个完整的认识过程，包括认识主体（认识者）、认识客体（被认识者）、中介（认识工具）、认识结果四个要素。据此，城市形象生成过程中的核心点，

① John M. Foot, "From boomtown to bribesville: the images of the city, Milan, 1980 – 97", *Urban History*, 1999, 26, pp. 393 – 412.

② 钱智主编：《城市形象设计》，安徽教育出版社 2002 年版，第 44 页。

③ ［美］阿尔文·托夫勒：《未来的冲击》，蔡伸章译，中信出版社 2006 年版，第 169 页。

主要是三点：城市的客观存在、媒介和公众的主观认知效果。

城市的客观存在容易理解，它是城市历史与现实的一切累积，包括城市的硬件要素和软件要素，或有形要素和无形要素，是城市形象得以产生的客观信息源（information source）。信息被认为是能消除某种不确定性的东西，"是对客观事物、事件的性质及其运动状态的陈述，是人的精神产物的外化与内储。具有可加工性、可转换性、可传递性、可储存性等特点"[①]。

媒介（medium）是城市形象生成的必备工具。这一工具在城市形象的研究中最容易被人忽视，尽管实际上它非常重要。因为技术的自我隐蔽性或透明性，导致了作为技术的媒介处于一种自我遮蔽状态，正如一只装着水的玻璃杯，我们通常只看到了水而忽视了玻璃杯。

一般认为，媒介是人开展信息传播的手段、工具或中介物。据雷蒙·威廉斯考证，该词源自拉丁文 medium，意指"中间"。从 16 世纪末期起，该词在英文中被广泛使用。19 世纪中叶以来，其复数形式 media 被普遍使用，即"各种媒介"[②]，其内涵包括文字和报纸等传播工具。在中文语境中，"媒介"一词多用来指作技术的传播工具，"媒体"一词则用来指专业的传播组织。

媒介有哪些类型？有人认为有展示性媒介（the presentational media，如声音、面容和肢体等）、再现性媒介（the representational，如书籍、摄影和建筑等）和机械性媒介（the mechanical media，如电报、广播和电视等）[③]；有人认为有一般媒介和特殊媒介，前者是不对信息进行以向社会公众公开传播为目的而大量复制的媒介，如书信、电报和电话等，后者是对信息进行以向社会公众公开传播为目的而大量复制的媒介，包括报纸、杂志、书籍等印刷媒介和广播、电视、网络等电子媒介[④]；还有人认为有有利于空间上延伸的媒介和有利于时间上延续的媒介，即偏向时间的媒介和偏向空间的媒介。[⑤] 笔者持大媒介观，视媒介为人开展信息传播的手

---

① 邱沛篁主编：《新闻传播手册》，四川大学出版社 2004 年版，第 151 页。

② ［英］雷蒙·威廉斯：《关键词：文化与社会的词汇》，刘建基译，生活·读书·新知三联书店 2005 年版，第 299 页。

③ ［美］约翰·费斯克：《传播研究导论：过程与符号》（第二版），许静译，北京大学出版社 2008 年版，第 15 页。

④ 邱沛篁主编：《新闻传播手册》，第 152 页。

⑤ ［加］哈罗德·伊尼斯：《传播的偏向》，何道宽译，中国人民大学出版社 2003 年版，第 28 页。

段、工具或中介物，将媒介分为身体媒介和非身体媒介，身体媒介包括人的声音、面容、肢体和部分感觉器官，是展示性媒介，也是一般媒介；非身体媒介是再现性媒介和机械性媒介，是特殊媒介，主要包括印刷媒介和电子媒介。

不同的媒介类型，其共同点却只有一个，即媒介作为技术的本质。技术又是什么呢？技术哲学的奠基人恩斯特·卡普（Ernst Kapp）在其《技术哲学纲要》一书中，认为技术是人与自然的一种联系，人是技术创造的尺度，并提出了"器官投影说"：一切工具和机械都是人体器官的外化，是人体器官的一种投影，是人体器官形状和功能的延伸与强化。① 与此相类似的一个观点是，麦克卢汉提出的"媒介即人的延伸"的著名论断，认为媒介是人的生物性延伸，电子媒介是中枢神经系统的延伸，其余一切媒介是人体个别器官的延伸。

媒介在时间和空间上对社会组织（人类文明）产生决定性的影响。"一种新媒介的长处，将导致一种新文明的产生。"② 在传播学者们看来，一部人类传播史，实质上就是社会信息的发展史，同时也是传播媒介的演进史。根据媒介的演进，人类传播的历史可分为四个阶段：口语传播、文字传播、印刷传播、电子传播。这四个阶段，是一个依次叠加而非取代的发展过程。处在不同阶段的不同媒介，对城市形象的生成的影响是不同的。

公众的认知效果也比较复杂，因为认知过程包括注意、感觉、知觉、记忆等认知过程，还包括在此基础上产生的情绪和意志过程，即人们常说的知、情、意，它们体现为人头脑中某一概念或形象的生成，以及人的某种情感、态度、行为倾向等。它们都是人们对输入大脑的信息进行心理选择和心理反应后的一种显性或隐性的结果。城市形象，就是一种认知效果。

根据上述三个核心点，可勾勒出城市形象信息传播的最基本过程：城市信息源，借助传播媒介（包括身体媒介），进入人脑，被人脑选择加工合成为形象。正如认识是一个反复的过程一样，城市形象信息传播的过程也是循环反复的。也就是说，人们头脑中生成的形象，可以反过来影响城市信息源的运动变化，进而影响人们头脑中形象的修正或再次合成。这一基本过程，就是城市形象的生成模式图，如下图所示：

---

① 转引自乔瑞金等主编《技术哲学概论》，高等教育出版社 2009 年版，第 11 页。
② ［加］哈罗德·伊尼斯：《传播的偏向》，第 28 页。

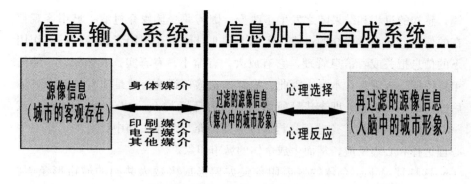

城市形象生成模式图（笔者自绘）

　　根据身体媒介与非身体媒介的区别，笔者认为城市形象的生成，有两种情况。其中的第二种情况，是本书研究的重点。

　　第一种，只借助身体媒介而不借助其他媒介生成城市形象。现实生活中，个体可以只借助身体媒介而不借助其他媒介生成城市形象，即身临其境直接感知城市，这种感知借助的是身体媒介，包括人体的视觉、触觉、嗅觉等感觉器官，感知的是城市的原始或第一手信息，这些刺激和个体在社会化过程中直接习得的知识地图产生心理反应，其结果是在大脑中形成所谓的"城市印象"。

　　这种情境下，个体的城市印象如何形成多数人共同的城市形象呢？只有共时共地的感知和个体间相同的视角、路径、情境和经验等，才能使城市被"共同感知"而形成多数人共有的"城市形象"。"这种个人化的观察在人与城市场所的初始关系中很常见，但随着场所媒介的符号部分与物质部分的分离，特别是随着现当代视觉媒体对城市特定符号的规模复制，这类体验者在感知城市的人群中所占比例越来越小，特别是对某一个处在关注焦点的城市场所而言，绝大多数人获取信息的渠道都越来越多地转向了大众化的视觉媒介。"[①]

　　第二种，既借助身体媒介又借助非身体媒介生成城市形象。当个体面对的是无法亲身经历或亲自接触到的人和事物时，主客体会发生间接接触行为，人与城市客观存在之间竖起了一面非身体媒介（如印刷媒介和电子媒介）之

---

　　① 孙玮主编：《中国传播学评论》（第四辑，传播媒介与社会空间特辑），复旦大学出版社2009年版，第35页。

镜，感知的过程和结果随之发生了改变，因为非身体媒介过滤了城市客观存在的信息。非身体媒介的过滤，实际上是非身体媒介使用者在各种框架作用下的信息把关或者信息管理，它有放大，有缩小，有真实，有想象，不能简单地等同于客观存在本身。因此，我们首先感知到的，就是非身体媒介过滤后提供的城市信息，即李普曼所谓的"拟态环境"（pseudo-environment）或"信息环境"。然后，这些信息再通过身体媒介与个体头脑中已有的信息发生心理选择和心理反应，从而生成个体的城市印象。

这种情境下，个体的城市印象又如何形成多数人共同的城市形象呢？除了从众等群体心理的影响之外，关键在于非身体媒介建构了个体们共同的认知结构或图式。由于非身体媒介具有可批量复制信息、可大众传播信息、可设置议程等特性，从而导致众多的个体在与非身体媒介的接触过程中，可能共同拥有关于某一城市的认知图式，进而形成城市形象。卢钦斯（Luchins A. S.）运用实验法证实了形象不是与生俱来的，而是经由后天所塑造的，而在后天塑造的过程中，尤以大众传播媒介扮演着最重要的角色，而且传播媒介在信息传递的过程中塑造形象的同时也建立了我们认知的模式。唐森（Dawson）也发现，大众传播媒介的暴露与形象的形成有极显著的关联性。塔奇曼（Gaye Tuchman）在她的《制造新闻》（*Making News*）一书中提出作为框架的新闻的概念，认为新闻媒介通过符号的选择，为人们提供了一种看待事物的解释图式，从而建构人们的主观现实，进而影响人们对事物的看法。总之，在人类开始借助非身体媒介再现城市以后，特别是在城市影像浏览者大大超过城市漫游者的时代，作为传播形象信息的最重要载体——非身体媒介（包括印刷媒介、电子媒介等），对城市形象的生成，其作用尤为重要。这也正是本书将研究的对象确定为电视而非受众对长沙形象的建构的重要原因。

下面结合上述模式图，从个体和媒体两个层面，具体分析城市形象的生成过程。

二　受众建构城市形象的过程：城市源像信息在个体中的输入、加工与合成

1. 个体对城市源像信息和媒介过滤的源像信息的感知与接收：心理选择

城市源像信息的输入，是城市形象生成的基础和前提。城市源像信息和媒介过滤的城市源像信息向个体的输入，从个体的角度看，就是个体对外界信息的感知和接收，认知心理学将这一过程界定为心理选择。城市源像信息和媒介过滤的源像信息是如何输入个体的呢？下面拟从三个层面来说明。

第一个层面，个体接收信息的感官是哪些。认知心理学的研究者们大多认为，个体接收外界信息的专职部门，是人的感觉器官。人的感官有内外之分。内部的有运动觉、平衡觉和机体觉。外部的有视觉、听觉、嗅觉、味觉和皮肤觉（触觉、压觉、痛觉、温度觉）。是不是这些感觉器官都能接收和处理城市源像信息和媒介过滤的城市源像信息呢？笔者认为，只有某些感觉器官才能担当此任，具体地说，人体负责接收这些信息的器官，主要是视觉器官、听觉器官和部分肤觉器官。笔者的这一观点，主要来自林之达教授《传播心理学新探》一书的研究成果。

林之达教授认为，不能笼统地说人的感觉器官是接收传播信息的，在人的众多感觉器官中，只有视觉器官、听觉器官和部分肤觉器官才是真正承担了接收体外传送来的信息的职能的，因为只有这些器官才是由表征或指代事物的符号刺激后，被这些感官转换为相应的光、声等信号，再把这些信号转化为相应的神经信号传至大脑，大脑再将这些信号还原成观念形态的信息。而其他的感觉器官都没有产生传播学所说的编码和译码活动，不在传播心理学研究范围之列。[1] 城市是人类的创造物，从城市源像信息到城市形象的生成，这一过程中必然会产生传播学所说的编码和译码活动，因此，个体接收城市源像信息和媒介过滤的城市源像信息的感觉器官，不是全部，而只是视觉器官、听觉器官和部分肤觉器官。

第二个层面，这些感官对外界输入的信息是否照单全收呢？答案当然是否定的。因为个体对外界输入的信息，存在一种选择性机制。这种选择性机制的存在，既是人体生理的本能，也是时代发展的必然要求。

从生理上看，人对信息具有先天的感应的选择性和容量的局限性。传播的信息不能直接被视听器官接收，而要经过相应的感官转换。每一种感官在生理上限制了它只能感应它所能感应的符号系统的一部分或小部分。如人眼只能感应可见光波所运载的信息，不能感应红外线、紫外线及其以

_____

① 参见林之达《传播心理学新探》，北京大学出版社 2004 年版，第 51—54 页。

外的射线的光波信息。人耳只能感应可听声波所运载的信息，超声波和次声波的就不能感应。要打破这种局限，须借助延伸和放大视觉、听觉等感官的工具，如夜视仪、声呐和传播媒介。人的心理系统这种固有的感应的选择性和容量的局限性，"不但无碍于它们对信息的吸收，反而保证了它们正常接收信息"①。

从信息类型来看，人对信息的选择也是时代发展的必然要求。阿尔文·托夫勒（Alvin Toffler）认为，外界环境的信息可分为未编码的信息和编码的信息，它们在不同的时代，速度不一，对个体感官的影响和形象生成的作用也不一。"凡是依赖于社会的约定（即社会密码———一组社会公认的符号和定义）来表达其含义的信息均属于编码信息。如语言。我们可以有把握地推测，随着社会发展得更加庞大复杂，人与人之间传递形象的密码急剧增多，普通人接受未编码信息的比例会下降，接受编码信息的比例便会增加。我们可以认为，今天，我们的形象更多地产生于人造信息，而不是产生于个人对原始的、未编码的事件的观察。"②

他进一步指出，农业社会中的村民，大部分输入的信息是松散、无序的。而工业社会的公民除了接收上述所有信息外，还接收了传播专家通过大众传播工具精心设计的信息。这些信息严谨，精练，不那么冗长，具有高度的目的性，随着收音机、电视、报纸、杂志以及小说向社会的席卷，这些信息的平均速度在稳定地加快，包围着个体的编码信息的海洋开始以新的急促的节奏冲击着他的感官。到了后工业社会，"编码信息的浪潮变成了咆哮的激潮，越来越快地滚滚奔来，凶猛地激荡着我们，似乎在寻找进入我们神经系统的通道"③。例证之一是，在今天的美国，成人读报所用的时间平均每天为 52 分钟。同是这一个人，每天还可能用 1 小时 15 分钟收听广播。他还要花费几个小时看电视。所有这一切表明了经过设计的信息对他的感官所产生的压力。

传播学者们对受众研究认识的深化，也印证了个体对信息的选择是时代发展的必然要求。传播史上不同历史时期的受众理论及其发展趋势，可用下图来表示。

---

① 林之达：《传播心理学新探》，第 57 页。
② ［美］阿尔文·托夫勒：《未来的冲击》，蔡伸章译，中信出版社 2006 年版，第 169 页。
③ 同上书，第 172 页。

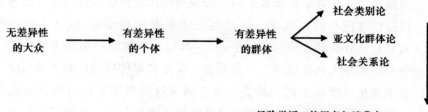

上述多维视野中的受众研究理论进展图表明了一个趋势，即受众在信息传播活动中，由被动地位上升到了主动地位。这种主动地位的具体表现可归纳为如下四点：一是受众是信息传播活动中的核心，它是线索提供者、被采访对象、传播参与者和效果检验者；二是受众的需求是信息传播产生发展原动力；三是受众的活动、注意力、反馈等，是信息传播重要资源；四是受众对信息传播的接受度、参与度及受众作为权利主体的满足度，制约着信息传播。

受众主动地位的确立，表明当今的时代是一个信息爆炸而非短缺的时代，是一个信息加选择才是资源而非信息就是资源的时代。信息时代受众的这种主动选择特点，未来学家约翰·奈斯比特（John Naisbitt）早有预言："我们被信息所淹没，但却渴求知识。这样，整个信息社会所强调重点从供应转为选择。……随着新技术的发展，将来编辑不会告诉我们该看什么东西，我们将告诉编辑，我们自己选择看什么东西。我们将会看到'内容主权'由作者手中转给接受者。"①

第三个层面，怎样的信息才能通过个体的心理选择关呢？至少可以从如下两条思路上寻找答案。

思路之一，从上述生理机制来看，只有适合视觉、听觉和部分皮肤觉感应的信息，才能通过人体的心理选择关。具体到城市源像信息来说，就是城市中可观、可听和可触的信息。其中，80％以上的信息，都是通过视觉来获得的。

---

① ［美］奈斯比特：《大趋势：改变我们生活的十个新方向》，梅艳译，中国社会科学出版社 1984 年版，第 23—25 页。

思路之二，传播学大师威尔伯·施拉姆提出的传播信息选择或然率公式：传播信息选择的或然率＝报偿的力度÷费力的程度。① 这个公式假设，人是追求效益最大化的"经济人"，其行为一般要遵循经济学的支出最小化和收获最大化的原理，也就是说，受传者对传播信息的选择与受传者的需求满足程度成正比，与受传者为满足这些需求所付出的代价成反比。个体选择城市源像信息和媒介过滤的城市源像信息，其决定性的因素也主要在这两个方面：收益的最大化和支出的最小化。顺此思路，追问一下：受传者需要的报偿和付出的支出具体有哪些呢？施拉姆等人没有提供明确而系统的答案。张立伟教授指出，受众获得的报偿包括功能收益（有用性）和情感收益（愉悦性），付出的成本则包括价格和其他成本（获得信息或使用媒介的时间、体力和精神消耗）。②

2. 个体对城市源像信息和媒介过滤的源像信息的加工与合成：心理反应

经由个体选择后进入心理系统的城市源像信息和媒介过滤的源像信息，要与个体的认知结构、情感、性格、气质、价值观等因素产生心理反应。由于本书重在分析城市形象的生产而非消费，而大众媒介对认知结构的影响要大于对个体情感、气质等心理因素的影响，因而这里侧重介绍认知结构及其在城市源像信息加工合成中的作用。

"认知结构"（cognitive structure）是心理学中的重要概念，不少心理学家对此进行了论述。瑞士心理学家让·皮亚杰（Jean Piopt）在研究儿童心理发展时发现，与环境取得平衡是人天生的一种倾向，平衡源自人不断与环境进行的同化（assimilation）和调适（accommodation）。同化是个体运用其既有图式将新事物纳入其中成为新的知识。调适是不能同化新知识时，个体主动修改既有图式而达到认知目的的历程。平衡的结果是建立一个个图式（scheme）。图式的变化引起认知结构的变化，认知结构的变化又引起认知和心理的发展变化，进而形成若干个心理发展阶段。布鲁纳（Bruner）认为，认知结构是人关于现实世界的内在的编码系统（Coding system），是一系列相互关联的、非具体性的类目，是人用以感知外界的

① ［美］威尔伯·施拉姆、威廉·波特：《传播学概论》，陈亮等译，新华出版社 1984 年版，第 114 页。

② 张立伟：《传媒竞争十大法则》，载《新闻记者》2006 年第 3 期。

分类模式和新信息借以加工的依据，也是人的推理活动的参照框架，其核心就是一套类别以及类别编码系统。美国心理学家奥苏伯尔（Ausubel）认为，认知结构是一个人在某个知识领域的全部观念和组织特点。[①] 概而言之，现代心理学研究一般认为认识结构是外界信息和主观能动形成的个体知识经验结构，个体的人格特征、认知策略、情感意志等，对认知结构的发展产生重要的影响。

认知结构就其构成而言可分为简单的认知结构和复杂的认知结构。简单的认知结构可称为基模（或图式）。按照林之达教授的分析理解，基模是心理系统存放信息的分类单位。它存放的信息是客观事物中某"类"事物在头脑中的表象、知觉、体验、经验和认知，但还不一定是这"类"事物的定义或本质属性。当基模接纳的信息越来越多，出现了更大"类"的母基模和更细的"类"的子女基模时，就升格为认知结构了。基模不是先天具有的，而是后天形成的，是人与环境的互动或人的社会化累积的产物。基模也不是一成不变的，而是不断修正、补充、丰富、拓展的，变化的结果便是基模数量的增加和基模性质的变化[②]，或者说复杂的认知结构的形成。复杂的认知结构包括主认知结构和分认知结构，如同整体制约部分的性质与意义一样，认知结构的主结构对分结构起着决定性的支配作用。

认知结构的这些特点，在加工合成进入个体心理系统的城市源像信息和媒介过滤的源像信息时，有如下三大作用[③]：

一是帮助个体识别和评价进入个体心理系统的信息是什么。例如，个体通过亲临或电视报道看到了某个城市"工厂林立、浓烟滚滚"的景象或画面，如果个体脑海中有"工业城市"之类的认知结构，他可能将这一城市归入工业城市的基模库中；如果没有，就建一个新认知结构暂时命名、存放着，以待日后有同类信息进来时就定名、修正、加固这一新的认

---

① 张国仁、杨金花：《认知结构的概念形成及其理论发展探索》，载《吉林省教育学院学报》2010年第2期。

② 基模性质的变化有三：一是基模所反映的类的共同特点由表面特征向本质特点变化；二是基模所反映的对象由人物向生物、事物拓展，由名称向行为、事件拓展；三是孤立的基模发展成基模链或基模网。参见林之达《传播心理学新探》，北京大学出版社2004年版，第198—199页。

③ 这里所论述的三大作用，整合了林之达教授《传播心理学新探》（第199—246页）的部分观点。

知结构。如果个体拥有的"工业城市"的认知结构仅止于"工厂林立、浓烟滚滚"这一表面内涵，那他所理解的工业城市是比较片面的。如果还具备了"环境污染少""工业化程度高""老工业城市""新兴工业城市""工业的内涵式发展""人居城市"等丰富内涵，那他对"工厂林立、浓烟滚滚"这一信息的评价可能是负面的。

二是帮助个体整合信息。即对进入受传者心理系统的信息甚至是零散的信息，会根据这些信息的特点，按照一些原则和标准将它们组织、划分成有规则有意义的信息单元或信息团体。这些原则和标准主要有：时间上或空间上或外形上或质量上或色彩上或结构上或功能上等方面的接近性、延续性、相同或类似性、美感等。例如，如果个体通过电视看到了某个城市的下述画面：街道上干净整洁，没有乱丢的垃圾，市民上公交车时秩序井然，售票员面带微笑，乘客主动让座给身边的老人，那么，认知结构可能整合出"文明城市"之类的信息。

三是认知结构的行为程序或逻辑程序可以指导和预测人们的行动。这类认识结构可称为事件基模，即日常活动中事件发生顺序的认知脚本。这些脚本可能存在繁简、难易、时间长短等属性的差别，但其共同点在于可以指导人们按日常惯例或思维定式办事。例如，如果个体具有"去超市购物""过马路"等认知结构，则他在获知这些信息时，就会知道这些行为所包含的具体步骤和基本内涵，就会预测到行为程序的下一个环节。当然，预测的质量还与个体的逻辑推理和认知结构的质量等密切相关。

三　大众传媒建构城市形象的过程

1. 传播媒体对城市源像信息的输入：把关控制

传播媒体借助传播媒介对城市源像信息的输入，其主要内容也是对信息的筛选与过滤，传播学者们形象地称之为"把关"（Gatekeeping）。

传播的过程牵涉到对某些信息的选择与剔除。对于传播中固有的信息选择行为，直到卢因（Lewin）"把关人"（Gatekeeper）概念的提出，才找到理论上研究的焦点。卢因在研究食物如何来到一个家庭餐桌上的问题时，提出了"渠道与把关人理论"。他认为，食物是通过杂货店等购买渠道和自家菜园等种植渠道以及冰箱、贮藏室等贮藏渠道，一步步来到餐桌上的，食物能否通过各渠道，主要取决于各渠道门口的把关人的心理因素——主要包括他们的个人喜恶和一套预设的原则方针。卢因推论："这种情况不仅存在于食品选择渠道中，且适用于解释新闻如何通过特定传播渠道而在群体中传播。"① 卢因的这一推测被其研究助理怀特（White）应用到一个小城市报社的电讯稿编辑一周的选稿个案研究中，怀特的结论与卢因的推测如出一辙，该编辑选稿具有高度的主观价值取向，90%的弃稿，都是根据其个人对稿件的优劣和真实性的评价。②

怀特之后，把关理论在传播学研究中得到了更加深入的扩展，呈现出由个体向群体、组织和社会演化的趋势。麦克内利（McNelly）和巴斯（Bass）等人的研究表明，把关人不止一个电讯稿编辑，还包括存在于新闻源、新闻采集和新闻加工等环节中的多重角色，如记者等新闻采集者，编辑、校译等新闻加工者，以及公共关系从业人员及其他意欲影响大众媒介内容的利益团体的代表们。③ 沃特·吉伯尔（Walter Giber）的研究则表明，编辑个人价值观无法成为影响其选稿的主要因素，媒介组织与组织规章制度在影响整个把关过程比个体的主观因素更重要。④ 布里德（Bread）的"潜网"理论也表明，报社内部的政策、规则和传统等，是一张制约记者编辑们选择信息的微妙而有力的控制网。⑤ 丹尼斯·麦奎尔（Denis McQuail）则进一步将这种控制扩展到了社会更广阔的层面，在其《大众传播理论》一书中，他认为媒介机构受到了社会政治、经济、文化等各种合力因素的制约。⑥

迄今为止对"把关"现象进行的最为全面和系统的研究，当推美国传播学者帕米拉·休梅克（Pamela Shoemaker）。她在《大众传媒把关》一书中，考察了传播史上的把关研究，提出了把关的五个层次。休梅克关于把关的五个层次是：个人层次、媒介工作常规层次、组织层次、媒介外社会团体层次和社会系统层次。这五个层次按照影响传媒内容的重要性，可排列为如下图所示的金字塔图式（笔者自绘）：

---

① ［美］帕米拉·休梅克：《大众传媒把关》（中文注释版），张咏华注，上海交通大学出版社 2007 年版，第 14 页。

② 同上书，第 15 页。

③ 同上书，第 21 页。

④ 同上书，第 22 页。

⑤ 田中阳主编：《大众传播学理论》，岳麓书社 2002 年版，第 75 页。

⑥ 参见张国良主编《20 世纪传播学经典文本》，复旦大学出版社 2003 年版，第 443 页。

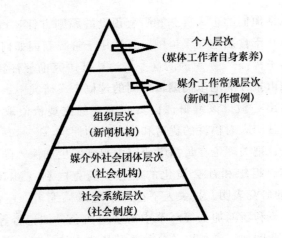

其中，社会制度主要包括文化、社会兴趣、社会结构、主体意识形态等，社会机构主要包括新闻源、受众、市场、广告、政府、利益群体、公共关系、其他媒介，新闻机构包括过滤和预选系统、组织特性、组织中的边界角色和组织的社会化，新闻工作惯例包括截稿实践及其他时间限制、出版物的版面要求、新闻报道的倒金字塔写作结构、新闻价值、客观原则以及记者对官方信源的依赖等框架，媒体工作者个人素养包括思维模式、事后评论、认知策略、制定决策、价值观、把关者个人的特性、角色定位、工作类型等。

总之，把关理论聚焦的问题是，信息传播渠道中，什么人因何原因而选择和剔除了什么信息。已有的研究表明，把关人可以是个体，也可以是群体，还可以是政府、其他社会组织和社会的政治、经济、文化等宏观因素。可以是专业把关人员，如新闻记者、编辑等，也可以是普通人，如大众麦克风时代的网民和公民记者等。但并不是所有的把关人都同等重要。把关人所处的媒介类别不同，把关人在媒介中的地位不同，其把关作用就会不同。对于传统媒体而言，传播者，即"那些代表大众传媒的人，因掌控成千上万大众的信息扩散而具有显要的政治权力"①。对于网络等新媒体而言，随着网民们主动地位的日益彰显，网民也成了"影子把关人"②，同样具有把关信息的大权。

①　［美］帕米拉·休梅克：《大众传媒把关》，第26页。
②　杨晓强、廖俊清：《论网络传播中的"把关人"角色嬗变》，载《新闻世界》2010年第12期。

由于传播学的把关理论涉及的是传播全过程中的信息把关，因而媒体对城市源像信息的选择性输入，可以借用该理论来分析。本书第四章将会结合上述因素来分析城市源像信息选择性输入的控制者及其控制原因。

2. 媒体对城市源像信息的加工与合成：符号编码

符号编码涉及"符号"与"编码"两个关键词。人是悬浮于自己编织的符号之网中的动物，符号对人来说意义非常。德国哲学家恩斯特·卡西尔（Enst Casser）认为，"所有文化形式都是符号形式。我们应当把人定义为符号的动物来取代把人定义为理性的动物"[①]。在他看来，符号化的思维和符号化的行为是人类生活中最富于代表性的特征，并且人类文化的全部发展都依赖于这些条件。"没有符号系统，人的生活就一定会像柏拉图著名比喻中那洞穴中的囚徒，人的生活就会被限定在他的生物需要和实际利益的范围内，就会找不到通向'理想世界'的道路——这个理想世界是由宗教、艺术、哲学、科学从各个不同的方面为他开放的。"[②]

何为符号？定义有很多。赵毅衡教授认为，任何物或符号都有一个"符号—使用体"（sing-function）。它可以向纯然之物一端靠拢，完全成为物，不表达意义，也可向纯然符号载体一端靠拢，不作为物存在，纯表达意义。绝大部分物都是偏移程度不一的表意—使用体，其使用部分与表达意义部分的成分分配，取决于特定解释语境中，接收者如何解释这个载体所携带的意义。因此，他从意义生产的角度，将符号定义为："符号是被认为携带着意义而接收的感知。"[③] 一个理想的完整的符号过程如下图所示：[④]

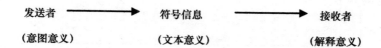

发送者　　　　　→　　　　符号信息　　　　　→　　　　接收者

（意图意义）　　　　　　　（文本意义）　　　　　　　（解释意义）

符号过程是分阶段的，从感知（perceived），到接收（received），到接受（accepted），到解释（interpreted），这过程能进行到哪一阶段要视具体情况而定。就大众传播媒体借助传播媒介对城市源像信息的加工与合

---

① ［德］恩斯特·卡西尔：《人论》，甘阳译，上海译文出版社 2004 年版，第 34 页。

② 同上书，第 52—53 页。

③ 赵毅衡：《符号学原理与推演》，南京大学出版社 2011 年版，第 27 页。

④ 同上书，第 50—53 页。

成而言，主要指前面两个阶段。

在英国文化学者斯图亚特·霍尔看来，这一加工合成的过程叫作编码（encoding）。编码主要涉及生产什么和如何生产，其结果是形成一个意义的符号集合体——文本。① 传播者的编码是受传者解码的前提。也就是说，没有发出者的意图意义和文本意义，解释者的解释意义就成了无源之水、无本之木。发送者往往期盼文本的解释有一个理想的停止点，即意图定点。实际的解释情况可能是，解释意义与意图意义完全一致、部分一致或完全相反。对传播者而言，理想的意图定点可能是，解释意义最大化地接近意图意义。因为意义是一种对话，永远只能部分地被理解。正如美国传播学者彼德斯所言，"交流是没有保证的冒险。凭借符号去建立联系的任何尝试，都是一场赌博，无论其发生的规模是大还是小。我们怎么判断我们已经做到了真正的交流呢？这个问题没有终极的答案，只有一个讲究实际的答案：如果后继的行动比较协调，那就是实现了真正的交流"②。

因此，大众传媒对城市源像信息的加工合成，必须考虑受传者的解释过程。解释者依据的是符码，符码的集合即元语言，包括社会文化的语境元语言，解释者的能力元语言，文本自身的自携元语言三类。解释的过程，与编码一样，是用符号生产意义的意指过程，霍尔称之为表征（representation）。"表征是某一文化的众成员间意义产生和交换过程中一个必要的组成部分。它的确包括语言的、各种记号的及代表和表述事物的诸形象的使用。"③ 可见，传受双方只有共享相同的"文化信码"，包括概念、形象和观念，"讲同一语言"，交流或传播的障碍才会相对减少，意义的共识才会相对实现。

---

① 罗纲、刘象愚主编：《文化研究读本》，中国社会科学出版社 2000 年版，第 345—356 页。

② ［美］彼德斯：《交流的无奈：传播思想史》，何道宽译，华夏出版社 2003 年版，第 259 页。

③ ［英］斯图尔特·霍尔编：《表征：文化表象与意指实践》，徐亮、陆兴华译，商务印书馆 2003 年版，第 15 页。

第二章

谁持彩练当空舞：电视建构
长沙形象的动力因素

本章的主要任务是，揭示长沙形象电视建构的动力因素。主要观点是：城市化导致了城市源像信息和人们认知结构的变化，催生了当代中国城市建设的热潮。城市化催生的大众传媒，成了建构和传播城市形象的利器。视觉文化时代的来临，彰显出城市的视觉性和城市的图像叙事特征。在城市、传媒和文化的互动关系中，诞生于长沙城市化进程的电视湘军，应当自觉地担负起城市文化建设和城市形象建构的时代使命。

第一节　城市化催生城市形象

一　城市化导致了城市源像信息和人们认知结构的变化

1. 城市化及其影响

"城市化"（urbanization）一词，最早出现在 1867 年西班牙工程师 A. Serda 的著作《城市化基本原理》中。[①] 20 世纪以来，该词风行世界，不同的学科对城市化注入了不同的解释。我国建设部在 1998 年颁布的《城市规划基本术语标准》中，将其定义为："人类生产和生活方式由乡村型向城市型转化的历史过程，表现为乡村人口向城市人口转化以及城市不断发展和完善的过程。又称城镇化、都市化。"

城市化的动力，在于农业生产力的提高，以及工业化和信息化等因素的推拉。伴随着城市化的兴起和发展，城市源像信息发生了变化。一般认为，城市化过程的基本表征有四个方面：人口由农村向城市的集中，空间由农村地域向城市地域的转化，经济由农村经济（第一产业，农业）向

---

① 周一星：《城市地理学》，商务印书馆 2003 年版，第 46 页。

城市经济（第二、第三产业，包括工业、建筑业、服务业等）的转型，以及乡村生活方式向城市生活方式的变革。其中，人口、地域和经济的转变，是看得见的城市化表征，生活方式或文化价值观念的转变，是看不见的城市化表征。

广义的城市化起点，发生在人类城市生成之日，狭义的城市化起点，则始于工业革命。现代城市是工业化的产物。18 世纪中叶和 19 世纪末的第一次工业革命和第二次工业革命，将人类推进到以蒸汽和电气为标志的工业时代，新的生产关系和物质技术基础，极大地改变了人类居住的生活环境。此前，世界范围内的城市景观变化缓慢，此后，变化巨大且迅速。美国建筑史家弗兰姆普敦指出，在欧洲已有 500 年历史的城市在一个世纪内完全改变了。

城市化首先导致了城市人口、城市数量和规模等的变化。1800 年，世界人口中只有 3% 的人生活在城市；1900 年，上升到 14%；到 1975 年，上升到 41%；预计到 2025 年将有 60% 的人生活在城市。联合国公布的《世界城市化展望 2009 年修正报告》数据显示，目前全世界城市人口数量已超过全球总人口的一半，达到 35 亿，人类已进入了城市时代。1950 年，全球仅有纽约和东京两个人口超过 1000 万的特大城市，2004 年，这一数字达到 22 个，其中中国有上海和北京两个。世界最大城市东京人口已达 3500 万。"工业革命使得都市化的浪潮几乎触及世界的各个角落，都市化以一种爆炸性现象呈现了出来。"① 在中国，1949 年，只有 69 个城市，约 2000 个县城和镇，城镇人口 5765 万人，占总人口的比例为 10.64%。改革开放以后，中国的城市化步入了一个较快发展的时期。国家统计局《中国统计年鉴》（2011 年）数据显示，2010 年，中国设市的数量达 657 个。中科院发布的《2012 中国新型城市化报告》表明，新中国的城市化迄今大致经历了 1949—1957 年城市化起步发展、1958—1965 年城市化曲折发展、1966—1978 年城市化停滞发展、1979—1984 年城市化恢复发展、1985—1991 年城市化稳步发展、1992 年至今城市化快速发展等 6 个阶段，2011 年，中国城市化率为 51.27%。联合国公布的《世界城市化展望 2009 年修正报告》预测，中国的城市化率在 2025 年将达到

---

① 包亚明：《现代性与空间的生产》，上海教育出版社 2003 年版，第 2 页。

59%。根据城市化进程的"诺瑟姆曲线"规律①，中国城市化正处于快速发展阶段，城市聚集将产生"原子裂变"式的能量，城市化将成为推动经济社会发展的新引擎。诺贝尔经济学奖获奖者约瑟夫·尤金·斯蒂格利茨（Joseph Eugene Stiglitz）曾预言，中国的城市化和以美国为首的新技术革命，将成为影响人类 21 世纪的两件大事。

　　城市化还导致了城市形态、城市生活方式和人们认知结构的变化。从小自然村，到村庄、镇，到城市、大都市、大都市区、集群城市或城市群和城市带或城市连绵区，再到世界城市、数字城市，城市化使人类的聚落形态由低级向高级演进。"这是一个最终必然会出现的现象。城市——指的是从柏拉图、亚里士多德到芒福德、雅各布斯这样的城市理论家们所熟悉的城市——已不能再像以前那样维系在一起并发挥作用了。这一切都是由于比特（BIT），它们已经将城市摧垮。"② 未来学家米切尔相信，信息技术的无处不在、无孔不入，以网络为媒介、属于数字电子时代的新型大都市将会经历不衰，并呈现出全新的城市景观："正在进行的通信和数字革命将改变现存的城市组成要素的功能和价值，并彻底重建它们之间的关系。其结果是新的城市组织将具有如下特征：生活/工作一体化公寓，24小时社区，联系松散而覆盖面广的电子媒体会议中心，灵活分散的生产、销售和物流系统，电子收发服务等。这将重新定义建筑师、城市规划师及其他关注我们日常生活空间和场所的人们的知识结构和工作日程。"③ 在实体的城市空间，生活方式也呈现出如下显著特征：次要接触代替主要接触，血缘纽带式微，家庭的社会意义变小，邻居消失，社会团结的传统基础受到破坏。芒福德也认为，"时间的规则化、机器生产力的增加、商品的丰富多样化、时间障碍和空间距离的克服、产品和业绩的标准化、技能转化为自动操作以及集体互赖的加强，所有这些就是我们机器文明的主要

———————————

　　① 美国城市学家诺瑟姆（R. M. Northanm）通过对欧美国家城市人口占总人口比重的变化研究发现，城市化进程呈一条 S 形曲线，具有阶段性规律：第一阶段，城市化率在30%以下，为城市化的初期阶段，城市人口增长缓慢；第二阶段，城市化率在30%至70%之间，为城市化加速阶段，城市人口迅猛增长；第三阶段，城市化率超过70%，为城市化成熟阶段，城市化进程平稳或略有下降趋势。"诺瑟姆曲线"有一个拐点，即城市化水平达到50%左右时，城市聚集会产生"原子裂变"式的能量。

　　② ［美］米切尔：《伊托邦：数字时代的城市生活》，吴启迪等译，上海科技教育出版社2005年版，第5页。

　　③ 同上书，第7页。

特征。它们是区别西方文明与之前各种早期文明的特殊的生活方式和表达方式"①。

2. 城市化进程中长沙形象的历史嬗变

（1）远古时代的原始村落

距今 6 亿年的古生代以前，湖南大部分地区是一片汪洋，长沙还沉睡在浅海槽中。经过多次的地质运动，湖南隆起成陆，海水退去，长沙的地质骨架初步形成。② 长沙地处湖南省东部偏北，位于湘江下游和长浏盆地西缘。东西两端山地环绕，中部渐趋低平，南部丘岗起伏，向北倾斜，渐趋平坦。属亚热带季风性湿润气候，气候温和，降水充沛，雨热同期，四季分明。全省最大河流湘江由南而北，从中穿过，浏阳河、捞刀河等支流从东西两岸汇注，形成了诸多狭长的河谷平原，土质肥沃，植被丰厚，绿洲片片。温暖的气候，充沛的水源，肥沃的土地，丰富的动物和植物资源，为人类的生息繁衍提供了必要的自然条件。人类在长沙的历史，就在这样的环境里开始了。

考古发现的证据表明，大约在距今 15 万至 20 万年以前，长沙就有了人类的活动，进入了旧石器时代。1991 年发现的浏阳永安镇芦塘村旧石器遗址，以及后来在长沙市区五一路、南郊高桥、东郊张公岭等地发现的旧石器遗址，③ 向我们展示出长沙地区原始先民活动的情景。距今约 7000 年前，长沙进入了新石器时代。1985 年发现的长沙县南托大塘新石器遗址，其年代据北京大学考古学实验 C_{14} 测定为 6900 年 ± 100 年，是湘江流域发掘最早的早期新石器文化遗址。遗址中除了数十件石斧、石凿、石刀、石镰等磨制石器，更有大量的碗、盆、钵、罐、釜等陶器碎片，碎陶片上还有如下图所示的纹饰。④ 考古学家推测，这些纹饰中有类似房屋的图案，表明长沙先民可能已学会了建造房屋，开始了定居的聚落生活。

---

① 〔美〕刘易斯·芒福德：《技术与文明》，陈允明等译，中国建筑工业出版社 2009 年版，第 281 页。

② 参见梁小进、杨锡贵《长沙历史风云》，湖南文艺出版社 1997 年版，第 2 页。

③ 李鄂权：《长沙发现的旧石器》，载《湖南考古辑刊》1994 年。

④ 参见任大猛《湘江边，遭遇七千年前的庆典》，载《长沙晚报》2008 年 8 月 29 日，D2 版。

湖南省长沙市南托出土之七千一百年前彩陶上的"傩鸟嘉禾"纹饰

（2）荆蛮之地、楚南重镇、汉藩王都

夏朝之时，长沙仍属古三苗国。唐朝的杜佑指出："潭州，古三苗之地。"三苗，是我国古代南方分布很广的部族。《史记·五帝本纪》中说，"三苗在江、淮、荆州……"散居在今湘、鄂、赣、皖毗邻地区，为了争夺地盘和资源，"数为乱"。传说，以尧舜为首的华夏部落曾与三苗发生过长期的战争，多次打败三苗。三苗败北后，大部分逃入深山溪洞或向西南山林迁徙，成为后来"荆蛮""长沙蛮"和湖南境内以及云贵苗、瑶、侗各民族的祖先。商、周时代，古三苗国消失了，但三苗的后裔仍然在这片土地上生息繁衍。他们被称为"扬越"，又叫"荆蛮"。这时的长沙史称为"扬越之地"。扬越是长江以南古越人的支系，生活在长沙的越人则是扬越的一支。商、周王朝为了征服南方，多次发动对"扬越"的战争，虽然未能在这里建立起他们直接的统治，但也使"扬越之地"一度成为商周的"南服"，迫使"荆蛮"服威纳贡。《逸周书·王会》载，3000年前西周成王时期，各方诸侯来贺，贡献方物，其中有"长沙鳖"一种。①这是长沙水产丰富的表征之一，也是"长沙"一名见于史籍的最早记载。商周时期，长沙出现了城邑的雏形。

战国时，长沙是楚国南方一个形成较早的城镇，城市范围东起今黄兴

---

① （晋）孔晁：《逸周书》卷七《王会解第五十九》，汉典古籍网，http：//gj. zdic. net/archive. php? aid - 11144. html。

路和蔡锷路之间，南到坡子街一带，西临下河街，北抵五一路与中山路之间。秦灭楚后，设长沙郡（公元前221年），长沙正式拥有了行政建制。据明朝崇祯年间《长沙府志》沿革所述，秦代长沙郡下设湘、罗、益阳、阴山、零陵、衡山、耒、桂阳等县。其中湘县即今长沙、望城、宁乡、浏阳县（市）地，故城在今长沙市区之内，为长沙郡治所。① 汉代，长沙成为王国都城。《水经注》记载："汉高祖五年（公元前202年），汉封吴芮为长沙王，是城即芮筑也。"吴芮所筑之城，史称"临湘故城"，其具体位置即今天五一广场及周围地区，形似于长方形。2000年6月24日长沙五一广场新世纪商贸城建筑工地发现的西汉古城墙遗迹，为临湘故城的存在及其范围提供了佐证。贾谊《新书·藩疆》记述吴氏长沙国有二万五千户。《史记·货殖列传》记述汉代长沙为"全国一大都会"。从此，历代长沙城在此基础上向四周扩展，但城中心位置2000多年来没有改变。

（3）三国古战场、隋唐潭州、宋元胜邑、明清古城

三国至唐代，古城长沙历经战火、流民之乱，城市在艰难中发展。三国时，长沙成为吴蜀争夺的古战场，今天湘剧中的《战长沙》等剧目和1996年10月长沙市区五一广场走马楼出土的三国孙吴纪年简牍，是最好的证明。南朝时长沙出现了"地无百里，数县并置，户不满千，二郡分领"以及"民少官多，十羊九牧"的状况。② 公元589年，隋文帝改临湘县为长沙县，是长沙县名之初始。唐袭隋制。

五代至清朝，古城长沙渐趋兴盛。五代时，马殷建楚国，改潭州为长沙府，治所长沙，扩建了长沙城。宋代，复长沙郡，长沙城南扩至南门口，北至湘春门，东至浏城桥。明代先后在长沙封藩王10人，他们将前朝土城改建为石城，绕城7公里的城墙开了9座城门，城内开9条正街150多条横街。③ 清代湖南正式建省，长沙成为省会。清代长沙城"广五里，袤十里，周二千六百三十九丈"④。现存的天心阁，是明清时期古城墙的遗存实物。2011年11月，考古专家在长沙万达广场工地发掘出两段古城墙墙体。经专家判断：一号墙体为明清时期长沙城城墙，二号墙体为宋代长沙城城墙，古城墙时代跨五代十国、宋、元、明、清，层次非常清晰。

---

① 梁小进、杨锡贵：《长沙历史风云》，湖南文艺出版社1997年版，第16页。
② 温福钰主编：《长沙》，中国建筑工业出版社1989年版，第30页。
③ 陈松：《清代长沙城市地位的嬗变》，四川大学2007年硕士学位论文。
④ 温福钰主编：《长沙》，第35页。

（4）曲折发展的近代化城市

1904 年 7 月，长沙正式开埠。通商开埠揭开了长沙城市发展的近代化帷幕。长沙开埠后，外国文化大规模传入，城市工业和电信事业快速发展，城市人口与经济逐渐增长，市政管理机构和管理体制开始建立，建筑业日趋近代化，这一切都标志着整个城市步入了近代化城市的行列。有论者指出："长沙开埠不仅改善了城市商业功能，使其区域经济进一步上升，而且在城市性质、布局、功能方面也发生巨大变化。新的城市中心由各类商业建筑与各式新型娱乐场所组成，完全替代了封建旧城以官署、寺庙为重心的布局，逐渐从政治性质向经济性质过渡，成为城市近代化的标志之一。"① 1933 年，国民政府设立了长沙市，更加促进了长沙的近代化进程。

但长沙城市的近代化进程，劫难太多。尤其是"文夕大火"，使长沙的近代化城市风貌几乎焚毁殆尽。1938 年 11 月 13 日凌晨，为了应对日军的入侵，国民政府实行焦土政策，下令火烧长沙城。大火直接导致 3000 余人被烧死，全城 95.6% 的房屋被焚毁，经济损失十多亿元，还间接导致了大量人才和财富的流失。《中央日报》1938 年 11 月 18 日发表社论称："长沙近 30 年来，虽屡经兵燹，然以湘人活力之强，近年早复旧观，物资、人力欣欣向荣，全国都市中，充实富庶，长沙当居首要。百年缔造，可怜一炬。"② 至 1949 年长沙和平解放时，长沙城市基础设施仍然极为残缺。市区道路仅有 5 条马路，其余均为狭窄的麻石街巷，渡江靠木划子，行路靠人力车，没有自来水，缺少下水道。"南门到北门，七里又三分"，"道路不平、沟渠不通、饮水不洁、电灯不明"，是当时长沙城市的真实写照。

（5）快速发展的现代化新城

新中国成立后，长沙依然是湖南省省会，城市发展开始进入了现代时期。1950 年开始全面进行城市规划和改造。到 1976 年，建成区面积由建国时的 7.6 平方公里扩大到 50 平方公里。十一届三中全会以后，全党以经济建设为工作重心，长沙城市建设翻开了崭新的一页，房、路、水、电成为建设重点。到 1992 年，建成区面积 101 平方公里。

---

① 龙玲：《近代长沙的城市变迁与发展研究》，湖南大学 2005 年硕士学位论文。
② 转引自谭小平《话说长沙》，湖南人民出版社 2011 年版，第 80—81 页。

1993 年，党的十四大提出了建设社会主义市场经济的新目标，长沙城市建设也提出了新目标。市委书记秦光荣提出要高起点、大规格建设长沙，建设国际性城市。同年，国务院批复长沙城市定位为湖南省省会，国家历史文化名城，规划为人口 160 万人、面积 960 平方公里，强化城市政治、经济、文化和科技中心的综合功能。1996 年，长沙市进行城区区划大调整，设立芙蓉、天心、岳麓、开福、雨花区。同年，长沙市第十届人民代表大会第四次会议通过了《长沙市国民经济和社会发展"九五"计划和 2010 年远景目标纲要》。

2000 年，长沙市委提出了"一年一个样、三年大变样"的建设口号。2001 年至 2003 年，长沙共投资 260 亿元用于基础设施建设和城市的扩容提质。2003 年，国务院批复同意新版规划构筑的"大长沙"概念，规划区面积从 960 平方公里扩大到 2893 平方公里，将长沙县、望城县部分区域纳入了规划范围，增加了长株潭这一空间层次，形成"一主两次四组团"的城市布局。[①] 2004 年，又提出要大干新三年，再创新辉煌，明确"一洲两岸、六桥三环、电能出口、开发新区"的建设重点。2008 年，长沙建成区面积 242.8 平方公里。2010 年，长沙实现地区生产总值（GDP）4547.06 亿元，其中，第一产业实现增加值 202.01 亿元，第二产业实现增加值 2437.03 亿元，第三产业实现增加值 1908.02 亿元。[②] 同年，长沙市出台加快推进城市国际化的若干意见，计划用 15 年时间，把长沙建设成为重要的区域性国际城市。

总之：新中国成立以来，长沙城市建成区面积由 1949 年的 7.6 平方公里，扩大到 2011 年的 320 平方公里，市区人口由 1949 年的 38 万多人，扩大到 2010 年的 230 多万人，城市化率由 1950 年的 17.22% 扩大到 2011 年的 36.83%。参见附录：历年长沙的城市化率一览表。这些表明，长沙城市的现代化进程在不断加快，现正处于快速发展阶段。

二　城市化催生了中国大陆城市形象塑造与建设的热潮

在工业社会，城市化的进程一方面使人类的城市景观呈现出前所未有

---

① "一主"指中心城区，"两次"指河西新城和星马新城，"四组团"分别为暮云、捞霞、高星、含浦四个组团。

② 长沙市统计局：《2010 年长沙市国民经济和社会发展统计公报》，http://www.cstj.gov.cn/static/ndcss/20110323/15586.html。

的新形象，另一方面，也引发了环境污染、人口膨胀、住宅缺乏、交通阻塞、建筑混乱等令人头疼和诅咒的"城市病"，以及城市个性丧失、千城一面等城市负面效应。为了应对工业化的负面效应，也为了在众多的城市竞争中脱颖而出，争夺城市发展所必需的资金、人才等资源，人们开始重视城市形象的问题。19世纪的工业化先行国家中出现的"田园城市"理论和"城市美化运动"，便是这一背景下人类追求美好城市形象的典型例证。

在后工业社会，也就是以20世纪中期为起点的信息社会①，信息，而非资本和劳动力，成了社会最重要的战略资源。用数字革命的传教士尼葛洛庞帝的话来说就是，比特，作为"信息的DNA"，正迅速取代原子而成为人类社会的基本要素。就城市间的竞争来说，以形象和信息为代表的无形资产，成为城市价值的重要构成要素，城市形象因而受到更加的关注。没有形象的城市，形象模糊的城市，难以在信息社会中迅速发展。一个城市的建设发展能否在信息社会中占有一席之地，是城市建设者们最为关心的问题。可见，城市形象理论和实践的产生绝非偶然，它是城市可持续发展思想的具体反映，是社会经济发展对城市建设的必然要求。

中国大陆的城市形象塑造与建设，始于20世纪90年代初。1992年7月，广东花都市在全国率先进行了形象设计。此后，各地城市纷纷跟进，引发了城市形象塑造与建设的波潮。近年的典型事例有：2006年，昆明举办了"创意城市与城市形象传播"市长论坛。2008年，第六届亚洲传媒论坛专门开设了城市形象传播分论坛。2009年，广东省召开了"2010广州亚运与广州城市形象传播论坛"。2011年，中国城市形象论坛暨东莞城市形象专题研讨会在清华大学举行。从笔者所收集的54个城市的形象宣传口号（参阅附录）来看，中国大陆的城市形象塑造与建设大多出现在沿海城市，内地特别是中部城市相对较少。特别是二线城市，更急于塑造自己的城市形象。

---

①　未来学家奈斯比特认为，信息社会始于1956年和1957年。1956年，美国历史上第一次出现从事技术、管理和事务工作的白领工人数字超过了蓝领工人。美国的工业社会要让路给一个新社会，在这个新社会里，有史以来第一次，我们大多数人要处理信息，而不是生产产品。1957年，苏联发射了第一颗人造地球卫星，标志着全球性信息革命的开始。他认为后工业社会就是信息社会，信息，而非劳动力和资本，成为社会最重要的战略资源。参见［美］奈斯比特《大趋势：改变我们生活的十个新方向》，梅艳译，中国社会科学出版社1984年版，第10—11页。

长沙虽然地处中国中部，但十分重视城市形象的塑造与建设，而且呈现出政府主导、稳步推进的发展轨迹。早在 1985 年 11 月 30 日，长沙市八届人大常委会第十四次会议正式通过"关于确定市树、市花的决定"，确定香樟为长沙市市树、杜鹃为长沙市市花。1993 年，市委书记秦光荣提出要高起点、大规格建设长沙，并在 1994 年组织了建设国际性城市的大讨论。在"以文立市"理念的指导下，"心忧天下、敢为人先"的长沙精神在 1995 年被评选提出。1993 年，国务院批复同意长沙的城市定位为湖南省省会、国家历史文化名城，城市规划为人口 160 万人、面积 960 平方公里。要求长沙规划并建设好包括湘江沿江地区在内的城市三大风光带，完整地展示长沙历史文化名城的风貌特色。[①] 2000 年，市委提出了"一年一个样、三年大变样"的建设口号，提出要把长沙建设成为繁荣、开放、文明、秀美的现代化中心城市，建设成为繁荣的经济强市，开放的窗口城市，文明的现代城市，秀美的山水城市。城市的功能定位为科教、商贸、文化、信息四大中心。2001 年，谭仲池市长提出将长沙建设成文化型城市，其特征是，深厚的历史文化底蕴，先进的现代文化，文化在经济和城市发展中具有核心和主导地位，文化产业发达，拥有发达的现代化的文化传播方式和文化娱乐方式及其载体，城市文化呈现出主题突出和多样化同步发展的特点。并指出长沙具备了建设文化型城市的现实基础。[②] 2003 年，国务院批复同意新版规划构筑的"大长沙"概念，规划区面积从 960 平方公里扩大到 2893 平方公里，将长沙定位为湖南省省会，长江中游地区重要的中心城市，国家历史文化名城。要求把长沙市建设成为经济繁荣、社会文明、布局合理、设施完善、环境良好、风景优美的现代城市，同时充分发挥长沙融山、水、洲、城于一体的优势，通过规划控制和城市设计，从整体上保护山水城市风貌，切实处理好名城保护与城市建设的关系。[③] 2010 年，长沙市出台加快推进城市国际化的若干意见，计划用 15 年时间，把长沙建设成为重要的区域性国际城市，具体分为三步走：第一步，2011 年至 2015 年，积极融入国际化进程；第二步，2016 年至

---

① 参见《关于报请审批长沙市城市总体规划（1990 年至 2010 年）的请示》（湘政〔1991〕23 号）。

② 谭仲池：《论建设文化型城市》，载《湖南日报》2001 年 10 月 24 日。

③ 参见国函〔2003〕117 号文件，国务院批复湖南省《关于审批〈长沙市城市总体规划（2001—2020）〉的请示》（湘政〔2001〕37 号）。

2020 年，全面提升国际化水平；第三步，2021 年到 2025 年，基本建成区域性国际化城市。

三　城市化催生的大众传媒成了塑造与传播城市形象的利器

从传播学的视角看，城市形象与传播是相辅相成的。一方面，传播的本质是社会信息系统经由传播媒介的传递。事实表明，形象的信息，如图像，有时比抽象的信息，如文字，更具传播效果。李普曼曾指出："今天的照片在想象力上所具有的那种权威性就像印刷文字在昨天，或者口语在更早的时候所具有的权威性一样。它们看上去完全像真的一样。它们不通过人的干扰，直接出现在我们的面前，是最不费力的可以相信的东西。"[①]生生不息的城市形象信息，不但为传播提供了生动和持续的传播内容，而且促进了传播技巧的改进。另一方面，城市形象是城市内外部公众大多数人的共同的心理图像，是人们认知觉信息的总和，城市形象的塑造过程，就是信息的传播过程。离开了传播媒介，城市源像信息无法经由传播媒介传递到大众心目中，也就无法形成共同的心理图像。Foot 就曾指出，城市形象的形成，离不开语言、大众传媒、照片、电影等传播媒介的作用。[②]传播媒介，是城市形象生成过程中迅速和有效的手段之一。

而从大众传媒与城市的发展历史来看，在人类出现的传播媒介之中，伴随着现代城市化进程产生和发展起来的大众传播媒介，是塑造与提升城市形象的利器，是城市形象的加工厂。

大众心目中的城市形象很大程度上来自大众传媒。杨洸等人曾采用大规模的受众抽样调查方式，以量化分析的方法探索了大众传播与人际传播对城市形象的影响。数据分析的结果显示，"在珠海的多元化传媒信息体系中，本地的报纸、电视等媒体仍然是珠海市民赖以了解本地城市的主要信息渠道。在解释性层面，研究发现，在解释人们的城市形象观念形成时，媒体内容的关注度、媒体的可信度和媒体使用时间，都是具有影响力的变量。"[③] 对城市的外地公众来说，由于空间距离等原因，

---

① ［美］沃尔特·李普曼：《舆论学》，林珊译，华夏出版社 1989 年版，第 59 页。

② John M. Foot, "From boomtown to bribesville: the images of the city, Milan, 1980 – 97", *Urban History*, 1999, 26, pp. 393, 412.

③ 杨洸、陈怀林、张荣显：《城市形象：非典型的涵化效果——珠海调查为例》，搜狐网传播频道，http://media.news.sohu.com/2004/01/07/28/news218112837.shtml。

相比城市本土公众，更难以获取城市的一手资料，因而更需要通过大众传媒提供的二手资料，来了解其所关注的某一城市的相关信息。而无所不在的大众传媒，凭借其快捷的传播速度、广泛的传播范围和丰富的传播内容，更好地担当了传播城市的角色和使命。于是乎，生态之城，历史名城，革命圣城，罪恶之城，诸如此类的城市形象，经由大众传媒，呈现在我们面前。

大众传媒中的城市形象，无论是真实的还是虚构的，都存储在我们的头脑中，我们就像同自己熟悉的地方环境一样同它们建立关系，它们在一定程度上提供了人们的生存坐标和社会的文化认同，在人们的生活中发挥着重要的作用。美国社会学者帕克指出，报纸等媒介作为城市的沟通系统，为城市中的人们提供了一种次级联系。城市所积累和建立起来的公共舆论以及由这些公共舆论而产生出来的道德观念及整体精神，反过来必须仰赖诸如报纸之类的典型媒介来传播，而不是依靠街谈巷议、电话、邮件和市镇会议来传播。这种传播所产生的，主要不是人群间的首属联系，而是次级联系。[①] 廖卫民通过对加拿大《多伦多星报》和《多伦多生活》杂志版面内容的量化研究指出，城市媒介在城市地理要素的信息传播、形象展示、历史记录和唤起集体记忆方面，发挥着重要的作用。那些与市民生活密切的基础性城市地理要素（主要是标志性建筑、道路交通、城市街区和公园），在媒介上呈现的曝光率相对较高，其受众关注度虽然大致经历"不知—知晓—注意—聚集—逐渐淡忘"的周期性变化，但因为相关新闻的被重新唤起，在受众心理会产生叠加印象和记忆，进而在整个城市人群中产生心理共鸣和文化认同。[②] 如果说人类生存在世界上需要地理坐标、社会坐标和精神坐标为自己进行定位，那么，现代城市化的快速扩张，使这三个坐标都发生了变化。从农村进入城市，意味着人们远离了原有的土地和家园，远离了与天、地、人的本原性联系，远离了原有的归属感和社会关系，如一片浮云飘荡在陌生城市的上空，暂时丢失了生存的根与魂。而无所不在的大众传媒，凭借其强大的传播能量，为新来的城市人群提供了城市的空间和交通信息，提供了城市的生活和工作指南，提供了

---

① ［美］帕克等：《城市社会学：芝加哥学派城市研究文集》，宋俊岭等译，华夏出版社 1987 年版，第 271 页。

② 廖卫民：《城市媒介的地理印记与文化认同：对多伦多的媒介地理学分析》，载《新闻记者》2007 年第 3 期。

城市景观和城市意识，提供了城市文化和城市生活方式。而这一切，都有助于人们融入新的城市环境之中。也正是在此意义上，传媒，让城市生活更加美好。

　　大众传媒在城市形象的塑造与传播中，扮演着重要的角色，发挥着重要的功能。韩隽指出，"城市的竞争使得传媒格局日益细分化，各种面向小众的媒体，无形中扮演着城市形象的策应角色，合力倡导和发掘着城市最深层次的文化内涵和精神气质。传媒在城市形象传播过程中与政权和资本等相比，是一种目标一致前提下的同向平行关系，是配角，是策应，是补充，追求的是和声的层次感。"① 当然，角色是由功能或目标所决定的。大众传媒不仅是城市形象的传播利器，更是建构城市形象的有力推手。秦启文等人认为，"大众传播媒介具有的信息传播功能，是开展形象活动的基础，为形象传播者开发信息资源创造了条件；大众媒介的引导舆论功能，为树立个体或组织形象提供了条件；大众媒介的传递社会文化传统和提供娱乐的功能，为形象活动更好地接近社会公众、影响社会公众提供了最佳渠道。"② 可见，大众传媒所具有的社会功能，同样适应于城市形象的塑造与传播，而这些功能，使得大众传媒在塑造与传播城市形象的过程中，扮演着丰富而多样的角色。它是城市信息的记录者和传播者，是城市与公众的沟通者，是城市精神的铸造者，是城市品牌的策划者和引导者。

　　从中国大陆的传播现实图景看，不同类型的大众传媒，一直以来就在自觉或不自觉地品评、塑造、传播城市形象。尽管它们因为类型和所运用的符号形式不同而导致的关注点不同。

　　报纸，特别是都市报，除了在新闻报道中不定期地传播城市源像信息，有的还开设与城市相关的专门栏目，讨论城市话题，持久地建构城市形象。如《南方周末》的"城市"，《申江服务导报》的"发现上海"，《华商报》的"西安新闻"，《京华时报》的"北京"，《扬子晚报》的"南京城事"，《姑苏晚报》的"城市印象"，《齐鲁晚报》的"城事"，《华西都市报》的"都市"，长春《城市晚报》的"城事"，《长沙晚报》的"都市"，等等。

————————————

① 韩隽：《城市形象传播：观念、角色、路径》，载《科学经济社会》2007 年第 3 期。
② 秦启文、周永康：《形象学导论》，社会科学文献出版社 2004 年版，第 255—256 页。

杂志，如《城市中国》《城市画报》《新周刊》《三联生活周刊》等，上面也有不少主打城市资讯和城市话题的专题和栏目。其中，《新周刊》对成都的城市形象塑造运动可谓有声有色。早在 1998 年第 14 期，它就推出了"中国城市魅力排行榜"，把成都定为"中国最休闲的城市"。2000年 9 月，又推出关于成都的专题报道，以"第四城"为成都命名。2004年，又联同《华西都市报》、新浪网，发起"娇子·成都十大名片"评选活动及 10 位顶级摄影师"娇子·24 小时快拍成都"活动，并携 20 位专家学者在成都大摆龙门阵，再说第四城，全面评估新成都。

电视媒体塑造和传播城市形象，主要有三条途径：一是在新闻报道中传播城市政治、经济、文化、民生等各方面的信息，这是每一个立足于都市的电视台必不可少的一项内容，也是人们认识和认同某一城市形象的重要途径。二是推出专题节目，如城市形象纪录片，城市形象宣传片，这种集中式的城市形象展示，也有利于引导公众的城市认知和城市形象的塑造。以央视为例，央视的纪录片《一个人和一座城市》，共 17 集，每集30 分钟，让每个城市的一个知名作家讲述自己所生活的城市故事。央视的《走遍中国》，以揭秘故事的方式建构了不少城市的历史和形象。三是开设专门的频道和栏目，定期地传播城市形象。凤凰卫视的《纵横中国》栏目，广州电视台《城市话题》栏目，湖南经视的《城市晚风》栏目，湖南卫视的《城市语文》和《象形城市》栏目，央视中文国际频道的《远方的家》，都是代表性的栏目。代表性的频道是央视 2008 年 7 月 9 日推出的"城市频道"。它是中央电视台唯一的专门以城市为传播对象的窗口，以传播中国城市为宗旨，共开设 8 个栏目。① 此外，央视第四套中文国际频道及央视第九套英语频道每天轮番播出的城市形象广告不下 20 支，累计有 100 多个城市播出了城市形象广告。

随着网络等新媒体的日益发展，新媒体对城市形象的关注也越来越多，且呈现出一幅与传统媒体不同的图景。新华网的"城市频道"、新浪网的"城市频道"、网易微博中的"城市话题"，以及网络游戏和动画中，都存在着不同形态的城市形象。对此，第四章还有专门论述。

_____

① 这 8 个栏目是："精彩城市"，每年全景展示 30 个城市发展的各个方面；"城市风光"，针对城市旅游业的专项传播；以及"城市企业""商务城市""城市经济""影像城市""城市体育""国际城市"。

第二节　视觉文化时代的图像转向

一　视觉文化与图像转向

"不经意间的回眸，我们发现自己已经置身于另外一个世界，一个陌生的世界，一个由电影、电视、广播、录像、影碟、多媒体电脑、互联网等大众传播媒介共同构成的影像世界。"① 如果从文化的视角来概括这一世界，最恰当的词汇也许就是视觉文化。所谓视觉文化，尽管目前定义纷纭，但一般认为，它是随着现代传播媒介特别是视觉媒介的发展和消费社会的崛起而出现的一种新型文化形态，其显著特征是"视觉性，即文化脱离了以语言为中心的理性主义形态，日益转向以形象中心，特别是以影像为中心的感性主义形态"②。

"观看先于言语"，视觉或者说观看，是人类感知和认识世界最早也是最重要的一种能力和方式。从原始部落崇拜的图腾，到手工和机械复制的图画、照片和图表，再到当代数字技术制造和传播的动画和虚拟影像，视觉符号（图画和影像）以其区别于语言符号的形象、直观、非线性等特点，历来就是联系人与世界的一座桥梁和重要的表意方式。随着社会的发展和转型，图像大有压倒文字之势，成为当今最饱和的信息资源。纸质媒体的关注人数越来越少。书籍没有插图就难以畅销。文学经典不断地被转换为电视连续剧。创办于 1933 年的美国《新闻周刊》由于读者的大量流失被迫宣布在 2013 年放弃印刷版，实现全部数字化。广告形象无处不在，影视节目无时不有。海量的图像、视频，以秒为速度不断更新。语言主导的文化正经历一场"图像新政"。

早在 20 世纪初，匈牙利电影理论家贝拉·巴拉兹（Bella Blazes）就提出了视觉文化的概念。他认为，通过画面、影像和蒙太奇等视觉语言，电影这一新技术正努力恢复人们对视觉的关注，一种新的视觉文化将取代印刷文化。巴拉兹的预言得到了理论和现实的呼应。本雅明认为，机械复制时代的艺术品，祛除了文字的魅力，给人以震惊的效果。麦克卢汉宣

---

① 陈晓云：《影视文化：工业时代的视觉神话》，载《当代电影》2000 年第 6 期。
② 周宪：《读图、身体、意识形态》，《文化研究》第 3 辑，天津社会科学院出版社 2002 年版，第 72 页。

称，"媒介即讯息"，人类在经历了口传文化和印刷文化时代后，将迈向电子媒介文化时代。鲍德里亚发现，虚拟技术的进步和消费社会的来临，影像由复制走向模仿，"超真实"的影像符号消费成为一种象征资本。1976 年，丹尼尔·贝尔（Daniel Bell）宣称："目前居'统治'地位的是视觉观念。声音和景象，尤其是后者，组织了美学，统率了观众。""当代文化正在变成一种视觉文化，而不是一种印刷文化，这是千真万确的事实。"① 1992 年，托马斯·米歇尔（W. J. T. Mitchell）首次提出"图像转向"（pictorial turn），用以描述和反思人们对图像的空前关注。而图像的存在方式和意义，正是视觉文化的核心。

作为一个学术概念，视觉文化是相对于印刷文化或语言文化而提出的，旨在重构人类的视觉经验。这一概念的出场，标志着人类社会在转入工业社会特别是后工业社会后的重要发展趋势：世界进入了读图时代，图像的生产、流通和消费日益繁荣，深刻影响着人类的思维方式和生活方式。这一趋势在周宪看来，有四大表现："一，视觉性已成为文化的主导因素，广泛的视觉化改变了许多文化活动的形态；二，呈现出图像压倒文字的发展趋向，视觉文化与感性的、直观的和快感的文化存在内在联系；三，对外观形态过度关注，生活世界外观的美化和显现表明了一种观念的变革；四，随着视觉技术的进步，人的视觉在不断延伸，可视性要求不断攀升，新的视觉花样层出不穷。"②

二 城市形象的视觉性与图像书写

"虽然我们不能简单化地将中国当前的社会和文化规定为后现代，但其明显的消费社会媒介文化趋势，却可以引入视觉文化的概念，用以描述中国当前文化的一些重要的转型和变化。"③ 就城市形象研究而言，当代中国快速的城市化进程，催生了形形色色的城市景观，视觉性，已成为中国城市空间生产中重要的表征和分析主题。

都市主要是通过人们的视觉得以感知和认识的，城市本身就蕴含了丰

① ［美］丹尼尔·贝尔：《资本主义文化矛盾》，赵一凡等译，生活·读书·新知三联书店1989 年版，第 154—156 页。
② 周宪：《视觉文化的转向》，载《学术研究》2004 年第 2 期。
③ 周宪：《图像的时代》，文化研究网，http：//www. culstudies. com/plus/view. php？aid = 818。

富的视觉文化内涵。具体表现有三：一是城市所伴随的自然地理景观，或依山，如山城重庆，或傍水，如水上威尼斯，或山水相连，如山水洲城长沙，或其他地形地貌；二是城市的空间布局，或同心圆布局，或扇形布局，或轴线布局，空间规划总以相应的规则和不规则形状呈现在人们的眼前；三是城市的基础设施和各类主体，如高楼大厦，车水马龙，绿地花园，多彩的灯光，各色的人群，无不以形象的方式为人们所认知。

　　图像作为一种世界性的语言，自古就是反映、模仿和想象现实的一种工具。随着图像技术的迅猛发展，它对现实生活的影响越来越大。特别是机械图像的碎片性、直观性特征，吻合了都市人生活的感受和都市零散化、瞬间化的特质，成为现代都市人感知和认识城市的理想表意方式。"自20世纪初始，传统的景观已经从先进技术的时间深度中获得了新生。奥斯曼大街上的游行让步于卢米埃尔兄弟的快速电影发明。银幕突然变成了城市广场，作为一切大众传媒的交叉路口。"① 日益繁荣的大众传媒，特别是电影、电视、网络等媒介，自觉不自觉地通过影像再现城市，或以城市景观为背景，或以城市景观和城市市民为表现对象，为城市内部和外部的公众，建构出了一幅幅城市的多元图景。在城市文化、媒介文化和消费文化的合力推拉下，城市景观从未像现在这样过度暴露在人们眼前。"再现城市再不能依靠城门的开启仪式，也不能依靠让群众夹道观看的游行队列。从此，城市建筑必须与新'科技时空'的开启携手并进。就进入某地而言，远程信息传送取代了门口。开门的声音让位于数据库的咔哒声和技术文化的通行仪式。城市消失在由先进技术的暂时性组成的体制的多样性中。标示城市形状的不再是一条划分此地与彼地的分界线，而是变成电脑编制的时间表。城市的这种过度暴露之所以吸引我们的注意，是因为它呈现了一个没有对峙也没有隐蔽面的世界。电视制作在上面播放城市化的最后景象，一个缺乏城市性的城市规划的最终形象。"②

　　当然，影像中的城市景观与现实的城市景观必然存在某种程度上的偏差。我们在影视中看到的香港和我们在现实生活中体验到的香港，肯定有这样或那样的出入。而这种偏差，或空隙，就成为大众媒介生存的一个空

---

　　① 汪民安、陈永国、马海良主编：《城市文化读本》，北京大学出版社2008年版，第184页。

　　② 同上书，第178页。

间。不同类型的人，通过这样的空间，依据自己心目中理想的城市，叙说城市，抒写城市，以弥补和修复现实中的城市景观。例如，当下流行的都市怀旧与老照片主题影像节目，一个重要的原因在于都市景观的过度暴露，将人们包围在一个人造的视觉符号世界之中，遮挡了人们对自然形态的城市景象的观看和思考，甚至使人们忘却了人与自然的本原性关系，因而将目光回归城市历史，回归都市自然，创造一个个能诗意栖居的场所，其结果不但能让个体的心灵得到应有的宁静和归宿，而且能让城市公众认同某一城市的形象。正如沙朗·佐京（Shareon Zukin）所言："传统的机构——既包括政党，也包括社会阶层——在表达个人认同方面变得越来越无关紧要，而创造城市形象、定格城市画面的力量正变得越来越重要。那些创造形象的人也塑造了一种集体的认同。"①

　　于是乎，媒介中的城市就想象、再现或建构了都市的生活方式、空间扩张和时代变迁。同时，现实的城市景观的变迁，又催生了媒介之城的再现和建构。媒介之城与现实之城，互为映衬，互为投射，共生相依于一定的历史和现实场域之中。

第三节　电视湘军的文化担当

一　长沙城市化进程中崛起的电视湘军

1. 快速崛起的电视湘军

　　晚清时期，中国出现了一支以曾国藩为首的地方武装，在朝廷正规军被太平军打得一败涂地的情况下，它以其剽悍坚韧的特质，征战江南数省，成为中兴晚清的一支重要军事力量，它的名字，叫作湘军。"无湘不成军"，湘军为湖南人赢得了会打仗的美誉。21世纪以来，湖南电视迅速崛起，在激烈的市场竞争中，以其极高的收视率和社会影响力，成为湖南文化产业的支柱力量之一。基于湖南电视所造就的社会影响，人们将其与历史上的湘军联系起来，称之为电视湘军。

　　电视湘军的历史要上溯到1960年10月1日建成试播的湖南电视台的前身长沙电视台。长沙电视台每周播出2次，新闻节目主要是放图片，虽然声音大而清楚，但黑白图像不稳定也不清晰。1970年国庆节，湖南电

---

① ［美］沙朗·佐京：《城市文化》，杨东霞等译，上海教育出版社2006年版，第2页。

视台建台。开始也只有一个频道一套节目，主要担负转播中央电视台的任务，屏幕形象靠"新闻图片、电影片和电视片"这老三片起家。经过10年艰苦创业，1980年，湖南电视台提出"自己走路"的方针，探索自办节目，增办口播新闻、社会新闻和专题片，电视台获得了较大的发展。具体情况如下表所示：

湖南电视台 1960 年至 1980 年发展情况一览表①

项目 年份	电视台	电视转播台	电视发射机		节目播出			拍摄新闻及纪录片			平均每周演播时间
			影像	声音	总数	转北京	自办	摄片	中央台采用	全国名次	
单位	个	个	架/千瓦		次			条			次/小时、分
1960	1										
1961	1										
1962	1										
1970	1		1/1	1/0.5				3			
1971	1		1/7.5	1/2.5	225	146	79	30			
1972	1		1/7.5	1/2.5	380	133	147	48	3		7/14°
1973	1	3	4/9.6	4/3.55	318	96	222	86	7		7/14°
1974	1	3	4/9.6	4/3.55	325	86	239	88	16		7/7°30'
1975	1	2	3/16	3/3.25	441	278	163	104	30		7/17°30'
1976	1	4	5/23.55	5/5	540	332	218	147	53		7/17°30'
1977	1	4	5/34.5	5/9.5	565	326	239	181	77	1	7/21°
1978	1	3	5/24.5	5/7	452	287	165	221	72	2	7/21°
1979	1	3	5/24.5	5/7	699	600	99	340	44	17	15/60°
1980	1	5	6/34.5	6/9.5	856	748	108	589	86	4	18/71°

1993 年，湖南电视台在湖南省广播电视厅党组提出的"大广播、大电视、大宣传、大产业"的发展思路指导下，开始了新的规划与发展。这就是湖南电视史上的第一次改革。对于此次改革的背景和内容，魏文彬是这样描述的：

　　大改革是从 1993 年开始的。当时基础很差。一套广播节目，三套电视节目，全厅近 3000 人，年收入 5000 多万。办公条件和效益也很

---

① 湖南省广播事业局《省志》编写组：《湖南省广播电视历史资料》（1930—1980），1981年，第 150—151 页。

差。党组研究了一个管十年的改革思路："123341"，一个中心、两个转变、三大建设和三大改革、四大目标、一个保证。一个中心：宣传。两个转变：管理上由松散向紧密型转变，经营上由计划型向产业型转变。三大建设：广电中心、卫星上行站和有线网络（10亿）。三大改革：一是改机制，激活人才。湖南经视成了改革的试验区。台长向社会公招，物质上什么都不给，权力，除导向、定位和上交三项权力外，能给的都给。二是改体制，上市融资。三是建平台，拓展产业。广电中心，世界之窗，海底世界，国际山庄，会展中心，金鹰小区，对爵菲斯，七大工程全部建成。广电中心成了金鹰影视文化城。四大目标：大广播，大电视，大宣传，大产业。一个保证：一流的人才队伍。[①]

　　一轮改革后，湖南经视一炮打响，上星的湖南卫视很快占领了省级卫视的制高点，其他频道也在竞争中不断创新提升。1999年，中国广电第一股电广传媒在深交所上市，成功对接资本市场。湖南电视现象、电视湘军等称谓应运而生。

　　2002年，为促进事业的可持续发展，湖南电视台启动了第二轮改革。如果说第一轮改革是在落后的体制下引进竞争机制、以放权为核心的话，那么第二轮改革的核心就是要制播分离，组建播出平台、生产平台和营销平台，消除内耗，实现三大转变，即管理上由行政型向经营型转变，生产上由自给型向外向型转变，体制上由松散型向集约型转变。具体措施主要有三：一是精简机构，压缩人员。经济频道、都市频道和生活频道整合成广电的子集团，实行集约化松散型捆绑运作。各频道相对独立，领导班子不变，节目生产和经营统一管理。二是推行人事制度和分配制度的改革，实行全员竞聘上岗，财务集中统一管理。三是调整广告经营管理体制，将原电广传媒的广告经营划归集团统一经营，成立集团广告经营管理中心，规范管理广告市场和广告资源。此轮改革后，湖南电视一路高歌猛进，出现了《超级女声》等一批收视率高、影响力大的电视节目，湖南电视的娱乐品牌得以形成，湖南卫视的广告收入由2002年的1.6亿元达到2006年的十多亿元。

　　2006年，魏文彬又提出了"从体制内走出去，从国内市场走出去"和"建立新的市场主体"的第三轮改革目标。此轮改革的核心是制播分

---

①　参见刘一平主编《湖南电视40年·语文》，湖南人民出版社2010年版，第43—48页。

离、转企改制，实行政企分开、管办分开，将事业部分剥离成立广播电视台，将产业部分整合成为市场主体。这将是一个大组合、大洗牌和大竞争的过程。欧阳常林认为："第三轮改革就是由一个地面频道品牌到上星频道品牌，再到跨媒体跨地域跨行业跨体制的传媒产业品牌的跨越过程，或者说是一个由省内品牌到全国品牌再到国际品牌的过程。"从具体行动上看，湖南电视先后推出了金鹰网、金鹰手机报、快乐购等新媒体平台，在资讯数字化网络化的方向上开始了跨媒体创新，同时，牵手盛大、淘宝，与青海电视台合作运营青海卫视，尝试跨媒体跨区域合作。2009 年，湖南广电的第三轮改革方案获批。2010 年年初，湖南省政府同意撤销湖南广播影视集团、湖南人民广播电视台、湖南电视台和湖南经济电视台，新组建的湖南广播电视台开始扬帆起航。同年 6 月 28 日，湖南广播电视台旗下的传媒产业集团芒果传媒有限公司正式挂牌成立。魏文彬的继任者、湖南广播电视台台长、芒果传媒董事长欧阳常林表示，芒果传媒的成立，是湖南广电第三轮改革的真正破题。目前，以政企分开、管办分开为目标的第三轮改革正在进行中。

　　湖南电视诞生 40 多年来，先后历经三轮改革，日益发展壮大。数据显示：1970 年建台时，只有一个频道一套节目，主要任务是转播中央电视台的节目。2010 年湖南广播电视台成立时，有 13 个电视频道，8 个广播频率，46 家二级企业。1993 年第一轮改革开始前，全台只有三套电视节目和一套广播节目，年收入 5000 多万元。改革后，2005 年的节目生产能力突破 8000 小时，是 13 年前的 16 倍；总资产 81 亿元，是 13 年前的 20 倍；广告收入 11 亿多元，总收入 18 亿元，是 13 年前的 36 倍。2011 年，全台总收入超过 151 亿元，其中湖南卫视的广告收入就达 50 亿元。2011 年 6 月 28 日，世界品牌实验室发布《中国 500 最具价值品牌榜》，湖南广播电视台以 96.92 亿元的品牌价值荣登总榜第 117 位，居中国媒体品牌价值排行榜第六位，其综合实力已连续 11 年居省级广电第一位。

　　今天，电视湘军的阵容，可分为两大集团。最大的集团是 2010 年 1 月 25 日成立的湖南广播电视台（前身为湖南广播电视集团），下设卫视频道、经视频道、公共频道、娱乐频道、都市频道、金鹰卡通、金鹰纪实、国际频道等 13 个电视频道，8 个广播频率，以及潇影集团和快乐购等 46 家二级企业。第二大集团为 2003 年 1 月 25 日成立的长沙广播电视集团，下辖新闻、政法、女性、公共、移动等 8 个电视频道，3 个数字电视频道，4 个广播频率，以及田汉大剧院等 24 家二级机构。

2. 城市化促进了电视湘军的崛起

电视湘军的崛起，原因很多。从城市发展的角度来看，长沙的城市化发展，是其中一个重要的社会原因。城市化与电视的发展有何内在关联呢？美国学者约翰·麦克马斯纳（John H. Mcmanus）基于市场交换理论提出的市场新闻业四个市场理论可为我们提供分析视角。他认为，20 世纪 60 年代以来，美国大多数新闻交易是同时在四个市场上进行的：受众市场、投资（股票）市场、广告市场、新闻来源市场。"无论是地方性电视台、报纸、广播、新闻杂志还是电视网，市场新闻业的核心都是市场领域的逻辑。顾名思义，市场领域就是人们出售或购买商品与服务的地方。"① 新闻业在四个市场争夺四种必需的资源：投资者、新闻来源、广告商、新闻消费者。"消费者把自己的忠诚交给了提供最高质量新闻的企业，企业就占有了最多的消费者注意力可以出售给广告商，从而赢得高价。企业获得的广泛的注意也使它受到新闻来源的重视，例如政客、市民领袖、商家等希望接近公众的人。最后，企业的股价也可能因为回报率高而节节攀升，反过来使得企业有更多的钱来发展壮大。"② 虽然中国的传媒业以其"事业单位，企业经营"的双重属性区别于赤裸裸的市场原则支配下的美国传媒业，但随着中国传媒业的上市融资和广告力量的日益强大，上述四个市场的资源也是中国传媒生存和发展所必需的。而城市化，恰好为这四个市场提供了相应的资源。

具体来说，长沙的城市化在促进湖南电视市场发展方面的表现可归纳为如下四点：

第一点，市民阶层的出现为电视传媒培育了广阔的观众市场。具体可通过三个重要指标反映出来，一是市民阶层或者说城市非农业人口数，二是城市居民的电视媒介拥有量，三是电视节目的周播出时间和覆盖率。

《2012 长沙统计年鉴》数据显示：1970 年湖南电视台成立时，长沙市城市化率 18.72%，总人口数为 400 多万人，其中非农业人口数为 75 万多人。到 1993 年湖南电视第一轮改革时，长沙城市化率为 27.21%，总

---

① ［美］麦克马斯纳：《市场新闻业：公民自行小心？》，张磊译，新华出版社 2004 年版，第 16 页。

② 同上书，第 18 页。

人口数为 500 多万人，其中非农业人口数 150 多万人，比 1970 年增长了一倍。2010 年，长沙的城市化率为 36.57%，总人口数 650 多万，其中非农业人口数 230 多万，是 1970 年的 3 倍多，比 1993 年又增加了 80 多万。上述数据表明：长沙城市非农业人口数的增长过程，同时也是市民阶层的增长过程。城市人口增长快，相应的精神需求增多，文化产品的人气指数才可能增高。

下表所示的"历年年末城市居民家庭平均每百户彩色电视机拥有量"的统计数据表明：1983 年，长沙城市居民家庭平均每百户的彩色电视机拥有量为 2，50 户家庭才有 1 台。到 1993 年，这一数据为 91，接近每户拥有 1 台。到 2011 年，这一数据为 128，户均 1.3 台。① 这就表明，在市民阶层增多的同时，电视机也开始飞入了寻常百姓家，而且飞的速度越来越快，市民阶层的电视接触率也就与之相应地增加了。

历年年末城市居民家庭平均每百户彩色电视机拥有量

年份	台数	年份	台数	年份	台数	年份	台数	年份	台数
1983	2	1989	64	1995	93	2001	132	2007	133
1984	5	1990	68	1996	95	2002	132	2008	122
1985	13	1991	78	1997	103	2003	134	2009	121
1986	21	1992	89	1998	113	2004	142	2010	126
1987	29	1993	91	1999	123	2005	135	2011	128
1988	61	1994	90	2000	130	2006	136		

再从下表所示的"长沙市内电视台历年的周播出时间和覆盖率"统计数据来看：1985 年，长沙市内电视台周播出时间 16 小时，电视覆盖率 23.6%。到 1993 年，这两个数据分别为 56 小时和 98%。2003 年，这两个数据分别为 817 小时和 97.57%。再到 2011 年，覆盖率基本保持在 98% 的水平，但播出时间则达到 1078 小时，是 1985 年的 60 多倍，1993 年的近 20 倍。② 这说明，长沙市内电视台在城市化进程中发展迅速，周播出时间增多了数十倍。

---

① 《2012 长沙统计年鉴》，http：//www.cstj.gov.cn/tjnj/2012/007.html。
② 《2012 长沙统计年鉴》，http：//www.cstj.gov.cn/tjnj/2012/015.html。

长沙市内电视台历年的周播出时间和覆盖率一览表

年份	市电视台每周播出时间（时h 分m）	市电视台覆盖率（%）	年份	市电视台每周播出时间（时h 分m）	市电视台覆盖率（%）
1985	16h	23.6	1999	238h	97.3
1986	22h	23	2000	206h30m	97.3
1987	56h	23	2001	456h	98.1
1988	35h	50	2002	543h	97.23
1989	56h	80	2003	817h	97.57
1990	56h	90	2004	817h	97.82
1991	56h	90	2005	858h	97.88
1992	56h	95	2006	893h56m	97.9
1993	56h	98	2007	916h	97.92
1994	56h	98	2008	970h24m	98.48
1995	42h	98	2009	1057h22m	98.49
1996	78h	95	2010	1060h47m	98.49
1997	125h30m	85.61	2011	1078h30m	98.61
1998	174h30m	88.39			

综上：随着长沙城市化进程的发展，市民阶层人数增大，精神需求增加，电视台周播出时间、覆盖率和电视拥有量也随之增加。它们合力的结果，便是电视观众市场的兴旺。《中国城市文化消费报告》（长沙卷）的抽样统计表明，与报纸、杂志、网络、手机、动漫等媒介相比，电视是长沙居民获取各种信息的最主要渠道。[①] 湖南电视地处经济欠发达的中国中部城市长沙，为什么会出现文化产业的大发展大繁荣，需求大、人气旺，应该是一个最重要的原因。

第二点，城市经济的繁荣为电视传媒培育了丰厚的广告市场。

在"事业单位、企业管理"的双重属性下，中国的电视媒体生存和发展所必需的资金，主要有两大来源，一是财政拨款，二是广告收入。在计划经济体制时代，财政拨款是中国电视的主要经济来源。但在市场经济时代，特别是随着文化产业体制改革的深入发展，广告收入成了中国电视特别是省级以上电视的主要经济来源。1998年全国九届人大一次会议明确提出："对包括

①   朱敏、刘婷：《中国城市文化消费报告》（长沙卷），社会科学文献出版社2010年版，第41页。

电视台在内的大多数事业单位，国家财政拨款将每年减少1/3，3年后这些单位要实现自收自支，大步走向市场经济。"据湖南省非税收入征收管理局的调查数据统计，湖南省属电台、电视台2010年总收入28.91亿元，其中财政拨款0.23亿元，仅占收入总额的0.8%；上级补助收入0.12亿元，占收入总额的0.4%；其他收入0.98亿元，占收入总额的3.4%；扣除广告公司代理手续费后的广告收入达27.58亿元，占到收入总额的95.4%。[①]　显然，广告收入已成为湖南省属电台、电视台最主要的收入来源。

但广告收入与国家和地区的宏观经济形势密切相关。一般来说，地处经济高地的电视台，其广告收入要高于地处经济不发达地区的电视台。因为经济强势的地区，消费者的品牌意识和对高端产品的接受能力都要强。根据《2012长沙统计年鉴》和下表数据显示[②]，长沙虽然地处中国中部，但随着城市化的发展，新中国成立以来，特别是改革开放以来，城市发展的主要经济指标均在不断提升。以地区GDP为例：1952年，长沙市地区生产总值为2.87亿元；1978年，这一数值为16.85亿元；1990年，为102.4亿元；1995年，为332.75亿元；到2011年，达到了5619.33亿元。

长沙市历年主要经济指标情况（1949—2005）

指标	单位	1949年	1965年	1978年	1990年	1995年	2000年	2005年
一、土地面积	平方公里	112	3995	3995	11818	11819.5	11819.5	11819.5
#市区	平方公里	112	177.07	352	367	556.33	556.33	556.33
#建成区	平方公里	6.7	20.93	53.04	101	115	118.82	167.7
二、年末户籍总人口	万人	309.24	365.73	458.23	550.05	562.82	583.19	620.92
三、地区生产总值	亿元	2.87	7.02	16.85	102.4	332.75	715.34	1783.48
第一产业	亿元	—	—	5.61	24.38	45.58	74.11	113.98
第二产业	亿元	—	—	7.44	40.58	140.34	278.19	785.65
#工业	亿元	—	—	6.37	34.34	106.57	223.18	581.96
第三产业	亿元	—	—	3.79	37.44	146.83	363.04	883.85
人均地区生产总值	元/人	89	194	370	1871	5930	11699	28131

[①]　数据来源：《关于省属电台、电视台广告收入管理情况的调研报告》，http：//www. hn-fs. gov. cn/Info. aspx？ ModelId＝1&Id＝3264。

[②]　此处两个表格数据来源均为《2012长沙统计年鉴》，http：//www. cstj. gov. cn/tjnj/2012/015. html。

长沙市历年主要经济指标情况（2007—2011）

指标	单位	2007 年	2008 年	2009 年	2010 年	2011 年
一、土地面积	平方公里	11819.5	11819.5	11819.5	11816	11816
#市区	平方公里	556.33	954.55	954.55	958.8	1909.86
#建成区	平方公里	181.23	242.78	249.29	272.39	306.39
二、年末户籍总人口	万人	637.36	641.74	646.84	650.12	656.62
三、地区生产总值	亿元	2581.1	3300.71	3744.76	4547.06	5619.33
第一产业	亿元	132.95	172.11	179.4	202.01	243.38
第二产业	亿元	1208.62	1673.38	1893.58	2437.03	3151.68
#工业	亿元	957.38	1371.58	1554.54	2020.68	2662.47
第三产业	亿元	1239.52	1455.22	1671.78	1908.02	2224.27
人均地区生产总值	元/人	39727	50336	56620	66443	79530

　　湖南电视台的首笔广告收入为 11.2203 万元，来自 1980 年的广告招商会。此后，特别是 1993 年湖南广电开始改革之后，广告收入年年呈递增态势。从湖南卫视 2013 年的广告招商会来看，15% 的节目资源就获得了 11 亿多元的广告收入，估计 2013 年该台广告收入将达到 60 个亿。30 多年的时间，广告收入数额的巨大差值，其中的飞跃，除了湖南电视自身的原因之外，城市经济繁荣导致的广告市场的繁荣，也是一个重要的原因。

　　第三点，城市生活方式的变革和消费文化的兴盛为电视传媒培育了无尽的新闻来源市场。

　　诚如美国社会学者路易斯·沃思所言，城市是由大量密集的异质个体所组成永久性居住地，是一种与乡村不同的生活方式。城市化的过程，就是乡村人们的行为或生活方式城市化的过程。人们生活方式的变革，首先要考察的就是衣食住行的消费情况。如下表所示，长沙市民自 20 世纪 90 年代初以来，衣食住行消费上的主要变化是："食"的消费比重开始下降，"衣住行"消费比重不断上升。1992 年，长沙市民全年人均食品支出 1003.4 元，约占全年总消费支出额的 51%。2011 年，人均食品支出 6498.3 元，约占全年总消费支出额的 36%。食的比重下降了 15%。1992 年，衣住行三项支出分别为 279.1 元、96.17 元、54.19 元，三项共为 429.47 元，约占全年总消费支出额的 22%。2011 年，衣住行三项支出分别为 1953.41 元、1700.71 元、2915.54 元，分别比 1992 年增长了 5.99

倍、16.68 倍、52.8 倍。三项共为 6569.66 元，约占全年总消费支出额的 36%，比 1992 年增长了 14%。

长沙市历年城市居民调查户消费性支出情况① 　　　　　（单位：元）

年份	全年人平消费性支出	食品支出	衣着支出	家庭设备用品及服务支出	医疗保健支出	通信与通信支出	教育、文化娱乐、服务支出	居住支出	杂项商品与服务支出
1992	1953.48	1003.4	279.11	192.23	41.82	54.19	209.56	96.17	77
1993	2594.76	1231.77	385.36	350.65	63.85	92.51	216.72	154	99.9
1994	3502.2	1631.27	480.54	349.4	79.85	244.79	414	191.03	111.32
1995	4131	2031.19	513.42	372.25	123.91	257.41	439.72	262.95	130.15
1996	4696.8	2232.78	544.73	421.61	177.78	259.58	554.83	326.18	179.01
1997	5469.01	2408.21	645.88	394.89	186.45	432.4	856.45	356.62	188.11
1998	5584.51	2373.27	623.44	328.6	203.83	381.4	878.38	569.29	226.3
1999	6364.34	2454.35	765	575.22	228.58	482.08	943.56	661.06	254.49
2000	7050.55	2454.14	682.88	777.38	265.72	581.84	1057.01	964.47	267.11
2001	7410.13	2511.51	714.8	623.1	393.61	727.55	1289.36	852.51	297.7
2002	7854.24	2535.96	777	565.8	489.96	795.24	1402.8	1035.46	251.64
2003	8330.4	2629.44	778.08	558.24	607.92	1115.4	1574.88	792	274.44
2004	9031.6	3017.27	850.22	484.81	662.11	1195.27	1606.43	924.38	291.11
2005	9659.85	3229.71	969.53	613.96	788.21	1209.39	1685.7	851.56	311.78
2006	10679.74	3481.27	1055.52	669.78	867.24	1398.33	1794.97	1089.36	323.27
2007	12287.83	4286.48	1249.64	732.62	973.67	1925.14	1739.61	1074.84	305.83
2008	12960	4779.86	1297.81	932.8	1166.2	1614.84	1450.07	1388.04	330.38
2009	15447.36	4987.99	1487.31	1388.59	1096.78	2604.82	1870.6	1673.08	338.19
2010	16562.95	5654.76	1500.48	1261.87	981.47	2780.31	2101.3	1813.19	469.57
2011	18069.1	6498.3	1953.41	1162.05	943.05	2915.54	2410.48	1700.71	485.55

　　上表数据还表明，长沙居民的医疗保健支出和教育文化娱乐服务支出，自 1992 年以来，呈现逐年增长的趋势。这些都说明，随着温饱问题

　　①　注：从 2002 年起由于报表制度的变动，人均消费性支出不包括在外就学子女费用和 1997 年开始的自有房房租折算支出，以及各类社会保障支出。旅游消费也从杂项商品与服务支出中按相关指标相应地调整到娱乐文教、食品、交通与通信支出项目中。因此，本年鉴按新制度重新整理的（1988—2002 年）各年的消费支出与分类支出额与原来相应年度出版的年鉴数据不一致，均以本年鉴数据为准。资料来源：《2012 长沙统计年鉴》。

的解决，长沙市民在物质需求和精神需求上都发生了变化，越来越舍得花钱买衣服，买娱乐，买健康。到过长沙的人，一般都会为长沙洗脚店、酒吧、歌厅等休闲文化场所兴盛的人气所感染。"洗一次脚，泡一次吧，听一次歌，吃一顿夜宵，看一次湖南电视台的娱乐节目"，基本上就算是长沙娱乐生活的套餐式体验了。

变动产生需求，需求引发新闻。城市生活方式的变革和消费文化的旺盛，为长沙电视媒体培育了新闻来源市场。如下表所示的抽样统计数据表明，湖南电视台的 276 个样本栏目中，1991 年到 1992 年，教育类栏目最多；1993 年至 2002 年，服务类栏目最多，有 36 个；2003 年至 2010 年，娱乐类节目最多，有 55 个。栏目数量的变迁，从一个侧面反映了长沙市民生活方式和消费情况的变化。

湖南电视台 276 个样本栏目的阶段性分布情况

栏目类别	1991—1992 年数量	1993—2002 年数量	2003—2010 年数量	总数
新闻类栏目	9	29	21	59
娱乐类栏目	8	28	55	91
教育类栏目	20	28	16	64
服务类栏目	7	36	19	62

第四点，政治环境宽松和第三产业兴起为电视传媒培育了投资市场。

电视要发展，环境很重要。魏文彬在谈湖南电视发展时曾经讲过，环境不好，寸草不生；环境很好，风生水起。他讲的环境，其中就包括政治环境和经济环境，特别是政治环境。政治环境主要包括政府的相关政策法规等。就资本市场来说，中国传媒与资本市场的对接，政策层面一直处于限制或不明确状态。但随着中国传媒集团化的组建和试水传媒集团的陆续上市，特别是党的十七大提出要大力发展文化产业以来，跨媒体、跨地区、跨产业的资源融合与经营，案例越来越多，说明传媒的政治环境可谓相对宽松。就湖南而言，20 世纪 80 年代末，湖南省开始引入文化经济概念。20 世纪 90 年代后期，湖南省委提出发展文化经济、建设文化大省的战略思想。2006 年，湖南提出文化强省战略，省委书记周强明确表示，要让文化产业成为湖南经济发展的重要引擎。2009 年，《湖南省文化产业振兴实施规划（209—2011 年）征求意见稿》出台。长沙作为湖南省省会，在湖南文化产业的发展中起着领头羊的作用。2001 年，长沙市委市政府提出"以文立市"的发展战略，计划在 15 年内将长沙建设成为区域性文化中心，并制定了《长沙市文化产业发展规划纲要》。湖南电视的三轮改革，无论是最初的放权、引入竞争机制，还是第二轮的整合平台消除内耗，或者是当前的制播分离、转企改制，之所以能成功开展，一个重要的原因就在于政治环境的宽松。

从经济环境的角度来看，电视产业是一种文化产业，从属于第三产业。因而，文化产业的兴起和发展，影响着电视投资市场的发展。如下表所示，1978 年至 2011 年，长沙市第三产业平均递增速度为 14.9%。①

长沙市历年三大产业平均递增速度（%）

指标	1949—1965年	1965—1978年	1949—2011年	1978—2011年	2000—2011年	2005—2011年
第一产业	……	……	……	5.3	5	4.9
第二产业	……	……	……	15.1	17.9	18.1
第三产业	……	……	……	14.9	13.8	13.4

与这一变化相对应的就是，长沙文化产业的发展。来自《长沙文化产业》的统计数据显示，2004 年至 2008 年，长沙文化产业的总产值分别为 238.5 亿元、302.19 亿元、352.15 亿元、485 亿元、617.9 亿元，占全市 GDP 的比重分别为 9.1%、9.7%、9.5%、9.5%、9.8%。② 目前，长沙已形成媒体传播、文化旅游、出版发行、娱乐文化、文博会展、文化体育、卡通动漫 7 大文化创意支柱产业。其中，电视产业发展态势良好，产业产值高，带动作用显著。

二　电视湘军的文化担当

1. 城市、文化与传媒的关系

城市是人类文化的重要起源地之一。芒福德考察人类的城市发展史后发现，城市是人类文化的归极，是文化的容器。德国哲学家斯宾格勒在研究西方历史时认为，世界的历史就是城市和市民的历史，一切伟大的文化

---

① 数据来源：《2012 长沙统计年鉴》。
② 欧阳友权、禹建湘：《长沙文化产业》，中国广播电视出版社 2010 年版，第 15 页。

都是市镇文化。"民族、国家、政治、宗教、各种艺术以及各种科学都以人类的一种重要现象——市镇——为基础。"① 文化的定义有很多，简言之即人所创造的一切。用联合国教科文组织成员国 1982 年给文化下的定义来说就是："文化在今天应被视为一个社会和社会集团的精神和物质、知识和情感的所有与众不同显著特色的集合总体，除了艺术和文学，它还包括生活方式、人权、价值体系、传统以及信仰。"② 文化可分为多种类型，常见的分法有物质文化、精神文化、制度文化，或者精英文化、大众文化、民间文化，以及农村文化和城市文化，传统文化和现代文化。

城市文化是城市化进程的必然产物。美国文化学者约翰·R. 霍尔等人在考察现代城市文化的起源后发现，"大众文化就是被带进城市里的传统文化，只是城市居民修改了它的形式以适应新的环境。"③ 英国学者约翰·斯道雷在分析 19 世纪英国的工业新城曼彻斯特时认为，"工业化和城市化重新勾勒了一幅文化地图。各阶级的共同文化不复存在，也没有纯属于统治阶级的文化。历史上第一次在一个城市和工业中心，出现了被统治阶级自己的独立文化。"④ 他所指的这幅文化地图，显然包括统治阶级的精英文化和工人阶级的大众文化。

诞生于城市中的大众传媒，是城市文化的重要传播力量。广义的城市文化是指城市居民在长期的城市生活实践中所创造的物质和精神等成果的总和，其外在显现，就是城市形象。和任何文化一样，城市文化的生命在于传播。没有传播，就没有城市文化的增值、同化和重构。传播离不开传播媒介。媒介就是插入传播过程中，用以扩大并延伸信息传送的工具。城市文化借助媒介的传播伴随着人类城市化的始终。从最初的信号传播，如烽火狼烟，驿寄梅花，鱼传尺素，到口语和文字传播，再到印刷和电子、网络传播，城市文化的传播媒介在不断地突破时间和空间的限制。美国社会学者帕克指出，城市是一个十分重要的文明传布者。"城市通过各种传布媒介，如报纸、舞台、剧场、学校、博物馆、流动推销员、邮购商店，

---

① ［德］斯宾格勒：《西方的没落》，齐世荣译，商务印书馆 1991 年版，第 199—200 页。

② 转引自陆扬、王毅《文化研究导论》，复旦大学出版社 2007 年版，第 12 页。

③ ［美］约翰·R. 霍尔、玛丽·乔·尼兹：《文化：社会学的视野》，周晓红等译，商务印书馆 2004 年版，第 125 页。

④ ［英］约翰·斯道雷：《文化理论与通俗文化导论》，杨竹山等译，南京大学出版社 2006 年版，第 21 页。

通过立法机构的广大代表，通过城乡人口的各种连接点，把城市文化传布给广大乡村。"① 19 世纪 30 年代，以美国便士报等大众报刊的出现为标志的大众传播媒介的出现，改变了城市文化传播的方式、内容和性质，将城市文化传播推进到了一个全新的时代。

今天，这个全新的时代，是一个大众传媒与城市文化高度互渗的时代，是一个城市文化符号奇观美轮美奂的时代，是一个传媒化生存和文化传媒化的时代。"现代传播媒介作为一个社会辐射力很强的文化装置，具有极强的聚合力和扩张性，不仅影响到文化传播范围、内容及速度，成为文化传播的强大推动力，而且现代传播媒介的诸多特点已进入文化的深层结构，使当代文化呈现出媒介化的特征。"② 当代文化的媒介化特征，可用传媒文化（media culture）这一概念来表述。该术语的英文词在尼克·史蒂文森的《认识媒介文化：社会理论与大众传播》和道格拉斯·凯尔纳的《媒体文化：介于现代与后现代之间的文化研究、认同性与政治》中都有出现，但译称为"媒介文化"和"媒体文化"。蒋晓丽教授指出，"传媒文化概念的提出，强调文化的传媒呈现方式，强调大众传播媒介对社会文化的产生和发展的巨大影响，同时也表明传媒本身成了一种文化系统。"③ 她从四个方面分析了这一概念的内涵，一是传媒文化是以传媒影响人的主要方式而构成的社会亚文化系统，二是传媒本身成为文化的产物，三是不同的传播媒介作用于文化表现出不同的特征，四是传媒文化始终与技术化、市场化、全球化、娱乐化联系在一起。

值得注意的是，当城市文化被涂抹上传媒文化的色彩时，人们对大众传媒与城市文化的关系便呈现出或肯定或否定等不同的态度。例如，鲍德里亚认为，拟像时代的传媒造就的后现代都市，是一个符号的仿真世界，这个世界既令人产生"眩晕"，又使人产生"安全感"。这种情况下，传媒人需要思考的是：如何增强传媒在城市文化建设中的正能量？

2. 电视湘军的文化担当

正如英国文化学者马休·阿诺德所言："伟大的文化人是这样一些

---

① 帕克等：《城市社会学：芝加哥学派城市研究文集》，宋俊岭等译，华夏出版社 1987 年版，第 198 页。

② 庄晓东主编：《文化传播：历史、理论与现实》，人民出版社 2003 年版，第 130 页。

③ 蒋晓丽、石磊：《传媒与文化：文化视角下的传媒研究》，华夏出版社 2008 年版，第 74 页。

人，他们具有一种激情，要将他们时代最好的知识、最好的思想从社会的一端传播、搬运到另一端，使之流行不衰；他们殚精竭虑，要为知识去除一切粗糙的、粗野的、难解的、抽象的、专业的和孤傲的成分，要把它人性化，使它在绅士和学者的圈子之外，也见成效，与此同时，又保留了时代最好的知识和思想，因而成为甜美和光明的真正源泉。"① 作为传播工具，传媒的价值在于信息承载。作为专业组织，传媒的价值在于文化担当。湖湘自古崇文化，湘人从来有担当。电视湘军的文化担当，是指湖南电视人在接受和担负文化传播和建设中所具备的一种精神、责任和能力。

电视湘军的文化担当，是一种"心忧天下、敢为人先"的精神和责任。文化的内涵多元，类型多样，需求不一，电视传媒能否满足观众的精神需求，引领时代的主流文化，承担起文化事业和文化产业发展的使命，首先需要的就是一种担当的精神和责任。对此，湖南电视的领头雁们有着清醒的认识。湖南省广播电视局党组书记、局长魏文彬 2007 年在哈佛大学演讲时说，湖南电视成功的秘密，就藏在湖湘文化的精髓之中：心忧天下，敢为人先，即在中国传媒娱乐功能长期被忽视甚至被弱化的背景下，在恰当的时期，及时地为中国人提供了一种名叫快乐的东西。湖南电视台台长欧阳常林在 2006 年北京首届中国电视台"台长论坛"上发表演讲时也指出，从中国传媒喉舌和产业两大属性出发，中国传媒要担当起政治、社会、文化、产业四大责任。而品牌承载责任，媒体只有具备创新力，才会有影响力，才能最大程度地承担这四大责任。他以湖南卫视为例说，湖南卫视通过新闻节目的常态性、专题节目的典型性、娱乐栏目的丰富性、大型晚会的感召性、关键时刻的整体性和震撼性、频道风格的时尚性和情感性，成了快乐的大本营，也成了有情有义、充满大责大爱的责任媒体。湖南卫视张华立副台长提出了新闻立台弘扬主流文化的观点，他认为，主流文化包含了和谐、温情、励志、友爱、公益等健康向上、代表时代精神的文化元素，电视人要跟踪主流文化，满足主流，引导潮流。在欧阳常林看来，新闻立台的实质就是导向立台，主流立台，价值观立台，时刻不忘媒体社会责任感的立台思想。

电视湘军的文化担当，更是一种"善于创造、善于传播"的能力。湖南省广播电视局副局长姜欣认为，湖南电视人以主流文化为导向，以精

---

① 转引自陆扬、王毅《文化研究导论》，复旦大学出版社 2007 年版，第 5 页。

英文化为引领，以大众文化为主轴，不断兴起湖南电视的风暴。① 其中，主流文化是体现主流意识形态、反映民族利益、引领社会走向而为执政者所倡导的文化形态，表现在湖南电视人坚持正确的舆论导向，以辩证唯物主义和历史唯物主义作为电视创作的方法论，表现在《恰同学少年》《绝对权力》等电视剧中，也表现在一系列新闻类节目和理论片、纪录片中。例如，《走向和谐》是国内第一部全景式解读和谐社会理论的文献片。日播纪录片栏目《故事湖南》记录了近百年来发生的湖湘传奇，树立了湖南广电文化自觉的主流价值品牌。精英访谈节目《新青年》被称为电视湘军的文化先锋。《象形城市》面对中产阶层和时尚白领，是中国第一个专注于城市形象的电视专栏。而《幸运3721》《快乐大本营》《越策越开心》《天天向上》等，是大众文化的经典形态。湖南电视台党委书记刘一平也认为，担当与创造有关，从宣传为中心新闻为主体专题为两翼的战略布局，到大广播大电视大宣传大产业的战略构想，到快乐中国的战略理念，湖南电视人以自己创造的智慧，实践了对担当的诠释。②

电视湘军的文化担当，本质上来说就是传媒社会正面功能的充分发挥。传媒的社会功能很多，"最著名当推美国传播学先驱拉斯韦尔提出并由社会学家赖特补充的大众传播的四种主要社会功能"③。传播学大师拉斯韦尔在其《传播在社会中的结构与功能》一书中指出，大众传媒具有环境监测、社会协调和社会遗产传递三大功能。赖特则补充了第四大功能，即提供娱乐。④ 当然，对中国传媒而言，尽管自改革开放以来，人们对传媒功能的认识逐渐与世界融合，但传媒作为党和人民的喉舌和工具的功能依然起着强大的主导作用。对于中国传媒这种主导的社会功能，蒋晓丽教授归纳为"宣导抚慰"功能，即宣传、引导、安抚和慰藉功能。具体地说，就是指"传媒能够通过宣传党和国家的主要方针政策，对民众的思想、矛盾与问题予以引导，同时通过媒介内容使媒介成为一种平台，在这一平台上，广大民众的思想得以统一，对国家在改革中出现问题得以重新认识，对社会的不满情绪得以释放，不理解和不平的负面情绪得以宣泄，从而使媒介完成对大众情绪的按摩与抚慰，使得广大民众能在压力释

---

① 刘一平主编：《湖南电视40年·语文》，湖南人民出版社2010年版，第110页。

② 同上书，第57页。

③ 吴文虎：《传播学概论》，武汉大学出版社2000年版，第98页。

④ 参见李苓《传播学理论与实务》，四川人民出版社2003年版，第114—117页。

放的状态下和谐共处，实现社会整合功能"①。在蒋晓丽教授看来，传媒的宣导抚慰功能是传媒基本功能的衍生物，是监视功能的延伸，是联系功能在特殊条件下的特殊表现形式，是社会文化突变时的传承策略，也是人类面对灾难时的独特娱乐手段。将上述传媒的功能迁移到湖南电视与长沙城市这一现实环境中同样是成立的。具体地说，湖南电视的环境监测功能是指电视通过新闻报道，向市民提供自然和社会环境中变动的信息，为城市公众决策或行动提供依据。其社会协调功能是指电视通过设置议程、评论引导等手段，提供一个多元的意见场所，进而引导社会舆论，形成社会认同。其文化传递功能也称教育功能，是指电视为城市延续社会知识、价值观和行为规范等文化遗产。其娱乐功能是通过提供娱乐产品，满足人们的娱乐需求。

电视湘军的文化担当，关键在于电视人的文化自觉和文化自为，即自觉地承担起城市文化生产和传播中相应的责任与使命，并在生产和传播的过程中践行这些责任和使命。电视人又称电视传者，泛指从事电视传播活动的专业人员，是电视媒介创作、生产和传播的主体。在文化生产和文化传播中，电视人受到社会场域中的政治资本、经济资本等的影响，如何在社会场域的多元利益博弈中维持一种平衡或多赢的状态，是电视人成功地担当地文化生产和传播使命的重要标志。王岳川在分析当代中国知识分子的精神生态时认为："在知识谱系的转换中，知识分子的选择变得重要起来。知识分子既不可能彻底逃离人文精神而拥抱世俗精神，也不能完全在精神流亡中走向单一的传统，更不可能告别英雄主义和理想主义而走入犬儒主义和语言游戏。"② 如何选择呢？他认为："真正的知识分应该在形而中、形而上、形而下三个层面对社会现实加以关注。就形而中层面而言，知识分子强调一切社会文化制度都与人的欲望有关，讨论各种欲望及其压抑和敞开问题就触及人的全面发展、片面发展、片断性异化，社会制度和社会公正、社会发展方向是否正确、人类远景是否辉煌，人们日常生活的价值、人与人之间的新型关系、人与社会的生态学联系形态等。进入形而上层面，将引发关于死亡的看法以及对此岸彼岸的宗教问题的思考，对理性的设限和对禁忌的设立，以及关于生命终极意义问题的追问问题。进入

---

① 蒋晓丽主编：《传媒宣导抚慰功能》，四川大学出版社 2008 年版，第 23 页。

② 陶东风主编：《知识分子与社会转型》，河南大学出版社 2004 年版，第 217 页。

形而下层面，则关注社会边缘群体，诸如下岗女工、结社组织人、社会底层处境的思考，等等。在话语意义上，当代知识分子不再是以寻求共同性为旨归，而是强调在后殖民主义时代中的个体、民族、国家文化的差异性。"① 如果将知识分子定义为频繁地使用抽象符号去创造并阐释人及其环境的人，那么，电视人无疑是知识分子中的重要方阵，因而同样要面临王岳川所说的这种不同的选择。这种选择的本质，就是一种文化的自觉和自为。

---

① 陶东风主编：《知识分子与社会转型》，河南大学出版社 2004 年版，第 218—219 页。

第三章

赤橙黄绿青蓝紫：湖南电视
节目中的长沙形象

　　本章拟对湖南电视节目中的长沙形象进行定量和定性分析，即描述湖南电视节目中的长沙是什么样的形象，同时分析湖南电视节目为什么和如何建构这一形象。定量研究使用的方法是内容分析法，即根据城市形象的细分指标对所抽取的样本进行描述性分析。为了避免描述性分析在说明为什么这一方面的不足，还结合相关因素对样本结果进行定性分析。具体的分析思路为三步走：频道与栏目统计、样本抽取、城市形象的描述性分析和定性分析。其中第三步另外分节论述。

　　第一步：统计湖南电视的频道与栏目。

　　首先要界定湖南电视的范畴。从范围上说，湖南电视包括湖南境内的所有电视，但从影响力和本研究的实际情况来看，没有必要也没有可能穷尽湖南省内所有的电视。就影响力而言，湖南电视主要指湖南省会长沙城内的电视。其具体阵容，可分为两大集团：最大的集团是 2010 年 1 月 25 日成立的湖南广播电视台（前身为湖南广播电视集团），下设卫视频道、经视频道、公共频道、娱乐频道、都市频道、金鹰卡通、金鹰纪实、国际频道等 13 个电视频道。第二大集团为 2003 年 1 月 25 日成立的长沙广播电视集团，下辖新闻、政法、女性、公共、移动等 8 个电视频道和 3 个数字电视频道。从研究时间和资料获取的便利性角度出来，本研究所指的湖南电视，主要指湖南广播电视台这一湖南最大的电视集团中的电视频道，其中又以卫视频道、经视频道、公共频道、都市频道、金鹰纪实频道等为主。从级别来看，它们都属于省级电视台。

　　其次要界定和统计这些频道中的栏目。这里面涉及电视节目和电视栏目两个概念。电视节目（television program）是指电视台各种播出内容的最终组织形式和播出形式。电视栏目（television column）是有固定时长固定风格并定期播出的电视节目，是电视频道编排的基本单元。在电视发展的早期阶段，电视节目指称电视播出内容的基本单位。到了 20 世纪 80 年代，电视节目按固定栏目播出成了全世界电视节目播出的最主要形态。湖南电视台自创办以来，共设立数百个栏目，笔者剔除年代不详等无法纳入研究的栏目，收集到 276 个栏目。

第二步，抽取研究样本。

为了更加准确地抽取符合研究内容的样本，首先要对湖南电视的 276 个栏目进行分类统计。电视栏目的类型很多，可从功能、内容、播出形式、对象、播出时间、语种、风格、环境、来源等角度进行分类。其中，内容、形式、功能和对象是四大基本的分类维度。本研究借鉴张海潮《中国电视节目分类体系》中分类观点①，将湖南电视栏目从内容和形态的维度，分为新闻、娱乐、教育和服务类四大类，这四大类也是国际上采用最多的四分法。然后，再细分各大类为 27 小类。分类结果及其编码如下表所示：

新闻类及其编码		娱乐类及其编码		教育类及其编码		服务类及其编码	
综合新闻消息	A1	体育	B1	社会教育	C1	生活服务	D1
分类新闻消息	A2	电视剧	B2	少儿青年	C2	理财	D2
新闻专题	A3	电影	B3	国际教育	C3	广告	D3
新闻谈话	A4	综艺	B4	大型教育	C4	国际服务	D4
国际新闻	A5	音乐	B5			收视服务	D5
大型国际新闻	A6	戏剧	B6			大型服务	D6
		游戏、竞猜	B7				
		真人秀	B8				
		娱乐谈话、娱乐专题	B9				
		国际娱乐	B10				
		大型娱乐	B11				

注：其中的"大型"，指题材重大，影响广泛，节目规模大，报道周期长。

依据上述分类标准，湖南电视 276 个栏目的类型统计情况具体参见附录《湖南电视栏目分类情况一览表》。从数量上看，276 个栏目中，新闻

① 分类观点参见张海潮《中国电视节目分类体系》，中国传媒大学出版社 2007 年版。

类栏目（编码为 A 系列的）59 个，娱乐类栏目（编码为 B 系列的）91 个，教育类栏目（编码为 C 系列的）64 个，服务类栏目（编码为 D 系列的）62 个。各类栏目中，最多的是社会教育类栏目，53 个，占总栏目数的 19.2%；第二为生活服务类栏目，52 个，占总栏目数的 18.8%；第三为综艺类，41 个，占总栏目数的 14.9%；第四为综合新闻消息类栏目，26 个，占总栏目数的 9.4%。各栏目具体数量及百分比情况参见下表：

编码名	数量	百分比（%）	编码名	数量	百分比（%）	编码名	数量	百分比（%）
A1	26	9.4	B4	41	14.9	C2	10	3.6
A2	13	4.7	B5	7	2.5	C3	1	0.4
A3	15	5.4	B6	0	0	C4	0	0
A4	4	1.4	B7	6	2.2	D1	52	18.8
A5	1	0.4	B8	4	1.4	D2	3	1.1
A6	0	0	B9	2	0.7	D3	4	1.4
B1	15	5.4	B10	0	0	D4	2	0.7
B2	6	2.2	B11	9	3.3	D5	1	0.4
B3	1	0.4	C1	53	19.2	D6	0	0

注：百分比即该栏目数与总栏目数的百分比。

对湖南电视 276 个栏目的分类统计结果表明：尽管并非所有的栏目都在传播长沙的城市信息、建构长沙的城市形象，但总体而言，各类栏目在建构城市形象方面应该都有不同的作用，因为这四类栏目正好与大众传媒的四大经典社会功能相对应。例如，新闻类栏目一般重在传播城市信息，教育类栏目一般重在教化城市大众，引导城市舆论，服务类栏目一般重在服务城市公众，娱乐类栏目一般重在提供娱乐。当然，各栏目间也不是截然分开的，因为中国所有的电视节目，都要求创造一定的经济效益和社会效益。即便是娱乐类节目，也有寓教于乐的社会教育功能。

基于上述认识或假设，本研究在具体抽样时，主要侧重的是新闻类、教育类、服务类和娱乐类这四类栏目。其中，新闻类栏目 59 个，每个栏目的播出内容也很难统计，在抽样时，主要抽取新闻报道标题中"长沙"字样的所有报道，抽取平台为湖南广播电视集团的节目信息查询库①。累

———————

① 该库的网址为 http：//www.imgo.tv/GBSCatalog/。

计抽取 1984 年至 2010 年共 699 条新闻报道为分析样本。其抽样误差为 4%，置信度为 95%。除了面上的统计分析，还结合具体的某一个节目，从点上深入分析。分析的重点在于：描述新闻报道建构的是什么形象，分析新闻报道是如何建构这一形象的。教育类和服务类栏目中，主要选取的样本是城市纪录片、城市形象宣传片和其他与城市形象相关的专题节目。娱乐类栏目中，重点选取的是情景室内剧《一家老小向前冲》。

对所有抽取的样本的分析，主要基于城市形象的细分指标。这些指标共分三大类。第一大类是城市主体形象，细化为 11 个子指标，分别为：空间、布局、规划，建筑、交通，绿地、绿化，生态，公共设施，政府机关，社区，产业或企业，本市人，非本市人，其他。第二大类是城市功能形象，细化为 8 个子指标，分别为：政治、经济、文化、生态、交通、通信、军事、其他。第三大类为城市的正负形象，这里的正面和负面是相对于报道者的报道倾向和所报道的事实本身的性质而言的，可细化为 2 类子指标，分别为报道倾向和事件性质，它们分别再细分为正向、负向、中性 3 个子指标。考虑到娱乐类节目内容的特殊性，在分析《一家老小向前冲》时，主要侧重的长沙人的形象。同时考虑到大型新闻报道和纪录片节目的特殊性，主要侧重对样本题材所表现的主题形象进行分析。

第一节　湖南电视新闻报道中的长沙形象

本节的主要观点，新闻报道中长沙的主体形象总体上呈现出三大特点，一是软件形象多于硬件形象，二是硬件形象呈现出重物质设施轻环境生态的特点，三是软件形象中政府和企业呈现出绝对的上镜率优势。这一现象的出现原因，可能与中国电视媒体是党和政府的喉舌、工具这一特殊属性有关，也可能与中国城市化进程中呈现出的政府主导这一特点有关。长沙的功能形象特征是：以政治、经济和文化功能为主，生态、科技功能为辅，军事功能相对弱化。这是传播内容的体现，也是传媒议程设置的结果，还是长沙城市功能与时俱进的累积和变迁结果。湖南电视新闻对长沙的报道，倾向性十分明显：事件选择上，选择的多为政府和企业的正面性事件；报道倾向上，正面宣传占绝对优势，批评报道较少。

一 湖南电视新闻报道中长沙的主体形象分析

1. 长沙主体形象的描述性分析和定性分析

湖南电视新闻报道中，关于长沙形象的报道共抽样699篇。在主体形象分类中，空间布局、规划方面的4篇，占比不到1%；建筑、交通（文物古迹）方面的42篇，约占6%；绿地、绿化方面的2篇；生态环境方面的20篇，约占3%；公共设施方面的16篇，约占2%；政府（党政机关）方面的271篇，约占38%；社区主体方面的24篇，约占3%；产业（企业）主体方面的200篇，约占29%；本市人方面的48篇，约占7%；非本市人方面的11篇，约占2%；其他61篇，约占9%。

统计数据表明，电视新闻报道中，长沙的主体形象总体上呈现出三大特点：一是软件形象的数量（共554篇）多于硬件形象的数量（共84篇）；二是硬件形象的指标中，呈现出重物质设施（共56篇）轻环境生态（共22篇）的特点；三是软件形象的指标中，政府和企业呈现出绝对的上镜率优势（共471篇），社区和市民的上镜率则相对处于劣势（共83篇）。

2. 为什么会出现这样的特征

从几个关键性的指标来看，政府机关形象的报道数量最多，进一步结合有关政府机关的报道内容来看，又以会议报道为最。这一现象的出现原因，可能与中国电视媒体是党和政府的喉舌、工具这一特殊属性有关，也可能与中国城市化进程中呈现出的政府主导这一特点有关。产业或企业主体形象的报道量位列第二，进一步结合内容来看，以成就报道为最。这说明在长沙的城市化进程中，城市的经济进展主要体现在产业和企业的发展上。而正是由于政府和企业形象的报道量多达471篇，导致了软件形象的报道量大大多于硬件形象的报道量。再看硬件形象中的关键指标，物质设施是城市建设和发展最直观的表征，拔地而起的大楼，鳞次栉比的大厦，宽阔的马路，繁华的广场，多彩的霓虹灯，这些出现在新闻报道中的画面，以其强烈的视觉性冲击着观众的注意力，让城市公众感觉到城市在变大，变高，变亮。然而，和中国内陆许多快速发展的城市一样，长沙的城市化进程首先走的还主要是一条重在空间和数量扩张的粗犷式发展之路，因为长沙的城市现代化进程，起点就是新中国成立初期7.6平方公里的城区建成面积，扩容，相比提质，更是城市发展的当务之急。这正是环境生态方面的报道量少于物质设施的一个重要原因。只有这条路走到一定程度并呈现出其固有的弊病之后，才可能重视和选择一条重在质量和内涵提升的精细式发展之路。宜居的生态环境，和谐的社区管理，特别是良好的市民风貌，显然是城市内涵提升的重要表征，它们虽然总共只有 105 篇，至少说明长沙已经选择了一条新型的城市化之路。

二　湖南电视新闻报道中长沙城市的功能形象分析

在抽样的 699 篇电视新闻报道中，从城市功能形象情况来看，政治功能方面的 219 篇，约占 31%；经济功能方面的 220 篇，约占 31%，文化功能方面的 143 篇，约占 20%；生态功能方面的 24 篇，约占 3%；通信（交通）功能方面的 32 篇，约占 5%；军事功能方面的 4 篇，约占 0.6%；其他 57 篇，约占 8%。

从样本数据来看，20 世纪 80 年代以来，长沙的功能形象特征是：以政治、经济和文化功能为主，生态、科技功能为辅，军事功能相对弱化。造成这一特征的原因是什么呢？

首先，这是传播内容的体现，也是传媒议程设置的结果。从新闻报道的主体形象来看，政府机关、产业企业和市民的报道量位在前三名，而生态和军事等的报道量相对较少，与之相对应的，政治、经济和文化功能形象也就排在前三名，生态和军事功能就相对没那么突出。

其次，这也是长沙城市功能与时俱进的累积和变迁结果。城市的功能，体现的是城市在社会生活中的职能和作用。长沙在城市发展的进程中，历来呈现出多种功能，但其主导功能则随时代发展而变化。自古以来，长沙就是重要的政治、军事、经济和文化中心。长沙是历代郡、州、道、路及行省的治所，新中国成立以来也一直是湖南省的省会，其政治功能自古未衰，日益巩固。长沙又是我国中南部地区水陆空交通网上的重要枢纽和兵家必争之地。它地处湘江下游，腹地平衍，北临洞庭，为荆郢之唇齿；南倚五岭，控湖湘之上游，西接黔滇，东御章赣，具有重要的战略意义。《长沙县志》曾对长沙的地理形势这样概括："邑居省会之冲要，控荆湘之上游，吐纳洞庭，依附衡岳，荆豫唇齿，黔粤咽喉，保障东南，古称崇镇。"长沙的军事功能，随着中国改革开放以来经济建设为中心战略的彰显而相对受到较少的关注。经济上，长沙物产丰富，是重要的商品交换场所，自古号称"鱼米之乡""楚之粟也"。宋代出现了"长沙十万户，游女似京都"的繁华市景。明代长沙是中国四大茶市之一。清代长沙是中国四大米市之首，中国五大陶都之一。今天，长沙的杂交水稻驰名中外，湘绣是中国四大名绣之一，湘菜是中国八大菜系之一。当然，在发展社会主义市场经济的时代背景下，地处中国内陆中部的长沙与沿海开放城市的经济差距仍然很大，随着国家中部崛起战略的提出和"两型社会"试点的获批运行，长沙的经济功能在今天依然强势。文化上，长沙自古号称"楚汉名城""屈贾之乡，潇湘洙泗"，新中国成立后，长沙是中国国务院首批的 24 个历史文化名城之一。在长沙走向现代化国际化的城市化进程中，长沙市政府和社会人士都十分重视处理旧城改造与名城保护的关系，更重视市民文化的培育和市民精神、素质的提升。电视湘军、出版湘军、动漫湘军等称誉，说明长沙传媒文化的发达。"北京是首都，长沙是脚都"，形象地表达了长沙娱乐休闲文化的兴旺。这些生机勃勃的文化因子，正是长沙文化功能在今天仍然处于强势的重要原因。

长沙的功能形象中，值得注意的是长沙的生态功能和通信（科技）功能还相对处于劣势。城市生态功能的提出，反映了当前国际上倡导的宜居、和谐的城市发展理念。城市通信（科技）功能的提出，折射的是城市在信息交换中的强势地位和创意产业发展中的领先地位。长沙是"山水洲城"，理应处理好生态环境，使长沙成为宜居、宜业、宜游的理想城市。长沙市民旺盛的娱乐休闲需求和长沙发达的传媒产业，也使长沙有可能成为创意之都。长沙生态、通信（科技）功能的强化，除了政府官方的倡导，传媒作为社会敏感的神经系统和主流舆论的引导阵地，应当担负起相应的责任和使命。

三　电视新闻报道中长沙城市的正负形象分析

1. 所报道的事件性质的正负分析

在抽样的 699 篇电视新闻报道中，从所报道的事件的性质来看，事件体现为正向性质的 599 篇，约占 85.69%；体现为负向性质的 55 篇，约占 7.87%；无明显倾向或中性的 45 个，约占 6.44%。

如果将新闻定义为新近发生的事实的报道，那么，从事件性质来看，湖南电视新闻报道的，绝大部分（85.69%）是正向性质的事件。具体来说，这些事件分布在哪些方面呢？

事件性质为正面的 599 篇报道中，按主体形象分类，空间布局、规划 2 篇，约占 0.33%；建筑、交通（文物古迹）35 篇，约占 5.84%；绿地、绿化 2 篇，约占 0.33%；生态环境 9 篇，约占 1.5%；公共设施 16 篇，约占 2.67%；政府（党政机关）248 篇，约占 41.4%；社区主体 21 篇，约占 3.51%；产业（企业）主体 171 篇，约占 28.55%；本市人 38 篇，约占 6.34%；非本市人 11 篇，约占 1.84%；其他 46 篇，约占 7.68%。

再来看事件性质为负面的 55 篇报道，按主体形象分类：空间布局、规划 1 篇，约占 1.82%；建筑、交通（文物古迹）4 篇，约占 7.27%；绿地、绿化无；生态环境 7 篇，约占 12.73%；公共设施无；政府（党政机关）12 篇，约占 21.82%；社区主体 1 篇，约占 1.82%；产业（企业）主体 15 篇，约占 27.27%；本市人 6 篇，约占 10.91%；非本市人无；其他 9 篇，约占 16.36%。

由上可知，产业企业方面的负面事件最多，其次为政府机关方面的，再次为市民和社会环境方面的。这些方面的事件具体又是什么呢？下面结合其中的部分标题来分析。产业和企业方面的负面事件，主要是经济领域的违法犯罪事件和安全责任事故等，如《长沙化工厂发生硫酸泄漏事件》《长沙市药材公司销售劣质药材》《长沙：晓园百货大楼积极平息涨价风》《长沙大厦营业员与顾客发生纠纷》《长沙印染厂一起行政纠纷终告解决》《长沙市南南信息公司非法经营》《长沙市工商行政领导局查获一制造假湘泉酒的窝点》。政府机关方面的事件主要表现为政府在提供公共服务方面的不作为或不努力，如《长沙"乘车难"日趋严重　城市公交呼唤改革（连续报道）》《长沙火车站买票困难》《长沙检察机关贪污案件有所增加》《长沙市电信局设立的电话亭遭破坏》《长沙市农业局少数领导官僚主义严重，将带菌种子销往宁乡农村》。市民和社会环境方面的事件主要表现为市民的不文明行为和社会安全问题，如《长沙市郊区遭受水灾》《长沙：岳麓山风景区被蚕食》《长沙：无证商贩欺行霸市》《长沙的"了难"风非刹不可》《长沙街头抢劫风非刹不行》《长沙豪奢消费扫描》。

电视新闻中关于长沙形象的报道，事件性质无明显倾向的报道共 45 篇，按主体形象分类：空间布局、规划 1 篇，约占 2.22%；建筑、交通（文物古迹）3 篇，约占 6.67%；绿地、绿化无；生态环境 4 篇，约占 8.89%；公共设施无；政府（党政机关）11 篇，约占 24.44%；社区主体 2 篇，约占 4.44%；产业（企业）主体 14 篇，约占 31.11%；本市人 4 篇，约占 8.89%；非本市人无；其他 6 篇，约占 13.33%。

事件性质无明显倾向的，有三种情况。第一种是会议报道，如《全省旅游工作会议在长沙结束》《省人大常委会领导视察长沙毛纺厂》。第二种是一些简讯报道，如《长沙地区观看到日偏食》《长沙动物园小象》，报道时间很短，三言两语了事，从标题到内容，都看不出事件的正向或负向性。第三种是无法统计的，即仅从标题无法看出事件性质，但又找不到其现存的影像资料来佐证，这类报道，统一归入无明显倾向。如《长沙市长桥劳教所》《长沙灯泡厂》《老长沙旧城区全景》（无声）。

以上对正向、负向和中性的报道从主体形象的角度进行了分析。下面将从功能形象方面进行分析。

电视新闻中关于长沙形象的报道，事件性质为正面肯定的报道共 599 篇，按功能形象分类：政治方面的 194 篇，约占 32%；经济方面的 185 篇，约占 31%；文化方面的 134 篇，约占 22%；生态方面的 15 篇，约占 3%；通信（交通）方面的 23 篇，约占 4%；军事方面的 4 篇，约占 1%；其他 44 篇，约占 7%。

电视新闻中关于长沙形象的报道，事件性质为负面否定的报道共 55 篇，按功能形象分类：政治方面的 15 篇，约占 27.27%；经济方面的 22 篇，约占 40%；文化方面的 3 篇，约占 5.445%；生态方面的 5 篇，约占 9.09%；通信（交通）方面的 4 篇，约占 7.27%；军事无；其他 6 篇，约占 10.91%。

电视新闻关于长沙形象的报道，事件性质无明显倾向的报道共 45 篇，按功能形象分类：政治方面的 10 篇，约占 22.22%；经济方面的 13 篇，约占 28.89%；文化方面的 6 篇，约占 13.33%；生态方面的 4 篇，约占 8.89%；通信（交通）方面的 5 篇，约占 11.11%；军事无；其他 7 篇，约占 15.56%。

2. 报道倾向的分析

在关于长沙的 699 篇电视新闻报道中，从报道倾向来看，正向倾向 638 篇，约占 91.27%；负向倾向 19 篇，约占 2.72%；无明显倾向 42 篇，约占 6%。

报道倾向反映的是媒体对新闻事件的处理态度。一般来说，新闻事件本身性质为正面的，很少从负面去报道，除非传媒对某些事件别有用心，利用传媒的力量丑化或妖魔化他者形象。最常见的例子是，中国发生的好事情，在美国媒体眼中，大多成了坏事情。如神舟系列飞船的发射，中国方面明确表明此举旨在为人类的太空探索贡献力量，无意搞什么空间霸权，但美国媒体偏要意识形态化，说中国的太空事业是意在空间霸权。中国政府的计划生育政策，在美国传媒看来，就是不尊重人权的表现。美国传媒之所以如此，本质在于畏惧和遏制中国的崛起，制造所谓的"中国威胁论"。如果新闻事件本身是负向的，则报道时可能为负向，也可能为正向，更多的是中性。耐人寻味的是，负向的事件，在什么情况下可能被报道为正向的。笔者以为主要有两种情况，一种是颠倒是非，混淆黑白，将坏事说成好事，明明是吏治腐败，报道却说成吏治清明，这种情况在专制社会常见，民主社会相对少见。第二种情况是报道角度和技巧的运用问题，如下列报道：《长沙工商银行金库被盗案告破》《长沙市销毁一批假药》《长沙：整顿私人出租汽车秩序》《长沙交警队破获一起交通肇事案》《长沙汽车东站抓获一盗窃犯》《长沙市北区公安分局破获一起盗窃案》，新闻事件本身有一个背景事件，且这一背景事件性质为负向，但这一背景事件在发生之初却没有被媒体报道，当被案件告破之后，才报道出来，而且是以正向的倾向报道出来的，这样正向报道，相比最初的负向报道，更能警示和教化社会大众。这种处理，实际上就涉及了传媒的社会属性和社会责任。

　　就湖南电视而言，它既是党和政府的喉舌和宣传工具，又是文化事业的重要组成，这就决定了它的正面宣传功能，即为中国的发展帮忙而不添乱，叫好而不使坏。同时，它又是具有企业属性的文化产业，在激烈的市场竞争中，它要吸引观众的收视率和广告商的注意力，从而赢得生存和发展所必需的经济资本。中国传媒的这种双重属性，决定了中国传媒只有在政府、广告商和老百姓之间获得某种平衡，才能真正实现社会效益和经济效益的双丰收。然而，对传媒来说，三者之中，谁是老大？这也许又是一个难以回答的问题。就抽样数据来说，也许正是为了追求这种平衡，我们才能理解，为什么事件本身性质为负向的55篇报道，在报道倾向的统计中，只有19篇是负向倾向报道的，其他的可能就被处理为正向报道了。55篇负向性质新闻事件的具体处理情况如下表所示：

事件性质	数量	比例（％）
正向	599	85.69
负向	55	7.87
中性	45	6.44
总数	699	100
负向性质事件的报道倾向	数量	比例（％）
正面报道	29	52.73
负面报道	19	34.54
无明显倾向	7	12.73
总数	55	100

由上表我们还可观察到，湖南电视新闻对长沙的报道，倾向性是十分明显的。正面宣传占绝对优势，批评报道相对太少。

第二节　湖南电视宣传片中的长沙形象

城市形象宣传片是城市形象最直观的视觉表征。它集图、文、声、像于一体，在电视镜头的流畅切换中，形象地表达某一特定的宣传母题，从而达到招商引资、吸引旅游、培育共识、形成认同等多个目的。优秀的城市形象宣传片，一定程度上就是城市的名片和文化象征。因为它往往以其强烈的印象性和象征性，为城市内外部公众编织出一幅幅精彩的图画，让人对该城市的人、地、物叹为观止，对该城市的精、气、神了然于胸。

电视中关于长沙的城市形象宣传片数量不是很多，笔者统计共有10个，其中3个是纪录片。具体情况如下表所示：

电视宣传片片名	摄制时间	时长	备注
中国历史文化名城系列之长沙	1993	10′	纪录片
长沙，走向世界	1994		商务宣传片
长沙就是一个舞台	2006	2′21″	商务宣传片
长沙，一个放飞梦想的城市	2012	7′	商务宣传片
人文长沙	2009	15′	纪录片
长沙老街		28′	纪录片

电视宣传片片名	摄制时间	时长	备注
湘江北上，金霞远航	2011	8'12"	长沙金霞开发区商务宣传片
芙蓉今始为君开	2009	10'	长沙芙蓉区商务宣传片
麓谷四重奏	2009	11'35"	长沙麓谷科技园商务宣传片
山水洲城，幸福长沙	2012		央视《远方的家》系列之一

上述视频资料中，除《长沙，走向世界》没找到视频资料，其他都找到了视频。为了研究的便利，笔者将上述 10 个视频的解说词全部记录下来。参见附录：《长沙形象电视宣传片解说词》。

本节拟重点选取《长沙就是一个舞台》（以下简称宣传片 1）和《长沙，一个放飞梦想的城市》（以下简称宣传片 2）两个商务宣传片，以前述城市形象的细分指标为考察点，分析其所建构的是什么形象，同时以电视宣传片的拍摄手法为考察点，分析其如何建构这一形象。之所以选取这两个宣传片，是因为《长沙，走向世界》没找到视频资料，而其他三个都只是长沙某个局部城区的宣传片，难以代表长沙这一整体。至于 3 个纪录片，则性质与宣传片又有不同，故不能选择。在分析视频画面属于哪类主体形象和功能形象时，采取了依时间顺序纵向切分画面场景的方法。具体切分情况及分析单元的编码情况，参见附录。

本节的主要观点是：城市形象宣传片中的长沙形象，由于政府主导下的拍摄和所表现的母题的不同，主体形象上呈现出或重人轻物或重物轻人的特点，功能形象上呈现出经济与文化并重的特点。形象建构的技巧呈现"三多"的特点：近景和远景是用得最多的景别。移镜头因最有利于展示城市宏观面貌而用得最多。平视因最能体现拍摄者和画面的客观公正而用得最多。

一　电视宣传片中长沙的主体形象

1. 主体形象的描述性分析

在宣传片 1 的画面形象中，从主体形象 11 个分类指标来看：空间布局规划 2 个，约占 7.69%，建筑交通 1 个，约占 3.85%，本市人 3 个，约占 11.54%，非本市人 17 个，约占 65.38%，其他 3 个，约占 11.54%，共计 26 个，绿地绿化 0 个，生态环境 0 个，公共设施 0 个，政府 0 个，社区 0 个，企业 0 个。

在宣传片 2 的画面形象中，从主体形象 11 个分类指标来看：空间布局、规划有 27 个，约占主体形象总数值的 21%；建筑、交通有 34 个，约占主体形象总数值的 26%；生态环境有 14 个，约占主体形象总数值的 10%；公共设施有 4 个，约占主体形象总数值的 3%；政府有 3 个，约占主体形象总数值的 2%；社区主体有 7 个，约占主体形象总数值的 21%；产业主体有 23 个，约占主体形象总数值的 17%；本市人有 24 个，约占主体形象总数值的 18%；其他有 3 个，约占主体形象总数值的 2%。

将两者对比一下，我们发现：宣传片 1 中的主体形象，主要是人（占 76.92%），特别是非本市人（占 65.38%），其次，就是空间规划和建筑交通（占 11.54%）。主体形象呈现出重人轻物的特点。宣传片 2 则恰好相反，重物而轻人。物的形象画面占了 58.96%，人的形象画面则为 35.07%。相比之下，宣传片 2 由于时间较长，故而主体形象的画面更为丰富，类型更为多样。下面是两个宣传片所呈现的长沙主体形象的比较图：

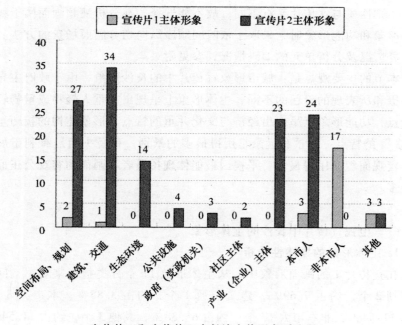

宣传片 1 和宣传片 2 中长沙主体形象对比图

2. 主体形象的定性分析

同为商务宣传片，为什么主体形象一个是重人轻物，另一个则是重物轻人，呈现出如此截然不同的主要特征呢？从制作者的角度来看，主要取决于宣传片所表现的母题。这两个宣传片要表现的母题是什么呢？这就要结合画面的联系与解说词来分析。

宣传片 1 很短，只有 2 分 21 秒。画面的纵向轴组合如下表所示：

视频结构	时间点	画面主体	画面背景
片头	00：09—00：13	一行黑体白边的字"几个人 几许期待 几番成就 一座城市"	黑色
	00：14—00：19	"长沙 就是一个舞台"的字样及 Logo	湘江及岸边日景
场景 1	00：20—00：27	穿衬衫的胡子敬在公路上开车	高速公路、车内、长沙街头
	00：28—00：33	穿西装的胡子敬在写字楼景观台上眺望	写字楼、天空
	00：34—00：35	一群工人在工厂里忙碌工作	工厂
	00：36—00：42	穿衬衫的胡子敬在办公室里眺望，然后在书桌前画下一个圆	天空、长沙日景、办公室
	00：43—00：46	穿西装的胡子敬在湖畔的草地上看直升机起飞	郊区、天空
	00：47—00：50	直升机飞过长沙市区的上空	天空、长沙白天江景
场景 2	00：51—00：55	穿 T 恤的李宗翰坐在公交车上往外望	公交车上
	00：56—00：59	穿 T 恤的李宗翰坐在广场上边吃馒头边画设计草图	广场
	01：00—01：03	穿衬衫的李宗翰在工作室里画设计草图	工作室内
	01：04—01：12	穿休闲装的李宗翰在街上行走	长沙街头及长沙日景
	0：01：08—0：01：10	穿休闲装的李宗翰在街上行走	长沙大街上
	0：01：11—0：01：12	穿西装的李宗翰站在楼顶上	楼顶上
	0：01：13—0：01：18	穿西装的李宗翰拉着两个女人走进公司并且举起她们的手	公司门口
场景 3	0：01：19—0：01：20	穿衬衫的李宗翰在一个服装店的橱窗前看到了满怀期望的刘璇	服装店的橱窗前
	0：01：21—0：01：26	穿衬衫的李宗翰在服装店的橱窗前和刘璇对视并对她说话	服装店的橱窗前

续表

视频结构	时间点	画面主体	画面背景
场景4	0：01：27—0：01：29	穿体操服的刘璇双手扶在栏杆上	体育场的栏杆前
	0：01：30	穿体操服的刘璇击掌	体育场内
	0：01：31—0：01：38	刘璇在不同的地方做体操	房顶上、大楼前、标志性建筑前、摩天轮前、大桥上
场景5	0：01：39—0：01：43	外企商人在公司大楼和别人打招呼	公司大楼
	0：01：44—0：01：48	外企商人参观中国特色建筑	特色建筑前
	0：01：49—0：01：54	长沙夜景	街上
	0：01：55—0：02：05	外企商人在长沙市人民政府开会	长沙市人民政府
片尾	0：02：06—0：02：17	长沙街景、江景、全景	街道、江上
	0：02：18—0：02：21	一句话：长沙就是一个舞台	夜晚街景

宣传片 1 的解说词也很少，摘录如下：

> 在这座城市，能想到，就一定能做到。每个人都有自己的舞台，和自己的天空。这是一片自由的天地，文化创意了城市，也创意了我们自己。加油！这是一个梦的天堂。有了自己的舞台，就有了飞翔的蓝天。这是一个充满魅力的城市，不仅可以收获成功，更能分享快乐。长沙就是一个舞台。

综观该片画面中所出现的那些人，主要是胡子敬、李宗翰、刘璇和外企商人。这些人都是在长沙奋斗创业并终获成功的典范。他们光鲜的外表，和驾豪车、乘飞机、带靓妹购物，以及在长沙各标志性场所旋舞体操、参观特色建筑、参加政府会议等行为，所要表现的主旨，正如片头字幕所言：几个人的几许期待，在长沙这座城市得以实现。而这些人所活动的空间背景，在精彩的画面中不断转换，并被画外音赋予了一种抽象的内涵：舞台、自由的天地、梦的天堂、充满魅力的城市。其中，舞台一词，被声音和文字强调了三次。这说明，该宣传片的母题，就是将长沙隐喻为一个舞台。既然是舞台，那么舞台上的人自然是视觉的中心，城市的物，则是人的陪衬和背景设施。

总之，宣传片1在"长沙是一个舞台"这一母题和统率下，选取画面的典型瞬间，沿时间的纵向轴，叙说了几个代表性个体由自己的舞台飞翔到城市的公共舞台的精彩故事。虽然这样的精彩是别人的，但电视宣传片却通过解说词将他人置换为"我们""每个人"和"自己"，这就制造了符号的"迷思"，不但召唤着外地观众向往长沙那精彩的舞台，而且培育了本土观众对长沙已知的共识和未知的认同。

再来看宣传片2。它长达7分钟。画面的纵向轴组合可切分为如下94个场景：

视频结构	时间点	画面主体	画面背景
片头	0:00:01	一轮初升的太阳	太阳、建筑、湘江水
	0:00:04	日出时的天心阁	天心阁
	0:00:07	天心阁	天心阁
	0:00:09	开福寺	开福寺
	0:00:11	橘子洲头	橘子洲头、湘江水及岸边建筑
	0:00:13	长沙体育中心	体育馆
	0:00:15	宣传片标题	标题、橘子洲头，湘江及岸边建筑
场景1	0:00:23	天上的长沙星	夜空、长沙星
	0:00:28	地上的长沙城	湘江旁的建筑
场景2	0:00:34	岳麓山上	岳麓山下的建筑及岳麓山上风景
场景3	0:00:37	一位古代老先生在练书法	古代的书房
场景4	0:00:42	蓊郁的丛林	林间树木
	0:00:43	丛林中的爱晚亭	爱晚亭
场景5	0:00:46	一个人从一座长桥上走过	丛林
场景6	0:00:51	一位老者在打太极拳	城楼顶部、城下建筑
场景7	0:00:54	长沙的土地	建筑
场景8	0:00:56	开福寺	开福寺
	0:00:58	石刻上的字	石刻

续表

视频结构	时间点	画面主体	画面背景
场景9	0:01:00	一个人走入开福寺	开福寺
	0:01:08	走入寺中的女孩	大殿
	0:01:10	大殿之中的佛像	大殿
	0:01:15	大殿外	树林
场景10	0:01:18	白沙古井	树林
场景11	0:01:24	岳麓书院	树林
场景12	0:01:26	天心古阁	树林
场景13	0:01:28	马王堆汉墓	博物馆
场景14	0:01:30	走马楼三国简牍上的文字	简牍
场景15	0:01:33	砖头砌成的城墙	砖头
场景16	0:01:38	一系列代表性古代建筑	树林
场景17	0:01:48	屏西而立的岳麓山	蓝天白云
场景18	0:01:50	奔流北去的湘江水	蓝天、橘子洲头
场景19	0:01:52	静卧江心的橘子洲	湘江水、蓝天
场景20	0:01:58	山、水、洲、城	湘江水、长沙市建筑
场景21	0:02:04	枫林中的爱晚亭	枫林
场景22	0:02:07	在夕阳映衬下的湘江水	夕阳
场景23	0:02:09	波浪汹涌的湘江水	蓝天、江岸
场景24	0:02:10	飞翔的白鸥	蓝天及其他白鸥
场景25	0:02:12	蔡锷墓	树林
场景26	0:02:15	烈士碑	树林
场景27	0:02:25	近代以来的伟人照片	闪烁的光环
场景28	0:02:29	毛泽东等伟人雕塑	雕塑
场景29	0:02:35	岳麓书院的大门对联	书院内景
场景30	0:02:41	书房内书生们正在听先生讲课	书房
场景31	0:02:43	院里老先生正在授课	院子
场景32	0:02:47	一个穿汉服的人向远处走去	长长的走廊
	0:02:51	一个拿着摄像机的女孩	房屋和走廊
场景33	0:02:52	橘子洲头	湘江及岸边建筑
	0:02:56	橘子洲头	湘江
场景34	0:03:02	工业园	建筑群和远山

续表

视频结构	时间点	画面主体	画面背景
场景 35	0：03：04	拍婚纱照的两个人	草地和花树
	0：03：05	拍婚纱照的四个人	湖泊、建筑物、青山
场景 36	0：03：06	放风筝的一个红衣女孩	草地、建筑物、树木
场景 37	0：03：07	拿风筝的小男孩	树木
	0：03：08	追赶的两个小孩	树木
场景 38	0：03：09	一束向前的蓝色光束	建筑物
	0：03：14	四栋高大的大厦	湖泊、草地
	0：03：16	四栋高大的大厦	湖泊、草地
场景 39	0：03：19	上升的电梯	商场楼层
场景 40	0：03：20	鞋柜	商场电梯及店铺
	0：03：22	休闲购物的两个画面	商场
	0：03：25	一个逛商场的女孩	商场
	0：03：26	一个试鞋的女人	商场
	0：03：29	一个买衣服的女人	商场
场景 41	0：03：34	墙壁和灯	酒店房间
	0：03：36	一个拉窗帘的人	酒店房间
	0：03：39	酒店招牌	墙壁
	0：03：40	一个端盘子的服务员	餐桌
	0：03：43	一个在水中起舞的女孩	水池、建筑物
场景 42	0：03：45	商厦	夜空
	0：03：47	美特斯邦威广告牌	建筑物
	0：03：48	广告牌	建筑物
	0：03：52	绝味广告牌	建筑物
场景 43	0：03：53	灯火辉煌的商业街	建筑物、人群、车辆
	0：03：55	步行街	建筑物、车辆
场景 44	0：03：58	雕塑	建筑物、树木
场景 45	0：04：00	蓝色帆式建筑	人群、建筑物
场景 46	0：04：04	长沙市人民政府	蓝天、红旗
	0：04：09	长沙市政府信息部	办公室
场景 47	0：04：14	仿青铜器雕塑	工厂
场景 48	0：04：15	起重机	工厂

续表

视频结构	时间点	画面主体	画面背景
场景 49	0:04:16	远大集团	蓝天
场景 50	0:04:17	一个正在工作的女工人	卷烟厂
场景 51	0:04:19	喷泉	建筑物
场景 52	0:04:21	建筑物	建筑物
场景 53	0:04:24	建筑物	建筑物
场景 54	0:04:27	长沙黄花国际机场	车辆、蓝天
场景 55	0:04:28	行驶的高铁	武广高铁客运站
场景 56	0:04:30	公路	建筑物、车辆、树木
场景 57	0:04:36	霓虹车流	建筑物
场景 58	0:04:43	跨江大桥	湘江、建筑物
场景 59	0:04:46	两个研究人员	大型计算机
场景 60	0:04:49	杂交水稻	杂交水稻
场景 61	0:04:50	超级女声	舞台、演员
场景 62	0:04:53	出版印刷机器	印刷厂
场景 63	0:04:54	动漫模型	动漫工作室
场景 64	0:04:55	工作人群	工作室
场景 65	0:04:59	太阳	天空
场景 66	0:05:00	路上来来往往的车辆	公路、绿化带、高楼
场景 67	0:05:05	办公楼里进进出出的人	办公楼、电梯
	0:05:11	站阳台上眺望的男士	阳台及外面的建筑
场景 68	0:05:17	橘子洲	橘子洲头及两岸的建筑
场景 69	0:05:19	百货大楼	夜晚的五一路、出租车
	0:05:23	一栋栋高楼大厦	蓝天
场景 70	0:05:30	各种产品的商标	类似正方形的白色墙壁
场景 71	0:05:34	工人	工厂
场景 72	0:05:37	开会的人们	办公室
场景 73	0:05:38	火宫殿三个字	火宫殿
	0:05:39	品尝小吃的情侣	夜晚的街上
场景 74	0:05:40	飘吧	酒吧街
场景 75	0:05:42	天心阁	天心阁周边的大街
场景 76	0:05:45	拍焰火照的女生	天空中升腾的焰火
场景 77	0:05:48	步行街上的人流	步行街、人流
场景 78	0:05:53	男人的背影	蓝天

视频结构	时间点	画面主体	画面背景
场景79	0：05：54	工厂里工作的人们	工厂
场景80	0：05：57	两位讨论着的男人	办公室
场景81	0：05：59	在公司前留影的员工	身后的公司以及周边环境
场景82	0：06：04	楼房、青山、流水	青山、流水、楼房
场景83	0：06：10	河西的建筑	高楼、流水
	0：06：14	河西夜景	晚上的河西景象
	0：06：19	草地、楼房	绿色的树、草地、楼房
	0：06：22	楼房、青山、流水	楼房
场景84	0：06：24	高速公路	高速公路以及周围的高楼
场景85	0：06：26	乡镇楼房	乡镇楼房、公路、树木
场景86	0：06：28	工厂内部	工厂内部
场景87	0：06：29	房屋	房屋
场景88	0：06：31	法院	法院
场景89	0：06：33	长沙的卫星地图	卫星地图
场景90	0：06：39	湘江及江边建筑	湘江及江边建筑
场景91	0：06：43	黄色的花随风摇摆	草地
场景92	0：06：46	青山绿水、船只	青山、流水
场景93	0：06：48	焰火	焰火
	0：06：52	看焰火的情侣	夜空中的焰火
	0：06：55	夜空中燃放的烟花	夜空中的焰火、房屋
场景94	0：07：00	出现结束语	夜空中升腾的焰火

宣传片2的解说词相对较多。摘录如下：

天上有颗长沙星，地下有座长沙城。仰望星空，追逐梦想，是长沙与生俱来的城市品格。这种品格，是厚重的文化、灵秀的山水；这种品格，是闪光的精神、博大的情怀。

三千多年来，长沙城址一直未变，地名沿用至今。弦歌不绝的岳麓书院，屹立城中的天心古阁，震惊中外的马王堆汉墓和走马楼三国简牍，见证城市沧桑，留下城市记忆。那屏西而立的岳麓山，奔流北去的湘江水，静卧江心的橘子洲，与长沙城相依相偎，构成山、水、洲、城的恢宏画卷，呈现"万山红遍，层林尽染，漫江碧透，百舸争流"的磅礴景致。

当然，长沙最令人感慨的莫过于那些叱咤风云的历史人物，特别是近代以来，谭嗣同、黄兴、蔡锷、毛泽东、刘少奇等怀屈古训，从湖湘出发，书写了"吾将上下而求索"的光辉篇章。"惟楚有才，于斯为盛"，这片英才辈出的土地，从来就不缺敢为人先的基因。

历史与现实接轨，过去向未来接力，长沙在改革开放的浩荡春风里，演绎着属于自己的"春天的故事"。从创业之都、宜居城市、幸福家园的精心打造，到"两型"社会综合配套改革试验区的扬帆起航，这座城市始终心怀梦想、追赶时代。

休闲购物：2011 年财政收入 688.95 亿元，全年实现社会消费品零售总额 2125.91 亿元，全年城镇居民人均可支配收入 26451 元，城镇居民人均消费性支出 17782 元。

完善的商业措施：12 家五星级酒店，22 家四星级酒店。

丰富的娱乐生活……

她用率先发展的步履创造新的辉煌，她用日新月异的变化书写绚丽华章，位居全国省会城市第七位的经济总量，辖区内突破 1000 亿元大关的财税收入，以及中联重科、三一重工、远大空调、白沙卷烟等标志性企业，见证的是长沙实力。

长沙黄花国际机场、武广新站、四通八达的路网、跨越湘江的大桥、鳞次栉比的高楼、闪烁动感的霓虹，展示的是长沙魅力。

"天河一号"计算机，杂交水稻超级稻，"电视湘军""出版湘军""动漫湘军"异军突起，凸显的是长沙创造活力。

人们发现：这座城市节奏加快了，效率提高了，创新意识增强了，创业环境更好了！人们还发现：这座城市从南到北、从东到西，时时涌动蓬勃生机，处处充满向上的力量。

这一切，让这方热土成为创业高地，成为梦想舞台；这一切，正吸引着世界各地的人们与长沙"热恋"，或投资创业，或学习参观，或休闲旅游。

放飞梦想，橘子洲上升腾璀璨的焰火；放飞梦想，商业广场汇聚如织的人流；放飞梦想，工业园区涌动建设的热浪；放飞梦想，万名英才扎根星城的热土。

作为长株潭城市群"两型"社会建设综合配套改革试验区的龙头，长沙，已经开始站在全国舞台的中心，演绎精彩、创造未来、追逐"五化一率先"之梦。

明天的星城大地，将奏响城市国际化、城乡一体化、产业高端化、发展"两型"化、管理法治化的乐章，率先建成"两型"城市和实现全面小康，追逐"东方莱茵河"之梦。明天的湘江河畔，将是阳光鲜花、蓝天碧水、和谐共生、流光溢彩。

长沙，一个成就梦想的舞台。欢迎您来显身手、展宏图！

长沙，一个放飞梦想的城市！

Welcome to Changsha!

综合画面场景和解说词，我们发现，画面场景主要是依解说词来展开的。换言之，从解说词就可以分析出该宣传片的母题：长沙，一个成就梦想的舞台，一个放飞梦想的城市。不难看出，这个母题显然与宣传片1的母题有类似之处，即突出长沙是一个舞台。两个宣传片都是在长沙市委市政府主导下摄制的，前者是长沙的第一个商务形象宣传片，后者是长沙最新的商务形象宣传片（2012年第7届中国中部投资贸易博览会上最新播出）。一前一后，后者当然要继承并超越前者。继承的部分母题没变，主旨也没变，"欢迎您来显身手、展宏图"，"吸引人们与长沙热恋"。但母题的展开和呈现有所超越，表现为：展开更细，呈现更丰富，更侧重舞台本身的呈现。

具体来说，子母题1从历史开端，叙说长沙的城市品格和城市精神。子母题2紧承历史，铺写长沙的城市记忆，说明历史文化名城的辉煌，离不开长沙前辈的奉献与打造。子母题3转到现代长沙的城市梦想，包括创业之都、宜居城市、幸福家园和"两型"社会综合配套改革试验区，说明这座城市始终心怀梦想。子母题4进一步说明这种梦想正在实现，魅力长沙正成为人们创业的高地，梦想的舞台。子母题5展望未来，提出了"东方莱茵河"等城市发展之梦。围绕这五个子母题，镜头呈现了大量的人、事、景、物。宣传片2对人的处理，与宣传片1有所不同。表现在淡化了商业名人，强化了历史名人和普通人。这种处理，可以理解为现代城市的商务形象更加丰富而多元，不只是以往的单一的经济形象，更兼有文化和环境等形象。或者说，形象诉求的主体，重点不是商务精英，而是城市的芸芸大众。

总之，由于第一个宣传片在"物"上的不足，宣传片2在这方面着力地进行了弥补，这种弥补，既是表现母题的需要，也是长沙近年发展成就的真实写照。

《长沙，一个放飞梦想的城市》片头画面

3. 主体形象的建构手段分析

首先从景别来看两个宣传片的不同建构策略。景别是建构城市形象的一种重要手段。景别反映的是镜头画面主体的视觉大小和强调意义。一般来说，特写时，画面主体面积最大，细节最丰富，视觉冲击最为强势。随着镜头与拍摄对象的距离的慢慢扩大，画面主体面积相应缩小，细节也被整体所替代，视觉冲击强势越来越弱。下表为镜头景别及其运动方式的定义及符号含义。

符号具（镜头）	定义	符号义（含义）
近景	只有脸部	亲密
中景	全身大部分	个人关系
长镜头	背景和人物	背景，范围，公共场合距离
全景	人的全身	社会关系
符号具（电影）	定义	符号义（含义）
镜头下移	镜头向下看	权力，权威
镜头上移	镜头向上看	小，弱
拉近	镜头移近	观察，聚焦
淡进	图像出现在空屏上	正在开始
淡出	有画面的屏幕空白	正在结束
切换	从一个图像切换到另一个	同时发生
擦去	图像擦出屏幕	强加的结论

资料来源：［英］安德斯·汉森等：《大众传播研究方法》，崔保国等译，新华出版社2004年版，第245页。

在宣传片 1 的景别类型中，特写 3 个，约占 11.5%；近景 8 个，约占 30.8%；远景 4 个，约占 15.4%；中景 1 个，约占 3.8%；全景 10 个，约占 38.5%。在宣传片 2 的景别类型中，特写 12 个，约占 8.96%；近景 32 个，约占 23.88%；中景 24 个，约占 17.91%；全景 38 个，约占 28.35%；远景 28 个，约占 20.9%。

对比发现，近景和远景是两个宣传片运用相对较多的景别，均高于平均值。这可能是因为两者都有相当数量的人和环境的画面，而近景适宜表现人胸部以上的部分，远景适宜表现空间较大的环境。特写和全景方面，宣传片 2 要比宣传片 1 多很多。这可能是因为宣传片 2 表现了更多的人和环境，因而景别更加丰富。

其次来看镜头运动方式。镜头运动方式主要有推、拉、摇、移、甩等。不同的镜头运动方式，呈现出不同的画面意义和视觉感受。例如，推镜头，有利于由远而近突出画面形象，给人以亲近画面对象的感觉，拉镜头则正好相反。

在宣传片 1 的镜头运动方式中，推镜头 9 个，约占 34.6%；移镜头 14 个，约占 53.9%；镜头无明显运动的 3 个，约占 11.5%；拉、摇、甩均为 0 个。宣传片 2 中，推镜头 23 个，约占 17.16%；拉镜头 14 个，约占 10.45%；摇镜头 1 个，占 0.75%；移镜头 60 个，占 44.78%；甩镜头 2 个，占 1.49%；镜头无明显运动的 34 个，占 25.37%。

对比发现：两个宣传片用得最多的是移镜头，用得最少的是摇镜头和甩镜头。移镜头之所以用得最多，主要在于它最有利于展示城市的宏观面貌，而且拍摄时，一般都采用移镜头的方式对拍摄对象作扫描式移动。摇镜头和甩镜头一般用于营造特殊的画面效果，但不利于人眼长期观看，故在电视画面中用得最少。此外，宣传片 2 中的推镜头、拉镜头和静止镜头，数量明显多于宣传片 1，这说明在表现画面对象上，宣传片 2 的手段更丰富，效果也更明显。

最后来看镜头的拍摄角度。拍摄角度主要有平视、俯视、侧视和仰视，不同的视角，呈现出不同的画面和视觉感受。例如，俯视有利于展现全景，被拍摄对象给人以渺小和压抑之感。仰视有利于展现高楼大厦之类的高层景物，但被拍摄对象给人以高大和庄严之感。在宣传片 1 中，平视拍摄的有 13 个，约占 50%；俯视拍摄的 4 个，占 15.4%；侧视拍摄的 4 个，约占 15.4%；仰视拍摄的 5 个，约占 19.2%。宣传片 2 中，平视拍摄的 54 个，占 40.3%；俯视拍摄的 31 个，占 23.1%；侧视拍摄的 35 个，占 26.1%；仰视拍摄的 14 个，占 10.4%。

对比发现：平视是两个宣传片采用最多的拍摄角度。这是因为平视相比其他拍摄角度，最能体现拍摄者和画面的客观、公正性。城市形象宣传片本身就是重在展示城市美好的风采，以平视为主拍摄这些美好的风景，能让观众的视觉感受更轻松。与平视相关的就是侧视，因为镜头在平移时，自然就产生了侧视的角度。而对于高层建筑或全景的展示，俯拍和仰拍则是必要的。

综上可知：电视宣传片建构城市形象的手段有景别、镜头运动方式和拍摄角度等技术手段，不同的手段有不同的展示画面和视觉感受。这些手段的巧妙搭配，营造出一幅幅比我们在日常生活中亲临现场所观察到的更为美妙和丰富的画面。也许，电视图像的魅力正在于此：让我们沉浸于城市形象宣传片愉悦的画面之中，在视觉的狂欢中欣然地接受画面传达的母题，似乎淡忘了画面背后那操纵符号的无形之手。

二　电视宣传片中长沙的功能形象

在宣传片 1 的 7 个功能形象指标中，经济功能方面的 2 个，约占 40%；文化功能方面的 2 个，约占 40%；其他 1 个，约占 20%；政治功能、生态功能、通信功能、军事功能方面的 0 个。宣传片 2 中，政治功能方面的 5 个，约占 4%；经济功能方面的 52 个，约占 39%；文化功能方面的 33 个，约占 25%；生态功能方面的 22 个，约占 16%；通信功能方面的 11 个，约占 8%；其他 11 个，约占 8%。

对比发现，经济功能形象和文化功能形象是两个电视宣传片都十分注重的，原因主要有三，一是商务宣传片招商引资的诉求目的使然，二是主体形象中展现经济发展环境和成就的画面数量优势的反映，三是文化在当代已成为推动经济发展的重要力量。值得重视的是宣传片 2 中，用较多的画面强调了城市的生态和通信功能，这说明宣传片的制作者对长沙的城市发展理念，科学而前卫。

第三节　大型新闻报道和纪录片中的长沙形象

本节的主要观点是：大型新闻报道和纪录片中的长沙形象，是秀美的自然景观形象，是丰富的人文景观形象，是历史文化名城形象，是革命圣城和伟人故里形象，是发展中的新城形象，更是有着快乐、坚强和英勇的普通市民的城市形象。

　　前面的主体形象、功能形象和正负形象，侧重的是样本面上的统计情况。由于形象类型多样，为了从点上理解湖南电视所建构的长沙形象，本节结合湖南电视中的大型新闻报道和专题纪录片，从具体的形象层面，分析湖南电视所建构的长沙形象。

　　下表为结合研究内容所抽取的 22 个样本的基本情况。尽管采用的是主观随机抽样法，但由于这些样本都是在湖南省或者全国获得过奖项的，其制作的质量和播出的影响都比较高，因而代表性比较强。

序号	年份	片名	首播平台	主创人员
1	1985	在这片神奇的土地上	湖南电视台	洪竹林、李志南、刘雪梅等
2	1985	漫话长沙	湖南电视台	刘雪梅、卢斌华
3	1986	快乐的老太太	湖南电视台	卢斌华、杨征难
4	1986	长沙抒怀	湖南电视台	刘雪梅、卢斌华
5	1989	我说潇湘女	湖南电视台	盛伯骥
6	1990	千年学府岳麓书院	湖南电视台	盛伯骥编导
7	1991	大地的丰碑	湖南电视台	刘沙白等
8	1991	回首潇湘	湖南电视台	刘沙白等
9	1992	故园轶事	湖南电视台	刘沙白等
10	1993	中国历史文化名城：长沙	湖南电视台	谢湘、卢斌华
11	1993	毛泽东在长沙	湖南金峰音像出版社	李国强、饶海林等
12	1998	融城	湖南经视	李咏、吴滔、彭勃等
13	1999	千年学府　世纪论坛	湖南经视	陈刚、郭晓华、王萱萱等
14	2001	起底千年之都：回龙山大型古墓发掘	湖南电视台都市频道	周新天、肖永霖、韩杰等
15	2001	毛泽东与湖南	湖南卫视	王小虎、吴向东、陈晋等
16	2004	西长街的老魏	湖南卫视	李兵、余淑君、唐天斌
17	2007	父辈的战争岁月："红二代"眼中的大将故事	湖南卫视	杨亚军、李少华、董滨等

序号	年份	片名	首播平台	主创人员
18	2008	倾城送英雄	湖南经视	吕焕斌、余波、杨德开等
19	2008	生生不息浏阳河	经视直播都市频道	李炜、唐孟科等
20	2009	共和国深处的历史记忆	湖南卫视和经视等	吕焕斌、周小明、林旭华等
21	2009	人文长沙	湖南卫视	陈润儿、谭仲池等
22	2011	湘江母亲河：东方莱茵河之梦	湖南经视	周雄、潘瑞林、郑向宇等

根据片子所主打的题材类型和内容倾向，可将上述 22 个样本分解为相应的主题形象。具体情况如下表所示：

序号	年份	片　名	主打题材及主题形象
1	1985	在这片神奇的土地上	历史，自然景观形象与人文景观形象
2	1985	漫话长沙	历史，人文景观形象
3	1986	快乐的老太太	快乐市民形象
4	1986	长沙抒怀	历史，自然景观形象与人文景观形象
5	1989	我说潇湘女	历史，杰出的长沙女性形象
6	1990	千年学府岳麓书院	历史，人文景观形象
7	1991	大地的丰碑	历史，历史人文形象
8	1991	回首潇湘	历史，历史文物形象
9	1992	故园轶事	历史，革命英烈形象
10	1993	中国历史文化名城：长沙	历史，历史文化名城形象
11	1993	毛泽东在长沙	历史，伟人故里形象
12	1998	融城	现实，城市发展形象
13	1999	千年学府　世纪论坛	现实，人文形象
14	2001	起底千年之都：回龙山大型古墓发掘	历史文化名城形象
15	2001	毛泽东与湖南	历史，伟人故里形象
16	2004	西长街的老魏	贫困而坚强的长沙农民工形象
17	2007	父辈的战争岁月："红二代"眼中的大将故事	历史，革命英烈形象
18	2008	倾城送英雄	捐躯奉献的长沙电力工人形象
19	2008	生生不息浏阳河	现实，生态环保形象

序号	年份	片　名	主打题材及主题形象
20	2009	共和国深处的历史记忆	历史，革命英烈形象
21	2009	人文长沙	历史文化名城、革命圣城和秀美新城
22	2011	湘江母亲河：东方莱茵河之梦	历史人文、现实环保和发展形象

其中：主打历史题材的 15 个，主打现实题材的 7 个；主打人物题材的 8 个，其中主打革命英烈和伟人故里形象的 5 个，主打不平凡的市民形象的 3 个；主打发展中的新城形象的 4 个，其中文化继承与保护的 2 个，生态环保的 2 个。兼有两种以上题材和两种以上主打形象的 3 个。下面结合具体样本，分述长沙的各主题形象。

一　秀美的自然景观和丰富的人文景观形象

从湖南电视的栏目进化史来看，最早展示长沙自然和人文美景的栏目就是 1985 年创办的《芙蓉国里》。该栏目共播出 120 多个专题和纪录片，其宗旨和任务就是向省内、省外观众宣传湖南的风土人情、名胜古迹、建设成就和人物风貌。其中，有不少展示长沙自然和人文景观的内容，是长沙景观形象展示的一个重要窗口。

1985 年 10 月 12 日播出的《在这片神奇的土地上》，是《芙蓉国里》栏目的开篇之作，也是湖南电视台建台以来第一部全面介绍湖南的大片，曾获 1986 年湖南省广播电视优秀节目一等奖。片子篇幅大，跨度大，上下五千年，纵横 800 里。片子容量丰富，含天地、人才、湘魂几大板块。片中共 10 个场景，其中有 5 个场景重点展示了湘江、岳麓山、岳麓书院、长沙马王堆汉墓和明末至清初长沙的杰出人才。现摘录如下：

场景三：

节目形式：VCR、配音。

节目内容：介绍"三湘四水"称谓的由来，（三湘即：漓湘、潇湘、蒸湘，四水即：湘、资、沅、澧）用"娥皇""女英""大禹治水""炎黄子孙"等优美的传说和名胜古迹说明湖南与中国历史的渊源关系。

场景五：

节目形式：VCR、配音。

节目内容：长沙马王堆出土的西汉女尸及各种珍贵文物展现了我国 2000 多年前灿烂的科学、文化，说明了古代劳动人民的聪明才智。

场景六：

节目形式：VCR、配音。

节目内容：中国古代四大发明之一的造纸术、中国五大名山之一的南岳衡山、中国古代三大名楼之一的岳阳楼……中国古代文学的几大名篇巨记，中国古代四大书院的石鼓和岳麓两大书院都在湖南。"惟楚有才，于斯为盛"，就是对湖南这片神奇土地的点睛之笔！

场景七：

节目形式：VCR、配音。

节目内容：历数明末清初开始，湖南的杰出人才：王船山，左宗棠，谭雨桐、黄兴、蔡锷、宋教仁、毛泽东、刘少奇、蔡和森、何叔衡、邓中夏、蒋先云、任弼时、向警予、夏明翰、郭亮、左权、黄公略、李立三、林伯渠、徐特立、谢觉哉、陶铸、李富春、谭震林、蔡畅、胡耀邦……彭德怀、贺龙、罗荣桓 3 名元帅，粟裕、黄克诚、陈赓、谭政、许光达、萧劲光 6 名大将，王震、杨勇、杨得志、宋任穷、宋时轮、陶峙岳等 16 名上将，中国的第一个女将军——李贞，国际主义战士罗盛教、共产主义战士雷锋、欧阳海，堪称"伟人之乡""将军之乡""名人之乡"。

场景八：

节目形式：VCR、配音、解说。

节目内容：湖南这片土地滋养了一批著名的文学艺术大师：文学家周扬、丁玲、周立波、张天翼、沈从文，音乐家吕骥、贺绿汀，戏剧电影艺术家欧阳予倩、田汉，历史学家吕振羽、翦伯赞、周谷城、华侨教育家张国基，举世闻名的国画大师齐白石，著名画家高希舜、黄永玉，科学家袁隆平、陈国达，从湖南走向全国、走向世界。

（参见附录资料之《在这片神奇的土地上》节目流程及台本（节选），资料来源：刘一平主编《湖南电视 40 年·风行》（下卷），湖南人民出版社 2010 年版，第 242—243 页）

20 世纪 90 年代以来，类似的景观出现在《中国湖南》等栏目或一些专题性节目之中。例如，在 2008 年的大型公益环保报道《生生不息浏阳河》中，42 条报道的前面两条，重点展示的就是浏阳河上游源头的美丽风景。第一条新闻报道，通过镜头和配音，重点展示了浏阳河源头水质之清澈、甜美；第二条新闻报道，则重点展示了漾水湾的秀丽和质朴。相关场景及文本内容摘录如下（其中展示景观之美的地方，笔者用黑粗字体标出）：

生生不息浏阳河（一）·源头：美丽浏阳河　追寻源头
清澈河水　千百年不息　环保生态漂流　正式开始

【导语】美丽的浏阳河源于大围山，自西向东汩汩流淌，在长沙汇入湘江，注入洞庭湖，每年达 30 亿立方米的**丰富"乳汁"**哺育着长沙及浏阳 700 万人民，灌溉着数百万亩农田。但上世纪 80 年代起，浏阳河沿岸一些小造纸厂等企业年排出的大量废水，污染了这条美丽的河流，污染与保护的拉锯战正在展开。《都市 1 时间》从今天开始将推出大型环保公益报道《生生不息浏阳河》，多组记者历时一个多月，从环保、人文、历史等多个角度，沿着浏阳河进行了首次环保漂流考察。今天的故事，我们将从浏阳河的源头浏河源村说起。

【正文】

【配音】发源于罗霄山脉大围山北麓的浏阳河有大溪河和小溪河两个源流。乘车颠簸了 3 个多小时，我们的采访组终于到达了被山水环抱的秀丽小镇——浏河源。让我们有些出乎意料的是，浏阳河的上游大溪竟然只是这样一条细细的水流。

【现场主持】现在我所在的位置就是大围山镇的浏河源，在我身旁的这条小溪叫作大溪河，也是浏阳河的最上游，到达这里之后，我们离浏阳河的源头已经越来越近了。

【配音】继续前行，河道变得越来越窄，座座**秀丽**的山峰也逐渐呈现于眼前。山脚下，记者见到了今年已经 70 岁高龄的李清生，他告诉记者，浏阳河的源头就在山谷深处，水流就是从这山峰的夹缝间流出来的。

【同期声】源头就在那边，要从这里下去

【配音】在老人的带领下往山谷又前行了数百米，一条细细的水流映入了我们眼帘，**哗哗的流水声，如一首抒情的山歌，在山间悠悠跳跃。清凌凌的溪水明净透亮，可以直视水底的沙石。**

【实况】（好清澈的溪水）这里就是浏阳河了……（带着我们爬进去）我在这里生活了70年了，6岁的时候就来过这里。

【配音】沿着河道继续向上游攀行，爬过一堆山石，一股清泉从大石头下冒出来，形成一个**碧绿的大水潭，水非常清澈，阳光斜照着水潭，流动的河水晶晶莹莹的**。李清生老人说，这里，就是浏阳河公认的源头了。

【同期声】水可以直接喝吗？可以，还有点甜……（实况）

【配音】**清澈的溪水**沿着石块流动，在坑中，在山间，形成一个又一个的小水潭，顺流而下，源头水又与另几条山泉汇合，河道也慢慢宽了起来，今年71岁的廖能斌老人与其他30多户居民就住在山脚下，这里也是浏阳河经过的第一个小镇——浏河源村。

【同期声】大围山镇浏河源村居民　廖能斌：大溪就是浏阳河，这里可以说是最上游了，你看**这里的水好清澈落，可以直接挑着喝**的。

【配音】没有任何污染的河水，就成了浏河源村居民的重要水源，而我们的浏阳河环保生态漂流也将从这里开始，湖南农业大学的环保学者周晓明参加了我们的漂流，在浏河源，他放下了皮划艇，开始了一次不寻常的旅程。

【同期声】现在浏阳河源头的水还是保护得非常好的，但每经过一个人口密集区，水质都会有明显的变化。

【配音】发现、记录浏阳河沿线的污染，是此次环保生态漂流的目的，而在接下来的几天中，都市1时间的多路记者也会与周老师一起，沿着浏阳河行进。

【同期声】现在上游水比较少，很多地方都要步行，1天大概能走10公里。

生生不息浏阳河（二）·源头：九曲浏阳河　穿过第一湾
秀美漾水湾　质朴风情

【导语】浏阳河的源头水质保护良好，而顺水而下，就是名叫"漾水湾"的地方，歌曲《浏阳河》的歌词中唱道：浏阳河弯过了九道湾，而这个"漾水湾"，就是公认的浏阳河第一湾。

【正文】

【实况】**漂亮的风景　一边是安静的　一边是奔涌的**

【配音】千百条小溪汇聚成了十曲九弯的浏阳河，从源头的浏河源村顺流而下，这里就是"漾水湾"了，如同它的名字一样，作为百里水路浏阳河的第一道湾，"漾水湾"的美让所有到过这里的人都会怦然心动。

【现场主持】记者孟科：……在前方20公里的地方，就是浏阳河的源头。那一首我们耳熟能详的浏阳河中唱到的浏阳河弯过了九道湾，那么第一道湾也就是出现在这里。一路走来，生活在浏阳河上游的人们，对浏阳河有一种割舍不断的情感……

【实况】老人挑担子　从石桥上走过……（走过去问）

【同期声】老人家　您多大年纪了？我70多了。

有新修的大路　您为什么还要走这小石桥啊？

浏阳市大围山镇　周洪章：这座桥我走了50年，9岁就在石桥上玩，每天都要过这座桥。

【配音】今年71岁的周洪章老人，家住河的对岸，60年来他每天都会肩挑重担往来于跳石桥上，周而复始的动作也成了浏阳河第一道湾上**最质朴的风景**。"漾水湾"上，**一边碧波荡漾，一边流水潺潺**，浏阳河的多样性格在穿过这石桥下后，被演绎得更加淋漓尽致。

【同期声】原浏阳市大围山镇副书记　卢兆兴：以前工农红军从这里经过，桥上留下了红军的足迹，桥到现在也没有废掉，虽然现在新修了公路，但乡邻还是习惯了从这桥上过。

【配音】多少年来，古老的跳石桥终年守候在浏阳河第一道湾旁，湾与桥，人与水勾勒出的美妙画面，如同是习惯，让周边的人们都不愿更改。

【实况】走小路过来　到河边挑水

【同期声】浏阳市大围山镇　黄水清：我从小就住在浏阳河边，每天都喝浏阳喝的水，习惯了。虽然现在有了井水，但每天还是要来这里挑水。

【配音】（音乐起《浏阳河》）黄水清土生土长在浏阳河第一道湾上，小时候，大人们就是这样一担一担挑水回家，现在他延续着当年父辈的身影。因为一首《浏阳河》，让十曲九弯的浏阳河家喻户晓，同时也让住在这里的人们引以为自豪。

【同期声】原浏阳市大围山镇副书记　卢兆兴：这条浏阳河和当地的感情用言语表达不出来，离不开。

【配音】就像生活在第一道湾的当地人所说，**这里的美，这里的河，这里的湾，这里的一切都无法用言语来表达**，但无论怎样都让人离不开。

（资料来源：中国记协网，http：//news. xinhuanet. com/zgjx/2009 - 09/22/content_ 12096806_ 2. htm）

在 2011 年的大型新闻直播报道《湘江母亲河：东方莱茵河之梦》中，76 集的报道中，也有部分专门报道湘江长沙段秀美风光和长沙人文风光的。如《潇湘 "美景走廊" "诗意栖居" 两岸》《一江两岸 "绿色飘带" 沿江 "璀璨生态项链"》《两大书院立潇湘 "鼓" "岳" 齐鸣盛千年》《湘江碧波永不秽　湖湘文脉永流传》《秋风万里芙蓉国　不到潇湘岂有诗》《文物沁润文化　留存湖湘历史》。

二　历史文化名城形象

上述样本中，有三个直接以历史文化名城为主题，分别是 1993 年的《中国历史文化名城：长沙》、2001 年的《起底千年之都：回龙山大型古墓挖掘》和 2009 年的《人文长沙》。这三个样本中，第一个和第三个都以 "展示历史文化" 为主题。第二个则兼有 "展示与保护历史文化" 的主题。下面主要结合三个样本的解说词进行分析。三个样本的解说词参见附录。

分析附录中《中国历史文化名城：长沙》的解说词可知，该片从长沙城南的古城标志天心阁谈起，再讲到湘江西岸的北津城遗址，用史前文化遗存证明长沙是历史名城。接着，从文物的角度切入，通过详细展示长沙商周时期的青铜器，和马王堆汉墓中的女尸、帛画、素纱禅衣等出土文物，证明长沙是历史文化名城。然后，镜头展示了长沙窑中的陶瓷和岳麓山上的历史陈迹，以及毛泽东在橘子洲头等地的痕迹，最后过渡到长沙的杰出人物。综观全片，历史文化的主题和形象十分突出。

《人文长沙》拍摄于 2009 年，由长沙市人民政府新闻办公室和长沙电视台国际部联合摄制。全片时长 15 分钟，有中英文字幕。全片层次清晰，分历史文化名城、革命圣城和秀美新城三层。第一层首先从长沙的自然地理位置说起，引出"山水洲城"之说，并用湘江、浏阳河和橘子洲、岳麓山、大围山等证明之。接着回顾长沙历史上的著名文物与人文，文物如青铜器、马王堆、走马楼吴简、长沙窑瓷、湘绣等，可谓丰富绝伦。人文如屈贾诗篇、定王台、《伤寒论》、捞刀河、飞虎军，和李杜等咏唱长沙的诗词，以及朱张会讲、明清倡导革新的贤辈，可谓层出不穷。通过上述形象的展现，突出了长沙的历史文化名城形象。下面是该层的解说词。

《人文长沙》第一层的解说词

　　湘江北去，直奔洞庭湖，彰显它的寥廓与气势，长沙就位于它的下游，长沙又名星城，湖南省省会，全省政治、经济、文化中心，国务院首批公布的 24 个历史文化名城之一。现辖五个城区和长沙、宁乡、望城、浏阳四个县（市），面积 1.18 万平方公里，人口 600 余万，是一座得天独厚的"山水洲城"。

　　湘江是长沙的母亲河而纤秀的浏阳河弯过 9 道湾，又给城市增添了许多妩媚，横卧湘江的橘子洲为世界内河少有，绵延 5 公里，毛泽东词作《沁园春·长沙》使它闻名退迩。岳麓山集儒、释、道文化于一体，让人尽享"停车坐爱枫林晚，霜叶红于二月花"的诗情画意，而耸立浏阳的大围山和宁乡的沩山，给长沙组成一道天然的绿色屏障。长沙的山山水水所蕴含的文光瑞气，一直激发着勤劳智慧的长沙人民。

　　长沙有文字记载的历史逾 3000 多年，秦始皇统一中国设长沙郡，西汉封长沙国，三国时长沙属吴国，隋唐两代称为潭州，清康熙三年长沙即为湖南省治。1922 年定位湖南省会，悠悠岁月，历史馈赠长沙的文物十分丰富，宁乡出土的商周青铜器，举世罕见，其中四羊方尊、人面方鼎被誉为国宝。而马王堆西汉文物及保存完好的女尸早已是世界第八大奇迹。长沙走马楼出土的 14 万枚三国孙吴简牍早已轰动海内外，创建于唐代的长沙窑首开陶瓷釉下彩先河，明清以来，长沙被誉为"四大米市""四大茶市"之一，四大名绣中的湘绣精美绝伦。文物是城市演变的历史见证，迄至目前，全市已发掘春秋战国古墓 3000 多座、汉墓 10000 多座，保护完好的出土文物 30 多万件，全市现有国家级文物保护单位 11 处，省级文物保护单位 54 处，市级文物保护单位 117 处。

　　长沙被誉为"屈贾之乡"。《怀沙》是屈原怀念长沙之作。西汉大政治家贾谊，遭贬谪任长沙太傅所作《吊屈原赋》千古留名。西汉时期，长沙王刘发西望长安留下定王台遗址，东汉长沙太守张仲景著医学经典《伤寒论》，此后，三国名将关羽大战长沙，落刀之处称为捞刀河。宋代儒将辛弃疾创办飞虎军，这些历史遗存受人凭吊。唐代许多文学艺术巨匠给古城留下千古绝唱，李白、杜甫、韩愈、柳宗元、杜牧、欧阳询、怀素等都在长沙进行过创作。如今流连杜甫江阁仍可倾听"夜醉长沙酒，晓行湘水春，岸花飞送客，樯燕语留人"的咏唱在烟波浪里回响。长沙学术氛围浓厚，宋代理学大师朱熹，前来长沙会见理学大师张栻，二人乘舟过江，在岳麓书院设坛论道。至此，岳麓书院便跻身世界著名经典学院前列，"惟楚有才，于斯为盛"，长沙明贤辈出，清代以来，曾国藩、左宗棠等著名人士都受教于长沙。长沙时务学堂是中国最早提倡革新的学校之一。在当代，"杂交水稻之父"袁隆平，中国科技奖获得者黄伯云院士，中国试管婴儿的研究专家卢光琇等，都为人类进步事业做出了杰出贡献。文化是一座城市的灵魂，长沙群星璀璨，光耀大地。

与前两个重在展示历史文化名城形象不同，2001 年 4 月湖南电视台都市频道的大型新闻直播节目《起底千年之都：回龙山大型古墓发掘》，其理念则重在保护文物、回录历史、解读文明。

2001 年 4 月 12 日，作为第五届城市运动会主会场的贺龙体育馆基建工地，发现大型古墓群需进行抢救性挖掘，都市频道对挖掘现场进行了 3 个多小时的直播。通过宣传片滚动播报、现场主持、演播室访谈与现场连线、VCR（历史文化名城，走马楼三国吴简，马王堆汉墓）、配音嘉宾访谈等形式，节目直播了一号墓二号墓的发掘进程。节目访谈了长沙市人民政府副市长赵小明，谈论了都市化进程中建设与保护的难题。节目还通过张一兵、胡建军两位专家作为现声顾问，解答了此次发掘的意义和直播的目的等。

此次对考古挖掘进行电视现场直播，在湖南是首次。裴安平研究员认为，这次报道有五个收获①：一是重点工程建设中的文物得到了抢救和保护。这就向省内任何重点工程做了一个启示：基本建设和文物保护要做到

---

① 参见刘一平主编《湖南电视 40 年·风行》（下卷），湖南人民出版社 2010 年版，第 146 页。

两不误。二是群众得到了教育。"无论是金是银，还是一砖一瓦，在历史面前，它们的价值是相同的，每一片历史文明的碎片，我们都应该珍惜、保护。"三是直播注意了政府和工程指挥部的形象，多次提到了支持和关心的具体事例，反映了事实，树立了文物保护要依靠政府具体支持才能搞好的正确观念。四是电视工作者通过一系列的电视片插播，反映了文物保护的方方面面，强劲宣传了长沙市这个文化名城，全方位展示了湖南考古工作，弥补了小墓相对于大墓所没有的视觉效果。五是新形势下考古队变成了一支战斗队、工作队和宣传队，利用电视搞好文物法宣传，是其重任。

三　发展中的新城形象

样本中，《融城》和《湘江母亲河：东方莱茵河之梦》，以及《生生不息浏阳河》，主打的是发展中的长沙新城形象。这里的新，不仅包括新的景观，而且包括新的问题及新的解决方法。

湖南经视 1998 年 12 月 31 日播出的电视政论片《融城》，分上下两集，讲述的是湖南 3 座中心城市长沙、株洲和湘潭，能否连为一体托起湖南经济的增长极。节目名称体现了创作意图：呐喊湖南对发展的渴求，力推打造增长极的区域优先发展的必要性。当时，长株潭融城的提法在政府层面还处于不明确状态，节目定位在思想启蒙，不涉及技术操作。上篇呼吁与论证湖南迫切需要培育明天的增长极，上上之选在长株潭；下篇反思与展望机遇与选择，激荡人们改天换地的才智与豪情。节目流程及台本节选参见附录。由于节目事关长沙城市发展的规划布局和市民的切身利益，播出当天创下 45 个点的收视高峰，并多次重播。各大报纸杂志纷纷全文引用，形成了全省热议融城的局面。节目获当年湖南省广播电视一等奖。节目播出后的 2000 年，三市实现金融同城，公交共通，电力同网。2010 年，全国两型社会配套改革试验区，落点长株潭城市群，长沙城市化发展，迈出了崭新的步伐。事实证明：关注城市发展，聚集建设热点，是电视媒体打造新城形象的重要举措。

下面为摘录的《融城》节目中与长沙相关的部分场景及内容。

场景 5：

节目形式：VCR、配音、同期声。

节目内容：**湖南自身当下形式分析**：从地图上看，湖南就像一个人头，三湘四水是她的智慧脉络，与"惟楚有材"的盛名默契，在这片沃土上，曾经产生过无数骚人墨客的文采风流，曾经发生过无数政界要人的叱咤风云，只是湖南经济肌体的内部，是否孕育了拉动自身发展的增长极呢？……

场景6：

节目形式：VCR、配音、同期声。

节目内容：**长沙地理位置的局限**：落花有意，流水无情。长沙虽强，湖南更大。来自岳阳的一组人口流动数据显示，南方的广州对岳阳的吸引力是长沙的50倍，东方的浦东对于岳阳的吸引力是长沙的2倍……身为龙头，心忧湖湘，但是长沙拉不动大湖南。此时此刻，留给我们的是无声无息无法忽视的巨大压力，无影无形无法摆脱的紧迫感。

场景7：

节目形式：VCR、配音、同期声。

节目内容：**融城战略定位过程**：启动"一点一线"战略，但"一点一线"战略中的一点如何定位，如何调整，向湖南人提出了一个非常现实的课题。专家们40年前的梦想即将实现……热土热肠，湘水湘魂。政府领导也一直在探寻着湖南的突破点，其中历程也是辗转反复，几经波折，记录了不少鲜为人知却关系到整个湖南未来的故事。最初的点与线关系叫"一线一点"，现在叫"一点一线"；最初的"一点"是长沙，如今"一点"叫放大长沙。搞长株潭经济一体化，建立湖南自己发展的增长极，是历届政府不断总结调整的结果。

2011年4月至10月，湖南经视推出的系列报道《湘江母亲河：东方莱茵河之梦》，共分五章76集。其中第四章《飞越潇湘》开篇两集，展示的就是长沙的发展成就。

该章第一集为《速度长沙》，节目长约4分50秒。节目首先从武广高铁所象征的交通变化说起，突出了长沙从陆路交通时代向立体交通时代的变化。接着以桥作速度的象征，介绍了长沙近年来修建的过江大桥。然后，镜头转向长沙的建筑，俯瞰五一大道与芙蓉路的交会点的建筑变化，并与1999年的航拍画面进行对比，得出长沙"长高了"的结论。最后，画面转向星沙开发区和大河先导区，展示长沙城区规划的变大及其工业文明的发展成就。全片以航拍为视点，勾勒了长沙交通、建筑、规划三个层面的多个地标景观，如武广高铁、湘府大桥、五一大道、长沙火车站、芙蓉大道、贺龙体育中心、梅溪湖国际新城等，生动地展示了长沙外观格局和基础设施变化的速度之美。

该章第二集为《幸福长沙》，节目长约 6 分钟。居住环境的变化，是民生幸福的重要表征。节目首先以橘子洲改造 10 年前后的画面为对比，接着转向沿江风光带和洋湖湿地公园，说明长沙城市的宜居特征。然后从湘江之滨的五一商业圈开始，展示了步行街的繁盛，说明了城市的宜商特征。最后又回到宜居，从空中展示了烈士公园、湖南省行政中心、年嘉湖、新河三角洲、北辰三角洲、开福区新城、洪山庙朝正垸片区、岳麓大道、岳麓山、岳麓住宅小区等城市的新景观。城市居住环境和商业环境的变化，目的是为了让市民生活得更加美好。正如结尾主持人所言：长沙的发展，一切为了老百姓。卒章显志，点明了长沙人幸福的关键来源。

总之，这两个节目形象地说明：长沙变得更快、更高、更大、更靓，以湘江风光带等为代表的一批城市景观和名片，正在展示长沙的个性与风韵。

然而，成就与问题往往并存。长沙城市在发展的过程中，碰到的问题也不少。最突出的，当推自然生态问题。这是城市发展带来的新问题，妥善地处理好这一问题，城市的面貌将更新。样本中，《生生不息浏阳河》和《湘江母亲河：东方莱茵河之梦》都直接涉及这一问题。

《生生不息浏阳河》是湖南经济电视台都市频道于 2008 年 10 月至 12 月推出的大型公益环保系列报道。它以纪实和生动的手法，记录了浏阳河沿线环保的真实现状和两岸保存完好的自然人文风情。报道共发稿 42 条，其中绝大部分报道重点在于河水被污染的现状。《都市 1 时间》的五组记者，以环保漂流的形式，从源头顺流而下，全程记录了河水的污染情况：大量工厂建筑垃圾和居民生活垃圾，被肆意直接倾倒进浏阳河，河中外来生物泛滥，中下游水域污水横流。一幅幅触目惊心的画面，以新闻的形式展现在观众面前。

报道播出后，立即引起了政府相关部门的高度关注。长沙市环保局在节目播出第一天，就通知长沙市各区各县环保部门一把手认真观看，尽快拿出整改规划。在长沙市政府出台的《长沙市未来 3 年环保行动计划》中，浏阳河水质整体治理是其中重点。浏阳河沿线所有重点污水企业排污口实施 24 小时在线监控。

与《生生不息浏阳河》侧重报道污染不同，《湘江母亲河：东方莱茵河之梦》全方位地表现和探讨了湘江的污染治理、品位提升和美好未来。报道共分五章，第一章为"同饮一江水，共治一条江"，下设20集，重点报道湘江的污染和治理难题。第二章为"莱茵河之路"，下设12集，报道欧洲各国治理莱茵河污染的模式和做法，以为治理湘江之镜鉴。第三章"文化之江"，下设14集，以文化湘江勾连湖湘文脉，怀古思今，使人备感湘江治污之重要。第四章"飞越潇湘"，下设18集，空中视野，俯瞰湘江之滨长沙、株洲、湘潭、衡阳、郴州、永州等12座城市之美景。第五章"黄金水道之梦"，下设12集，展望湘江治理后的价值与美好。

节目长达76集，时长近600分钟，从2011年4月2日至10月12日，播出时间长达半年。湖南省省委书记周强对该报道的批示是：多视角、全景式反映了湘江的历史与现实，融历史、文化、自然于一体，令人震撼，令人自豪，给人启迪。

附：《湘江母亲河：东方莱茵河之梦》报道目录

第一章：同饮一江水，共治一条江，下设20集

1. 湘江：湖南母亲河

2. 负重之江，治污之江

3. 千里湘江碧水行动　三年砸下174亿巨款

4. "融城"三兄弟唇齿相依　环保携手聚力呵护水源

5. 上游下游干流支流，同力同心同江同治

6. 郴州三十六湾：大山深处的战场

7. 衡阳水口山：有山有水梦想好山好水

8. 湘潭竹埠港：承上启下的接力棒

9. 清水塘求索（一）：治水探路　返璞归真

10. 清水塘求索（二）：重金属治理　还土地本色

11. 清水塘求索（三）：拔除根子　产业自新

12. 治污须用重典　完善立法为环保撑腰

13. 城镇生活污水处理　三年"攻坚战"装上"减污阀"

14. 农村治污　刻不容缓

15. 给城镇生活垃圾归宿　勿让垃圾"围江"

16. 畅想美丽湘江　给力绿色湖南

17. 绿色理念贯穿莱茵河　从细微处见真知

18. 莱茵河：国际合作与契约精神的典范

19. 治理重金属污染　祛除湘江"心腹之患"

20. 创新体制机制　打通湘江"任督"二脉

第二章　莱茵河之路，下设 12 集

1. 浪漫莱茵之殇　人河对抗生死劫

2. 治理之路漫长　心存侥幸酿灾难

3. 态度决定一切　用机制保护莱茵河

4. 创新思维勇思变　铸就新莱茵经济

5. 打造"水上高速路"　成就"黄金道"

6. "公交模式"促经济　"回归自然"防洪灾

7. 上帝赐福之地　世界级旅游胜地

8. 化平常为神奇　创意托举魅力之河

9. 莱茵文脉："永远开放"铸"百花齐放"

10. 环保理念根植心中　绿色莱茵触手可及

11. 打造东方莱茵河　"莱茵人"荐言湘江

12. 莱茵河与湘江　河流"双子星座"

第三章　文化之江，下设 14 集

1. 湘江碧波永不秽　湖湘文脉永流传

2. 湖湘文化之源　湘人魂魄之源

3. 秋风万里芙蓉国　不到潇湘岂有诗

4. 文物沁润文化　留存湖湘历史

5. 两大书院立潇湘　"鼓""岳"齐鸣盛千年

6. 千年湘江　思想之江

7. 敢为人先卓尔不凡　文学湘军异军崛起

8. 文学湘军崛起　文化繁荣颂湘江

9. 抢救非物质文化遗产　保护民间文化须自觉自醒

10. 湖湘文化走出湘江　让世界感受湖南风

11. 文化产业（一）：敢为人先　风生水起

12. 文化产业（二）：破除瓶颈　时不我待

13. 文化产业（三）：创意无限　点石成金

14. 文化产业（四）：抢占制高点　领无限风光

第四章　飞越潇湘，下设 18 集

1. 速度长沙　2. 幸福长沙　3. 绿色株洲　4. 潜力株洲　5. 红色湘潭　6. 活力湘潭

7. 腾飞雁城　8. 绿动郴州　9. 永州新生　10. 青春娄底　11. 激情邵阳　12. 生态银城

13. 天下岳阳　14. 魅力常德　15. 最美张家界　16. 活力湘西

17. 速度湖南　18. 美丽潇湘

第五章　黄金水道之梦，下设 12 集

1. 希冀通江达海　成就黄金水道

2. 水之魂　水之思（一）："旱"半年束缚湘江　须破解枯水困局

3. 水之魂　水之思（二）：无序采沙影响航道　"母亲河"留道道伤疤

4. 水之魂　水之思（三）：扬帆起航通江海　港口成黄金节点

5. 水之魂　水之思（四）：畅通高效安全　"黄金水道"基石

6. 莱茵启思（上）一江同治　共生共荣共赢

7. 莱茵启思（下）"黄金分割"成就黄金水道

8. 潇湘"美景走廊"　"诗意栖身"两岸

9. 一江两岸"绿色飘带"　沿江"璀璨生态项链"

10. 担当荣耀背上重负　一路艰辛一路求

11. 湘江经济走廊　"巨龙"昂首向前

12. 湘江母亲河：东方莱茵河不是梦

（资料来源：湖南经视：《湘江母亲河：东方莱茵河之梦》附赠光盘目录，湖南人民出版社 2011 年版。）

四　革命圣城和伟人故里的形象

样本中，主打革命圣城形象的片子有：《我说潇湘女》《大地的丰碑》《父辈的战争岁月："红二代"眼中的大将故事》。主打伟人故里形象的片子有：《故园轶事》《毛泽东在长沙》《毛泽东与湖南》。《共和国深处的历史记忆》《人文长沙》则兼具多个形象。

1989 年 10 月，由湖南电视台与湖南省妇女联合会联合录制的专题艺术片《我说潇湘女》，将地域与女性群体结合在一起叙说、评价。全片由上中下三篇构成，上篇以散文笔法描绘了湖南的风光、风情，从政治、经济、历史、宗教、文化、自然诸方面提示了湘女多风流人物的渊源。中篇和下篇沿着历史的轨迹，用丰富的史料，述说自五四至今，湖南妇女运动的卓著成绩及湖南各界的杰出女性。湘女之中，当然包括长沙的革命女性。

在创作方法上，节目以专题为主，以艺术为辅，突出主题，述说人物，构筑全片，实现了三个统一：一是情绪的统一。共插曲 16 首，衔接在节目中以升华节目主题。二是节奏的统一。上篇插曲节奏慢，突出其抒情性，中篇节奏加快，情绪不断升高，因为其内容主要介绍这些风云女性。三是风格的统一。拍摄角度上多用仰镜头，长焦镜头和广角镜头。构图上多用物体强烈对比的手法。拍摄技巧上少用或不用运动镜头，80% 以上的镜头都是固定镜头。用光上，多用逆光和单光源。解说词注重文学气质，语句尽量哲理化，散文化，诗化，便于朗读。

下面为《我说潇湘女》的节目流程及部分场景台本摘录。

场景二

节目形式：VCR、配音、歌曲。

节目内容：中集：从五四运动到中华人民共和国成立，这一历史时期是中国妇女解放的黎明时期和进步期。作为湖南妇女，30 年的坎坷历程，她们中间涌现出许许多多革命领袖和杰出人物。中国共产党的第一位女党员、第一位中央军委、第一位妇女部长、中国第一个参加奥运会的女田径运动员、第一位获得斯大林文学奖的女作家、居里夫人唯一的一位中国女学生都是湖南女性。

场景三

节目内容：下集：着重介绍新中国成立 40 年来成长、进步的湖南女性。1949 年，中华人民共和国的成立，中国妇女解放运动进入高潮期，40 年的社会主义道路，中国妇女在中国共产党的领导下，为共和国的繁荣和发展做出了自己最大的努力。作为湖南妇女，也和全中国的妇女一样，在社会主义建设中，做出了可喜的成绩。中华人民共和国第一位妇联主席蔡畅，新中国第一位获得艺术勋章的电影演员白杨，世界上第一位登上南极最高峰的女性金庆民，中国第一座人类精子库创始人卢光琇等都是湖南妇女的优秀代表……其中，鲜为人知的潇湘女：列入族谱的唐八公唐群英（宣言男女平等，成了女子同盟会），英国文学硕士袁昌英（中国第一位获得英国文学硕士学位的女性，第一个将莎士比亚的作品介绍到中国），居里夫人学生劳君展……

　　（资料来源：刘一平主编：《湖南电视 40 年·风行》（下卷），湖
南人民出版社 2010 年版，第 269 页。）

　　《父辈的战争岁月："红二代"眼中的大将故事》建军 80 周年的大
片，耗资百万，由湖南卫视与中国人民解放军电视宣传中心联合摄制。共
有 6 集，每集的镜头分别聚焦 6 位湖南籍开国大将的一位：粟裕、黄克
诚、陈赓、谭政、萧劲光、许光达。节目以重大事件和感人故事为主线，
追求讲故事的平民化叙事风格，以"红二代"的视角回望他们父辈的历
史，解密珍贵的瞬间，以此缅怀长沙这方革命热土上的英雄形象。节目在
2007 年 7 月 31 日至 8 月 2 日播出，每晚播出两集，平均收视率 0.28，到
达率 4.62%，获当年湖南省广播电视奖一等奖。

　　《共和国深处的历史记忆》是新中国成立 60 周年的献礼节目，是中
共湖南省委宣传部 2009 年的三大重点理论工作之一。由湖南卫视、湖南
经视、金鹰纪实频道共同推出，共 52 集，在 2009 年 8 月 3 日到 10 月 9
日播出。节目着眼于历史瞬间，通过生动感人的故事，展现了长沙波澜壮
阔的历史和长沙先烈们的风采。《南下》《解放 1949》《野火春风斗古城》
这三个系列，生动地展现了长沙从革命走向解放和建设的历史画卷。如
《回乡》，从毛泽东在新中国成立后 50 次回湖南的历史中，选择 10 个片
段故事，每集均采用演播室讲述，评论，同期声访谈历史证人，画外音解
说等表现手段，再现毛泽东与长沙的不解情怀。

《共和国深处的历史记忆》目录

1. 《南下》第一集《血洒铜湾》
2. 《南下》第二集《躬耕洞庭》
3. 《南下》第三集《接管湘潭》
4. 《南下》第四集《描绘长沙》
5. 《南下》第五集《踏歌之路》
6. 《南下》第六集《挺进湖南》
7. 《广播大会》
8. 《解放 1949》上《信使》
9. 《解放 1949》中《进城》

10. 《解放 1949》下《敬礼》

11. 《野火春风斗古城》之《刺杀刘仁爵案 1949》

12. 《野火春风斗古城》之《零陵大火 1951》

13. 《野火春风斗古城》之《橡胶机密案 1956》

14. 《野火春风斗古城》之《串联案 1951》

15. 《野火春风斗古城》之《空投案 1952—1953》

16. 《不老湘韵》之《浏阳河 1950》

17. 《不老湘韵》之《园丁之歌 1973—1976》

18. 《不老湘韵》之《马桑树上搭灯台》

19. 《不老湘韵》之《碗 1974》

20. 《饿虎之灾 1952—1963》

21. 《风雨彭门》上《团聚》

22. 《风雨彭门》中《家风》

23. 《风雨彭门》下《故里》

24. 《最可爱的人》

25. 《雷锋在 1958》

26. 《回乡》第一集《探亲假 1954》

27. 《回乡》第二集《送瘟神 1955》

28. 《回乡》第三集《鱼水欢 1956》

29. 《回乡》第四集《故园行 1959》

30. 《回乡》第五集《松山情 1959》

31. 《回乡》第六集《自动化 1960》

32. 《回乡》第七集《茶陵桥 1965》

33. 《回乡》第八集《滴水涧 1966》

34. 《回乡》第九集《箱底戏 1974》

35. 《回乡》第十集《归去来 1974》

36. 《毛泽东与湖南日报》

37. 《湘人家书》之《徐特立·天堂里的来信》

38. 《湘人家书》之《陈赓·痴情大将》

39. 《湘人家书》之《任弼时·迟到的父爱》

40. 《湘人家书》之《陶铸·一封终于发出的信》

41. 《湘人家书》之《左权·血沃太行》

42. 《湘人家书》之《夏明翰·赤色唇印》

43. 《韶山红叶》之《毛岸英1950》

44. 《韶山红叶》之《忠魂曲1959》

45. 《韶山红叶》之《孙嫂1949》

46. 《韶山红叶》之《染血的照片》

47. 《禁毒1952》

48. 《禁娼1953》

49. 《青春之约1977》

50. 《枝柳线》上

51. 《枝柳线》中

52. 《枝柳线》下

《人文长沙》中，有一段专门阐述了"革命圣城"的含义。该段的解说词摘录如下。

　　长沙人民自古以来就具有心忧天下敢为人先的精神，在中国近现代史上革命斗争风起云涌，清末戊戌维新运动期间，梁启超和长沙维新志士谭嗣同、唐才常等一道在长沙履行变革创举影响全国。长沙是辛亥革命重要策源地之一，这里诞生了与孙中山并称的领袖黄兴。武昌起义爆发，长沙为推翻清王朝和结束军阀统治做出了卓越贡献。五四运动后，毛泽东、蔡和森等一批风华正茂的青年在第一师范追求真理，继而组织新民学会，创办《湘江评论》和文化书社探索改造中国社会的正确道路。长沙是毛泽东、刘少奇、李维汉、李富春等先驱早年从事革命活动地区，是中国共产党的诞生地之一。清水塘中共潮区委员会是全国最早的省委机关。大革命时期，长沙反帝反军阀斗争风起云涌，支援北伐、组织罢工成立农会等活动席卷全省。这里曾爆发湘赣边区秋收起义。抗日战争时期，徐特立在长沙建立八路军驻潮通讯处开展抗日统一战线工作。长沙人民还以大无畏气概，声援了三次长沙保卫战，艰难地度过"文夕大火"的浩劫直至抗战胜利。解放战争时期，从长沙走出的彭德怀、王震等一批著名的将领南征北战威镇山河。1949年8月5日，长沙和平解放。

　　该段解说以心忧天下敢为人先的长沙精神为核心点，历数了中国近现代革命斗争史上涌现的长沙人物和事件。从维新变法中的谭嗣同、唐才常等，到辛亥革命中的黄兴，从"五四"时蔡和森、毛泽东、刘少奇等的思想启蒙和革命运动，到大革命时期的工农运动和抗战时期的长沙保卫战，最后到解放战争时期王震、彭德华等从长沙走出的将领们经过南征北战，和平解放长沙。历史上的风云与人物，有力地烘托了本段小标题"革命圣城"的具体内涵。

五　快乐、坚强和英勇的普通市民形象

　　在样本中，《快乐的老太太》（1986）、《西长街的老魏》（2004）和《倾城送英雄》（2008）是主打长沙普通市民形象的纪录片。

　　《快乐的老太太》记录的是长沙市开福区通泰街老太太合唱团四处义演的故事。该合唱团成立于1957年，由13名老太太发展到了现在的200多名成员。20世纪80年代的这篇报道，展现了星城"苏珊大妈们"的文化追求与精神愉悦。今天，湘江风光带的滨江风帆广场，还能看到该团新成员的表演。长沙群众文化的繁荣和百姓舞台的风光，洋溢在普通市民快乐的歌舞之中。

　　《西长街的老魏》记录的是长沙西长街一个农民工生活和工作片断中的苦与乐。西长街南起五一大道西段，北至中山西路，是一条不足800米长的老街。几百年前，据传是明吉王府西牌楼外的一条长街，因仿北京西长街建造而命名为西长街。新中国成立后，这里一直是长沙著名的劳务市场和外来劳动力最活跃之所。片中的老魏，就是其中一个贫困的民工。镜头中，他赤裸上身，哼着小调，在烈日里拿着铁锹铲着泥土，带给人们一种质朴的感动。老魏是湖南人，但不是长沙本地人。记者问他为何不去广州深圳打工时，他的回答是"留在自己家乡，更好地建设湖南"。老魏对女儿有一封未能寄出的书信，其中写着的是一个普通父亲对女儿简单而深沉的爱。正是这份简单而深沉的思念，支撑起他艰苦的工作和真实的笑容。农民工是城市化进程中出现的一个特殊群体。他们怀揣各自的生活理想，远离家园，来到城市，忍受着物质和精神上的种种困苦，为城市的建设贡献着自己的青春和热血。长沙城市里人曾经称他们为"乡里宝"，现在官方正在以"新居民"的说法替代之。尽管如此，城乡差别带来的身份和生活方式等种种不融洽，始终是农民工在城市生活和工作中的难言之

痛。该片立意虽没有如此深远，但通过老魏的生活片断，重点展现了他乐观而坚强的精神面貌。

《倾城送英雄》是湖南经视 2008 年 1 月 30 日推出的大型新闻直播节目。2008 年 1 月 26 日，长沙电厂沙坪变电站 500 千伏线路因被冰冻覆盖严重导致跳闸停运。与冰灾抗争了 5 个日夜的湖南省送变电公司 3 位电力职工罗海文、罗长明、周景华来到故障点进行人工除冰时，铁塔轰然坍塌，3 人不幸以身殉职，壮烈牺牲。30 号上午 9∶30，3 位电力英雄的灵柩自长沙 163 医院出发，经四方坪、伍家岭、芙蓉路等路段到湖南省送变电公司，最后送抵阳明山殡仪馆。为了向三位电力英雄致敬，鼓舞三湘军民的抗冰士气，经视"直播大事件"当天推出特别节目"倾城送英雄"。12 小时之内，连夜配制了动情短片，并派出 10 路记者在灵车通过的路段，现场采访了不同职业、不同年龄、不同性别的市民、部队官兵、医生、民警、电力职工、机关干部、出租车司机等社会民众，让他们自由抒发心声，缅怀英雄，激励民众抗冰士气。该节目当天收视率在长沙和湖南两个市场高居第一。经视当天三次重播了该节目。省委常委、宣传部长蒋建国等省领导和广大观众高度评价了该节目。节目获得当年湖南省新闻奖一等奖和中国新闻奖新闻直播类提名奖。

节目通过现声连线、采访、VCR、配音、实况直播、同期声等手段，深情地展现了三位普通电力工人在大灾面前的坚守与无畏精神，同时刻画出了长沙市民们对英雄的敬佩与怀念。节目流程及台本参见附录。

第四节　《一家老小向前冲》中的长沙人形象

本节主要观点是：《一家老小向前冲》推出了内涵丰富的长沙人形象：个体商人、都市白领、蓝领工人、公务员、学生、农民工。从呈现次数看，个体商人形象最多，农民工形象最少。从塑造倾向来看，正面形象为主，负面形象为次。这种人物形象塑造的类型和主次安排，符合受众的期盼和社会主流的现实。方言表述的坚守与局限、人物形象的丰富内涵与刻板成见、叙事的真实与虚拟，是该剧建构长沙人形象的魅力与遗憾。

芒福德在考察人类的城市发展历史时发现，人是城市发展的创造者和生力军。"陌生人、外来者、流浪汉、商人、逃难者、奴隶，甚至连入侵之敌，在城市发展的每一阶段上都曾有过特殊的贡献。这些人就是城市中的新居民。哪里缺少了这些人，哪里的乡镇就总是一片沉闷而偏狭的乡土气。"①　他同时发现，人还要受到城市这一生存空间的教化、陶冶和影响。"最初，城市是神灵的家园，而最后城市本身变成了改造人类的主要场所。人性在这里得以充分发挥。进入城市的，是一连串的神灵；经过一段段长期间隔后，从城市走出来的，是面目一新的男男女女。"②

芒福德的这两个观点，不但概括了人与城市相互影响相互促进的互动关系，同时也启发我们：城市中的人，相对于城市中的物，更能代表城市的精神，城市的形象。正如易中天在《读城记》中所说的那样，不同的人有不同的活法，不同的城市也有不同的活法。读城，也就是读人。北京人的大气，上海人的精明，杭州人的闲适，成都人的洒脱，武汉人的直爽，厦门人的温情，等等，这些活法，或者说个性，一定程度上就代表了城市的特质与形象。

本节拟借助湖南经视频道《一家老小向前冲》这个栏目的镜子，折射出长沙市民的形象。在分析之前，有必要交代三个问题。

第一个问题，为什么选择《一家老小向前冲》。主要基于该栏目的影响力和对市民形象的成功塑造。《一家老小向前冲》是湖南经视一档立足湖南本土的、充满长沙地域特色的方言情景剧。栏目于2004年4月18日开播，2012年5月停播。至今播出840集节目。它是国内电视荧屏上连续播出集数最多、播出时间最长的电视剧，还冲出了湖南，进入湖北、东北等十多个省级频道，影响力很强。更重要的是，它成功地塑造了丰富多彩、意蕴深厚的长沙市民形象。这些人物形象，不仅深受长沙市民的喜爱，而且折射出了一幅相当广阔的时代生活画卷。正如该栏目制作中心主任肖光辉所言，该剧获得成功的最大原因在于它的本土化、草根性、贴近性。正因如此，虽然它只是艺术形象，但艺术形象源于现实生活，反映现实生活，甚至升华了现实生活。因而，荧屏上的长沙人形象，为我们分析现实生活中的长沙人形象，提供了又一个切入点。

---

① ［美］刘易斯·芒福德：《城市发展史：起源、演变和前景》，第103—104页。
② 同上书，第117页。

第二个问题，分析指标有哪些。城市人的形象，属于城市的主体形象。本研究将这一主体形象的指标细分为两大部分：一是"数量指标"，即统计剧中不同人物形象出现的概率，以此反映该剧对于某一类人物形象塑造的重视程度。这里的不同人物，主要是基于职业、性格等而划分的。二是"倾向指标"，即观察剧中对各种市民形象的态度或情感倾向，是赞扬、批评还是中立，这一指标能够更加明确地反映媒介对某类人物形象的价值观和塑造重点，一定程度上代表了大众对某类人物形象的期望和认同。

第三个问题，采用怎样的抽样方法。800 多集节目，要完全找齐并进行统计是很难的，而且也没必要。该栏目最初几年主要是购买广东电视台《外地媳妇本地郎》的剧本进行本土化改造，然后才拥有自己的原创。考虑到这一点，本研究选择了 2007 年至 2012 年 3 月间的所能收集到的故事剧集 178 个，因为它们基本上是全原创的。所收集的数据按照其播出年份分成六个阶段，定量分析主要基于所抽取的这些样本。定性分析则依据所分析的内容，在 6 个阶段中随机抽取。

所抽取的 178 个样本情况如下表所示：

年份	节目标题
2007	《我不是骗子》《未必贪心才受》《一日之计在于晨》《自己动手》《都是中奖惹的祸》《不速之客》《都是好媳妇》《夫妻改行》《失恋变奏曲》《自由的诱惑》《离家出走》《都是茶壶惹的祸》《陌生的朋友》《房客》《小鬼当家》《荣华富贵过大年》《事与愿违》《家有球迷》《新潮休闲》《心想事成》《家有孝子》《AA 制》《寻求投资》《毒米事件》《作茧自缚》《厨荒》《知恩图报》《乡里伢子》
2008	《老屋有喜》《宠物情节》《天下第一鸭》《沐浴求新》《新同居时代》《是谁有毛病》《头等大事》《三请保姆》《新潮演出》《孝顺基金》《四海同乡会》《新官上任》《严家有女》《树大分桠》《事与愿违》《老有所乐》《成人之美》《尚未确诊》《妻管钱的烦恼》《陋习难改》《调解委员》《车梦成真》《爸妈不在家》《圆梦知情》《棕爱一生》《防盗有术》《首席保安官》《吃出来的祸》《人鼠大战》《购物卡风波》
2009	《客串》《中奖的短信》《负责的午餐》《神秘的一百万》《恼人的裤子》《病不逢时》《亚健康问题》《乔迁大喜》《低碳生活》《进退两难》《外出打工》《满月酒》《热力逼人》《开张大吉》《机构改革》《教子无方》《移动生活》《到底哪里不对》《潇湘美食节》《少爷打工》《严家大事》《男人难当》《奶粉变奏曲》《媒人难当》《情海翻波》《不是问题的问题》《为了心上人》《另类美食家》《多云转晴》《骂人的喜剧》《祸从天降》《乌克兰吉米》

续表

年份	节目标题
2010	《有车的烦恼》《欢喜迎搬迁》《大忙人》《享受高科技》《离婚大战》《租车来的幸福》《我要当外婆》《严家的大事》《怎么都说不清》《家庭拍卖会》《债主难当》《长大的烦恼》《家有洋崽》
2011	《头顶大事》《团购血拼》《顾此失彼》《笑口常开》《快点结婚吧》《宝贝计划》《网点总动员》《学习雷锋好榜样》《安全问题》《假梦成真》《岳母驾到》《领导难当》《开学的烦恼》《一个爷爷两个孙》《桂花学艺》《和气生财》《乔迁之喜》《天佑回家》《假戏真情》《左右为难》《电动车的烦恼》《幸福合唱团》《停水风波》《旧人新情》《音乐茶座》《我为结婚狂》《二度花难开》《装修风波》《非诚莫扰》《祝婶搬家》《溺爱成灾》《新华保险》
2012	《兄弟开店》《子贵回家》《回家的烦恼》《离婚大战1—8》《生日计划》《崽一身轻》《来的都是客》《临时饭桌》《严家有宝》《冒牌男友》《虚惊一场》《学习雷锋好榜样》《兄弟情深》《都是感冒惹的祸》《疯狂的茶叶》《宠爱反被宠爱害》《所长公子住我家》《他被爱情撞了腰》《火星来的女友》《子贵求职记》

一　《一家老小向前冲》中人物形象的描述性分析

《一家老小向前冲》主要展现的是严爸一家的故事，从家庭成员构成情况来看，该家庭是三代同堂，老年一代主要是严爸、严婶，中年一代主要是严家的子荣、子华、子富、子贵4个儿子及其媳妇李雪梅、荣心巧，少年一代主要是天乐和天佑。剧中人物以此为中心，同时还涉及邻里、同事、亲戚等人物。对这些人物的描述性分析，主要从数量指标和倾向指标来考察。

首先，从数量指标来看，《一家老小向前冲》中推出的系列市民形象，主要涉及6类群体：个体小商户、公务员、农民工、蓝领工人、白领工人以及学生。各职业人物在剧中的呈现次数及其变化情况如下表所示：

剧中人物职业形象呈现次数及其变化情况

职业	2007年	2008年	2009年	2010年	2011年	2012年	平均数	累计次数
公务员	6	11	18	19	23	9	14	86
个体商人	2	23	28	26	24	12	19	115
蓝领工人	10	15	20	15	18	15	16	93
农民工	18	16	12	7	5	0	10	58
都市白领	7	10	23	22	26	18	18	106
学生	3	8	19	18	18	8	12	74

从上表所示的统计数据来看，个体商人呈现次数最多，其次为都市白领、蓝领工人和公务员，呈现次数最少的为农民工，且呈逐年递减趋势。

是什么原因导致了这一现象的发生呢？主要原因在于城市化导致的客观变化和电视媒体的受众和内容定位策略。在城市化进程中，乡村人之所以向城市流动，一个重要的原因就在于城市提供了大量的就业机会。从社会分层角度来看，个体所从事的职业，一定程度上表征的是其在社会阶层中的身份和地位。个体商人形象呈现数量最多，这不但与前面所分析的长沙城市经济功能形象和产业企业主体形象的优先位置呈正相关关系，而且，个体商人、都市白领、蓝领工人和公务员，是当代中国都市中产阶层最新崛起的主要代表性力量，他们呈现的次数，体现的是他们社会地位的崛起程度。从电视制作者的角度来看，这一现象的出现也与电视产品的受众定位和内容定位息息相关。作为一个家庭情景剧，电视在再现媒介内容时，主要考虑的可能还是将收视群体定位为城市观众，将内容定位为服务城市观众。城市观众中，中产阶层是主体，农民相对数量较少，这就是为什么农民形象在剧中的呈现次数最少的重要原因。在快速的城市化阶段，城市问题层出不穷，源于现实生活的电视情景剧，在内容上就会自觉不自觉地反映出这些问题。如下表所示，这些问题主要是个人、家庭和社会层面的。而借助不同的人物呈现这些问题，有利于人们更好地认识问题、解决问题。下表为样本故事所反映的主要问题的数量及分布情况。

故事涉及的主要问题的数量及分布情况

故事涉及的主要问题	2007 年	2008 年	2009 年	2010 年	2011 年	2012 年	总计
社会热点与焦点时事	2	6	6	7	10	3	34
家庭问题	6	10	7	9	8	8	48
自身职业发展	2	4	6	4	5	2	23
个人感情问题	8	6	8	5	5	5	37
道德品质	4	2	0	1	2	1	10
休闲娱乐	3	3	4	0	2	0	12
其他	4	1	3	4	1	1	14
总计	29	32	34	30	33	20	178

其次，从倾向指标来看，《一家老小向前冲》塑造的正面形象占了约70%，负面形象只占约30%。严爹、严婶、严子荣、严子富、严子贵、李雪梅等相对来讲是属于正面的喜剧人物形象。虽然他们的人物性格存在一定的缺陷，但那不会影响他人正常生活的和谐，有时候甚至有利于人际相处之间的和谐。荣心巧、严子华、沈晓棠等相对正面喜剧形象来说是带有一点负面色彩的。他们的一些行为虽不至于大恶，但是他们的一些行为方式却损害到了其他人的利益，不利于家庭和社会生活的和谐。正面形象为主，负面形象为次，这种人物形象塑造的比例安排，是受众的期盼，也是社会主流现实的反映。

如果再细分一下，按照主要人物的出生时代和性格特征，大体可分为老派市民和新派市民两大类。综观全剧主要人物，严婶性情温和，希望一家和乐；严爹固执严肃，家长作风严重；严家长子严子荣，个性温顺内向，逆来顺受。这三人性格所展现的市民形象正是当代老派市民形象，即保持着东方传统文化中的温顺、善良、保守、固执等品行因子。而严家老二严子华，个性圆滑，好出风头，贪图小利；严家三子严子富，气质儒雅，有官瘾；严家老四严子贵，个性张扬、热情。他们三人，个性开放，易于认同和接受新事物，是当代中国新派市民的代表。从总体数量来看，创作者对各类市民的情感倾向如下表所示：

情感倾向 人物类别	赞扬	批评	中立
老派市民	15	15	54
新派市民	34	28	32
总计	49	43	86

从上表数据可知，《一家老小向前冲》的编剧对老派市民形象的塑造，中立的态度占来了绝对的数量，赞扬批评态度都少于中立态度。中立意味着相对客观和平静的描述，意味着将人物的评价更多地留给了受众去思考。而该剧对新派市民的形象的态度则有所变化，赞扬、批评、中立的数量相对接近。特别是持赞扬和批评态度的数量，都要多于老派市民中持同类态度的数量。

当然，正面与反面、新派与旧派，都是相对的，是相对于不同的故事和不同的环境的。剧中有不少故事，就展现出了人物的多重形象和老人的新气象、新人的旧作风。

例如，严爹，他如同一个严肃固执的老小孩，有着旧社会思想残余，又为新社会思想所冲击，在家人面前是公正威严又固执的"大家长"形象，在街坊邻里面前，则呈现出热心忠诚、责任感强的另一面。在《多云转晴》中，严爹一天到晚精力旺盛，早上又是锻炼，又是和伙伴们下棋喝茶、唱戏，一天的生活丰富多彩，但他自认为丈夫是天，严婶就像是他的附属品，难以意识到夫妻间的平等交流。对于严婶要他陪自己去逛街的要求，他毫不犹豫地拒绝了。在《顾此失彼》中，面对老二老三混吃混喝给大儿子带来的经济压力，严爹挺身而出，要求老二老三交伙食费，他自认为主事公平，对每个儿子都是一碗水端平。在《头顶大事》中，为了改掉子荣软弱的性格，严爹提出全家都要营造一个以子荣为主的氛围，但真的实施时，他又认为自己一家之主的位置被取代了，气得离家出走。

又如，在《乔迁之喜》中，子华和心巧两夫妻一唱一和，把所有的养老责任都推到了子荣夫妻俩身上，把自己的责任撇得干干净净。在《陌生朋友》中，荣心巧、严子华、沈晓棠三人一直肯定地说婆婆对外人有非分之想，引起老父亲对母亲的猜疑，导致父母二人大吵架。在《美丽的代价》中，大儿媳雪梅想要减肥，包揽家中全部家务，二媳妇、三媳妇却在一旁看笑话，不断出馊主意，害得雪梅肥没减成，人却病倒了。在《客串》中，对待一个由拉罕带过来的头骨，新派市民心巧的反应是丢掉，而严爹的反应是人道处理，应该让头骨入土为安。

二　《一家老小向前冲》中人物形象的定性分析

1. "小商人"形象

在《一家老小向前冲》中，刻画最成功、最富有感染力的"小商人"形象，就是由长沙演艺界颇具名气的王湘平扮演的严子华。剧中的严子华是一个个体商户，与老婆荣心巧先是经营一家小卖部，而后经营一家饭馆。他有着小商人唯利是图的特有个性和长沙本土小市民的习气，唯利是图却少有得手，不学无术却爱充"里手"（长沙方言，行家之意），看似精明世故，实则"宝里宝气"（长沙方言，愚蠢糊涂之意）。编剧通过一个个生活中的幽默故事，淋漓尽致地展示了市井商人性格中的现实性、缺陷性，让观众在爆笑中获得轻松的心情和为人处世的道理。

剧中严子华一直以资深"老板"自居，心里时刻地打着各种"攒钱"的小算盘。在《异想天开》中，儿子天乐巧合地凭空手换取了刘爹的手机，尝到甜头的严子华不顾老婆反对，怂恿儿子继续这种不劳而获、投机取巧的行为，且自己也开始策划起来，最后却是换得了一个一文不值的赝品收场。严子华的此种类似的行为表现影射了现实生活中那些拥有妄想不劳而获的惰性思想的人，最后的落魄收场也警示大众：天下没有免费的午餐，勤劳方是致富之正路。在一系列的啃老、白吃、白拿、白消费的故事中，他一直秉承便宜不占白不占的行事原则。在《顾此失彼》中，心巧回了娘家，子华与天乐在家吃方便面，严婶心疼儿子孙子，要他们在自己家吃饭。时间一长，严爹要求交伙食费，严子华听到要交钱，马上推脱吃饱了，拖着天乐就要走，交钱也不爽快，也不再去吃饭。编剧们为了满足受众打击报复"坏人"的正义心理，往往情节一转，又让这个形象马失前蹄，因小失大，闹出诸多笑话。在《笑口常开》中，一直被妻子挖苦的他愤愤地发誓一世不笑，结果不到一天，摄影师前来与他分享奖金，他拿着那250块钱，像个二百五一样傻笑起来，让老婆和父母啼笑皆非。在《学习雷锋好榜样》中，儿子的手插到瓶中抽不出来，医生建议把瓶子砸了，他却心疼花瓶价值一万块钱，不愿砸瓶，拖延了治疗，最后还是只好把瓶子砸了。

"市者，交易之所也。"随着城市化和中国特色社会主义市场经济的发展，城市的商业日趋繁荣，商人群体在当代中国社会阶层的数量和地位迅速崛起。与此同时，商人阶层也滋生出非法经营、假冒伪劣、以次充好、见利忘义、为富不仁等不良现象。《一家老小向前冲》的小商人形象，之所以是负面和受到讽刺的，主要原因在于编剧塑造这一形象，旨在揭露现实商业领域的种种假、恶、丑，倡导诚信买卖、利义兼顾等当代商人应有的真、善、美。

2. "公务员"形象

《一家老小向前冲》中，公务员形象有正面的也有反面的。正面的公务员形象当以严子富为代表，而且这一正面形象，大多是通过反面的公务员形象对比显现出来的。

严子富气质儒雅，大学毕业，先任某科室成员，后升职为科长。虽只是机关里的一个小干部，但他为人勤恳，做事认真，作风正派，正义感强。在《毒米事件》中，子华和雪梅怀疑雪梅家的米是毒米，向食品局举报，可办事人员对于该问题一再推脱不见行动，子富见此公务员办事作风气愤不已。二哥子华假扮市长亲戚要求直接找局长，几句"恐吓"，当天食品局就派来了质检人员。这种对不同身份的市民所反映的问题的不同态度和反应，从侧面反映了现在一些公务员的官僚主义思想和不为百姓办实事的现象。虽然是初涉官场，子富同样经历了官场的风波。在《到底哪里不对》中，因为科室的简报上子富排名在另一个王科长的后面，单位上的人都说王科长要取代子富成为下一任处长的热门候选人。他们就像墙头草一样对王科长另眼看待，热情地溜须拍马，让子富烦恼不已，完全不知道平时勤勤恳恳、认真做事的自己到底错在哪里。全家人都为其想办法弥补，劝他改变行事作风，结果反而得罪了当处长的岳父。他关心属下的举动，属下们却并不领情，还误以为他做了什么亏心事。但他还是凭着自己的忠诚、执着，特别是一次科室着火，子富英勇做了一回救火英雄，终于化解了下属们对他的成见。

随着当代中国城市管理理念由管理到经营、治理的转变，政府公务人员（简称公务员）的形象问题日益彰显。现实生活中，老百姓谈起官员，主要的话题就是贪污腐败，以权谋私，衙门作风，形式主义。该剧没有回避公务员队伍中这些现实现象，同时将镜头集中到子富这样年轻的公务员身上，其中的寓意，可谓深远。

3. "农民工"形象

在《一家老向前冲》中，农民工的形象最少，但意涵却很丰富。编剧们从市民身边的平凡人物入手，通过喜剧化的表现形式，展现了新世纪的农民工形象。

在《陌生朋友》中，老实憨厚的社区环卫工人牛师傅就是一个善良热情的老实农民。天乐粗心地把奶奶的医疗本当作垃圾扔了，搞得大家在家翻箱倒柜地找，结果是曾经受到心巧嫌弃的社区环卫工人牛师傅，特地到垃圾回收站帮严婶找到了医疗本。严婶对老牛使用各种方法进行感谢：送衣服、送鞋子、送废品、送吃的，引发严爹"吃醋"，子女们也分成两派赌气起来。严爹甚至搞跟踪，结果误闯女厕所被派出所抓起来了。最后严婶在家人面前的一番自白，引起了全家人对农民工的同情和深思。严婶自白的内容是：在城市的农民工们从乡下到城里打工，做的是城里人最不愿意做的事，住的是环境差的廉租房，吃的是烂菜剩饭，但他们打扫街道，建造房屋，贩卖小菜，为城里人的生活居住出行提供方便，可以说城市人离开乡下人什么都做不了。

与勤奋老实、乐观坚韧的农民形象相比，剧中还为受众们刻画了一些愚昧无知的农民形象。在《不速之客》中，严婶的侄子耀生以老婆减肥为借口，带着老婆来到严家躲避计划生育。在医院做 B 超时，为了知道小孩的性别，给医生塞红包。被医生知道小孩是超生的时，夫妻俩吓得落荒而逃。半路遇到江湖骗子买到假药，害得老婆差点丢了性命。到了医院被医生当众揭穿还妄想骗过严家人。被严爹严婶好好教育了一番还不知悔改，提出与老婆离婚、要严家小儿子娶自己老婆替自己养儿子的愚蠢想法。虽然故事的结尾是夫妻俩被成功劝说去做了人流，但还是难掩他们的无知劣迹。

客观地说，热情，爱帮忙，不怕脏，不怕累，做人实在，有志气，靠自己的劳动赚钱，是现在很多农民工的特质。但他们中也有不少人文化水平低，入城后还沿袭着农村生活的诸多陋习。在城市化的进程中，他们可能在城市有房，有车，有工作，但却没有完全拥有城市的文化价值观，还没能很好地融入城市的生活之中。他们虽然与城市人朝夕相处，甚至共处同一建筑空间，但城市人对他们却视而不见，形同陌生路人。而部分农民工的不良言行和负面形象，更加深了城市人对他们的偏见和误解。编剧们通过刻画牛师傅和严耀生这一正一反的人物形象，真实地描述了新时期农民工的双重性格，以及他们在城市化进程中所遭遇的尴尬处境。

4. "工人"形象

改革开放以来，随着中国的经济体制从集体经济过渡到更加多元化的经济体制，一些老旧企业的职工们纷纷面临着下岗就业的挑战。《一家老小向前冲》中的大儿子严子荣就是这类工人的典型代表。

在《永不下岗》中，子荣的钢铁厂被外资企业收购，企业裁员，子荣也在下岗的名单之内。开始，一家人很着急，想了很多办法去送人情，拉关系，甚至把严爹的一个夜壶当作文物礼品去贿赂外国的总监，结果碰了一鼻子灰，闹了很多洋相。最后干脆选择去卖臭豆腐，勤劳致富，结果生意挺好，日子越过越红火。

下岗是中国现代化进程中必须直面的社会现实，也是 60 后、70 后曾经经历的现实难题。在下岗再创业的大潮中，有人成功，有人失败，几家欢乐，几家忧愁。编剧通过一连串既具生活真实感又略显夸张的故事情节，让观众同时体会到了生活的多种滋味：一家人共谋出路令人感动，走投无路病急乱投医让人可笑，但最后的结局则令人振奋。

5. "白领女性"形象

《一家老小向前冲》中，子贵和子富的几任对象晓棠、白雪、林玉，都是现代的都市白领。晓棠是来自都市的白领，独立自主，知性高雅，高傲的她从心底里不愿和大嫂、二嫂为伍，最后在工作和老公面前，选择了工作并和子富离了婚。在《新旧情人》中，林玉因为双方忙于事业，与老公感情淡了要离婚。面对祝婶狠狠的教训，林玉跟母亲大谈夫妻之间的相处之道和现代社会合则来不合则散的婚姻关系，表现出非常的理智和不愿为婚姻所束缚的独立精神。在《快点结婚吧》中，白雪是一个典型的都市事业性白领女性，非常享受单身生活，不愿意因为家里的催促，随便嫁人，最后被家里逼的不行，工作生活都受到了干扰，租了个男友回家应付。在《未婚应聘》中，晓棠不满意现在的工作想要换一份新工作，经过几番应聘泄气不已，因为大部分的企业的招聘条件中有一条硬性规定——未婚。子贵公司刚好招人，她去面试并谎称自己未婚，结果引发了一系列的麻烦和笑话，最后还是没找到工作。

该剧呈现的女性白领一般有着三高特征：高薪收入、高学历和高强度压力。高薪收入，使她们有着超前的消费观和独立的生活观，高学历又给她们带来了相当的知性和理性，但同时，她们也面临着无形的高强度压力，如工作上的性别歧视和生活上的剩女烦恼等。编剧通过描述她们在工作和婚姻情感中的故事，更多地展现了长沙城市中现代白领女性的美丽、知性和独立，同时也折射了现实生活种种无形之网带给她们的烦恼与哀愁。

6. "学生"形象

该剧中的学生形象虽然只有子华的儿子天乐和子荣的儿子天佑两个，但一个代表着城市学生形象，一个代表着农村学生形象。他们一个天真顽皮、任性骄躁却备受学校和家庭教育的束缚，一个纯朴好奇、无忧无虑，呈现出泥土的芬芳和气息。虽然讲述他们的故事不多，但形象鲜明，且反映了现实中的一些教育问题。

在《教子无方》中，子华夫妻为天乐报了各种培训班，还动用现金企图激励儿子的学习潜力，结果是拔苗助长，适得其反。天乐为了获得爸爸的进步奖励，拿着爸爸预支的奖金，在学校请同学们吃东西，叫同学帮自己做作业，考试的时候还抄袭，结果被老师逮个正着，子华也被叫去学校挨了一通批评。子不教，是家庭教育中的父之过，更是学校教育中的师之过。该剧不但批评了现在某些家长望子成龙不尊重教育规律的急切心态，而且批评了当下某些学校搞应试教育唯分数论的急功近利。

如果说城市中的天乐是管理型的教育，那么乡村中的天佑就是放养型的教育。在《开学的烦恼》中，由于雪梅和子荣生意繁忙，天佑从小就被放在乡下外婆家抚养，来到城里上学后，一时难以适应城里学校的环境。城里小孩能唱歌会跳舞，奥数、英语个个有特长。天佑呢，特长就是乡下小孩特有的生活：抓鸟、玩泥巴、放鞭炮、去河塘里摸鱼、去树上掏鸟蛋、摘野果。也许正是这种无拘无束的生活，使他好问问题，做事很有条理。正是这种不同，使他赢得了教师的赞美。该剧通过天佑开学时碰到的烦恼，折射出了城市与乡村两种环境对小孩成长的不同影响，同时警醒城市的教育者们：城市的教育体制，能否保留乡村学生那纯朴的快乐和自由的个性？

三　《一家老小向前冲》人物形象建构的魅力与遗憾

1. 方言表述的坚守与局限

湖南经视的《一家老小向前冲》坚持采用长沙方言塑造长沙人物形象，主要原因在于方言表述有其独特传播优势。

方言，即一方之言，与普通话相比，它最大的特点在于地方性。长沙方言，是湘方言中数量较大的一种，还可细分为长沙话、宁乡话、益阳话、湘潭话等局部地域方言。它是长沙各地方文化传承的一种语言符号，有着本地人独特的腔调和一听即明的语义，蕴含着丰富的历史传统、风俗习惯、文化基因等信息，是长沙地域文化的独特特征之一。《一家老小向前冲》面对的观众主要是长沙本土观众，采用的演员也主要是长沙本土演员，采用长沙方言表述，有三大好处。第一，有利于建构独特的人物形象。讲着长沙话的严爸严婶，操着湘潭口音的严子华，带着常德语调的李雪梅，这些不同的方言，标志着一个地方性的人物形象。如果他们都讲的是共同的普通话，个性不会如此鲜明。第二，有利于观众对该形象的依附和认同。在传播者与接受者之间，共同的乡音如同一条文化的纽带，不但清晰地划分出了目标受众，而且极易引发接受者的地域认同和身份认同，进而导致对传播内容和传播形象的理解与认同。第三，可以节省制作成本，吸引本土观众。方言表述决定了节目只能选择本土艺人，不能也不必出高额酬金去请大腕明星，这就节省了制作成本，减少了竞争对手的效仿，而且凭借接近性的传播优势，凝聚了本土观众，一定程度上保障了收视率和传播效果。

正是基于方言地方性的上述三大优势，方言电视节目从 20 世纪 50 年代开始崭露头角，打破了原来电视市场只有普通话节目的局面，并在激烈的电视市场竞争中，开辟了一条小众化、窄播化、本土化的发展之路，为观众提供了别样的选择。《我爱我家》《外地媳妇本地郎》《一家老小向前冲》《新闻故事会》，就是其中的优秀代表栏目。

然而，成也萧何，败也萧何，方言表述的优点，同时也是方言表述的缺点。首先，方言的地域性同时也就是方言空间和使用人数的局限性。不同的方言其实就是一堵无形的墙，将方言区外的人隔离了开来，阻碍了信息的有效传播与交流。其次，方言表述的发展与国家大力推行普通话的政策相悖，可能导致的一个后果是观众和本土演员人数的缩小，最终导致方言节目本土文化养分流失。随着国家推普工作的深入进展，观众层面说普通话的人越来越多，说方言的相对越来越少，方言剧要想突破区域限制，争取更多的非方言受众，相当困难。而随着观众欣赏口味向普通话的转变，许多地方戏曲的演员将日渐稀少，地方戏曲的曲种也将濒临失传，方言节目旺盛生命所依存的本土文化滋养也将日益流失，观众的喝彩声也就会日益低落。第三，方言表述聘用的本土艺人也有风险。他们在长期的基层表演中沉淀了不少家长里短，甚至粗话俗语，时间一长，"程咬金的三板斧"彻底露馅，观众就会发现很多话语的泛滥与艺人表演上的粗俗甚至生活中的肤浅。例如，严子华的扮演者王湘平，曾被电视媒体报道在长沙酒驾，该事件一定程度上就影响了他在观众心目中的良好形象。

也许正是方言表述的上述不足所带来的收视乏力、创新乏力等问题，《一家老小向前冲》在播出 800 多集后完美谢幕了。尽管如此，我们还是可以比较乐观地预测：未来电视节目的主体必然是普通话节目，但方言表述类电视节目作为普通话节目的重要补充，没有理由退出历史舞台。方言电视节目作为地方文化遗产的重要表征和地方电视媒体在激烈的媒体竞争中寻求发展的暂时性策略，一段时间里，它能够吸引特定的受众的眼球，提高本地媒体的收视率，但随着方言电视节目的劣势慢慢放大，面对其他卫星频道和报纸网络媒介的挤压，方言剧的发展会更加吃力。由于国家大

力推广普通话，方言节目也不能再把焦点过多地放在方言本身的语言魅力
上，而是应该不断地探索创新，寻找新鲜血液的注入。① 虽然方言节目存
在着一些缺陷和不足，但它总体上还是有生命力的，有市场的。

2. 人物形象的丰富内涵与刻板成见

《一家老小向前冲》通过严家三代人，依托时间和空间的变化，勾连
街坊邻里和现代都市，塑造了丰富多彩的人物形象。前面的定性分析部分
从横向的角度进行了分析。这里主要从纵向进行分析。

节目开播初期，剧情主要以严家大小的家庭琐事为中心，结合当时社
会最热点的新闻，最流行的趋势和能够吸引社会大众关注的时事，塑造的
主要是街道里的小市民形象，然后是社区邻里、同事和生意伙伴的形象。
经过 8 年时间不间断的拍摄播放，剧中的人物都随着时间的推移和剧情的
演变有了一定的转变。严家在城市发展进程中响应政府要求迁入安置新小
区，剧中的故事便从原先的街道小区的严家大院转移到了新型现代化的小
区中去了，向城市中心发展。对于各种人物故事的开展也顺势产生了变
化，原本以商户、家庭主妇为主要对象的叙事基调向都市白领和新女性转
移，故事性质由家庭故事向社会实事过渡，人物的经历和心理也有了变化
尤其是人物经历丰富后性格特征也逐渐地改变。例如，严爹在剧中一开始
的形象是保守的"大家长"形象，从老宅搬到新屋后经历一系列旧思想
与新事物的冲突磨合，再加上周围人的掺和，保守的大家长开始向民主随
和的形象转变。又如，严子荣在妻子和父亲的努力下，原本的软弱的个性
也得到了改善，原本自身的实力也让他有了发展的机会，由下岗工人到小
摊贩再到厂里干部，让他更加有主见有思想。再如，严子华的小商贩性格
虽然依然存在，但随着年龄的增长，儿子成长，新居住环境的限制，严家
的分家，家中其他人的改变再加上婚姻问题的出现，让他的性格有了一定
的转变，更加能够担当，小贪小坏的点子也少多了，心智更成熟。严子富
在仕途上的沉浮让他善于察言观色，工于心计，拥有抱负，对他人或多或
少的有一些官僚作风。历经了两段失败的感情后终于觅得真心爱人，即将
成为人父也让他更加稳重成熟。严子贵从国外回来后，不再是以前冒冒失
失的年轻小伙，工作历练让他越来越成熟，做事说话也老练起来，但随着

---

① 刘昊元：《方言类广播电视节目兴起和发展的原因探析》，《文化艺术研究》2007 年第 8
期。

年龄的增长，婚姻问题让家人扰的他头痛不已。大媳妇李雪梅经过自己的努力由原先自卑的乡下媳妇迈向独立自信的事业型新女性。二媳妇荣心巧在历经了丈夫不务正业的斑斑劣迹和婚姻等问题后，气焰渐渐收敛，心态也愈加平和。

建构如此纵横交织、形态丰富的人物形象，是该节目的一大亮点。但细察之下不难发现，编剧在建构这些人物形象时，存在着各种各样的关于市民想象的刻板印象。

按照"刻板成见"概念提出者李普曼的解释："在我们观察世界以前，已有人告诉我们世界是什么样的了。对于大多数事物，我们是先想象它们，然后经历它们的。如果不是教育使得我们已敏锐地意识到这一点的话，那么这些先入之见会深深地支配整个知觉过程。先入之见形成以后，旧的形象就会淹没新的视野，并影射到记忆中重新出现的世界中去。如果抛弃全部固定的成见，完全单纯地探讨经验，就会使人类生活枯竭（索然无味）。我们信赖这些模式构成我们的人生观。问题出在成见的性质和我们运用成见时的那种轻信。"① 这段话表明了三层意思：第一，人们看到的东西往往不是第一手的原始素材，而是他人告诉我们的二手货，这里的他人，就包括大众传媒。第二，成见系统一旦完全固定下来，我们的注意力就会受到支持这一系统的事实的吸引，对于和它相抵触的事实则会视而不见。我们之所以很难解脱这些先入之见，是因为它们调节着我们的习惯、情趣、智能、安慰甚至希望，它们是个人传统的核心和我们社会地位的防护。第三，虽然成见如此重要，我们对它如此依赖，但它毕竟只是一种社会心理，通过反复的社会实践是可以修正或改变的。这种社会实践，就包括教育机构和大众传媒等的教育。

今天，刻板印象已成为传播学中一个常用的理论术语，又称为刻板成见，意指人们对某一类人或事物产生的比较固定、概括而笼统的看法，是我们在认识他人时经常出现的一种普遍现象。比如，提到"商人"，人们的脑海中便出现天生爱钱、圆滑世故、爱占便宜的固定形象，提到"农民"，人们更多的是肮脏、卑微、低下的形象，这就是人们对概念的一种偏见，一种刻板成见。还有对性别、年龄和地域等的成见。具体到《一家老小向前冲》中，严子华扮演的小商人形象就与人们的成见有关，因

---

① 李普曼：《公众舆论》，林珊译，华夏出版社 1989 年版，第 57 页。

而总是负面和受到讽刺的，忽略了现实生活中那些诚信经营、利义兼顾的正面商人形象。还有李雪梅这个农村女性形象，在严家长期地位低下，抬不起头来，显然也注入了人们对农村人的成见，忽略了农村女性的真诚、率真、孝顺、勇于反抗等真实本色。

3. 电视叙事的真实与虚拟

刻板成见与拟态环境是一对孪生儿，因为人们对于环境的依赖性，容易对事物有一个比较笼统的概括。而人们依赖的标准，往往是大众传播媒介所创造的虚拟环境。李普曼在论及"现代人与客观信息的隔绝"时，给出的分析是：在巨大而复杂的现代社会里，人们不可能与整个的外部环境保持"经验性接触"，而只可借助新闻机构的选择和呈现。但是新闻机构，只会按照自己的价值取向，提供某种拟态的信息环境，这意味着，现实的客观环境被修正地"信息化"了。大众传播加工的信息环境，通过改造和培养受众的世界观，会直接决定他们的行为方式。因此，那个信息环境就有可能演化为现实环境——这就是信息的再度"环境化"。电视传播媒介的直观性、丰富的画面，生动的配音效果，以及对象征性事件和信息的选择加工和重新结构化，让电视媒介所塑造的各种人物形象和传播内容能够深入人心、信以为真。而且由于这样的处理通常是受众不能接触的，而往往把拟态环境直接作为客观环境来看待，因此受众们可以在电视媒介形象中找到生活中的"影子"，各种人物形象都可以在现实生活中找到对号入座。人们根据媒介提供的形象，采取环境适应行动，并带有一定效仿性质，这些行动作用于现实环境使现实环境更加有拟态环境的特点。

目前，真实与虚拟在电视传媒的背景下越来越难以区分，从而影响了观众对真实的正确判断。真实这个问题有时很复杂，在一些采用表演手法再现现实的片子里，只要你在拍摄中能保证一个完整的叙事系统，选择特定环境、特定时间、特定情境，给观众提供能做出正确理解和判断的信息，只要你拍得自然流畅并叙事完整，给人以真实感，观众就会觉得你是真的。电视所谓的"真实"只是一定的叙事策略所形成的，受众所面对的不是现实本身，而是由影像、画面、音声、字幕以及特技等多方面构成的作品，是多重感觉系统组织起来的"客观"世界。

情景喜剧《一家老小向前冲》的叙事方式就是以情景再现的方式，在剧中事件当事人、环境，甚至道具，都尽可能依据现实生活中的一切进行再现。它的取材都是源自生活，尤其是近几年来更是拿现实生活中的具体事例来进行叙述，有时受众几乎可以在剧中看见自己的影子。

但任何情景剧又无法避免它的虚拟性质，创造者们为了迎合受众的心理需求和国家政策的制约，不得不将所有的故事题材都经过"信息化"后再"环境化"，以期达到所需要的"客观"世界，即拟态环境。拟态环境不是现实环境"镜子式"的摹写，不是"真"的客观环境，或多或少与现实环境存在偏离，但是又不是与现实环境完全割裂，而是以现实环境为原始蓝本，电视媒介的所构建的拟态环境更是如此。这种带有主观性的信息筛选创造出来的"拟态环境"本身就是虚构的。尽管人们都知道电视是虚构的，而情景剧又强调故事的真实性，其叙事故事通常以局外人的角度来拍摄电视，目的都是"证明"其故事是真实性的。在数字化时代，真实的可以是虚拟的，虚拟的也可以建构我们真实的生活。人们一方面是对陌生的、虚拟的、遥远的人和事的好奇，另一方面，人们又反而强化了对真实的渴求——"虚拟"和"真实"，成为电视叙事的需求与矛盾。

第四章

路漫漫其修远兮：电视建构
长沙形象的反思与前瞻

　　本章的主要任务有三：一是顺承第三章，进一步总结湖南电视建构长沙形象的得与失；二是归纳湖南电视建构长沙形象的机制与策略；三是基于长沙城市化和电视传媒的发展趋势，展望新形势下湖南电视建构长沙形象的挑战及其应对思路。

　　本章的主要观点是：湖南电视建构了立体多元化的长沙形象，这些形象折射了长沙城市的发展变迁，提升了长沙形象的知名度和美誉度，但也存在遮蔽与失真等不足。从把关与编码的角度看，湖南电视建构长沙形象的影响因素主要是城市的实力资源和政治、经济、公众的力量。而选择最能代表和反映这些因素形象符号，类型化和陌生化，是其中主要的建构策略。在长沙城市和湖南电视发展的新趋势面前，湖南电视要建构良好的"大长沙"，必须扎根城市土壤，融合其他媒介，重构源像基因。

第一节　电视建构长沙形象的得与失

一　电视建构长沙形象之"得"

1. 建构了立体、多元的长沙形象

（1）主体形象：以政府和企业为主

　　正如第一章所述，大众传媒中城市的主体形象，是形象的依附体，可细分为城市建设主体、城市组织主体和城市市民主体三大类。

　　根据电视新闻报道和两个城市形象宣传片样本的统计数据表明：湖南电视建构的长沙主体形象中，城市建设主体 168 篇，占样本总数的19.4%。城市组织主体 523 篇，占样本总数的 60.7%。城市市民主体 103篇，占样本总数的 12%。城市建设主体中，建筑交通数量最多，为 77

篇，其次分别为空间布局规划、生态环境和公共设施，绿地绿化数量最少，仅 2 篇。城市组织主体中，以政府和企业为主，数量分别为 274 篇和 223 篇，占总篇数的比重分别为 31.8% 和 25.9%。这两项占了总样本量的 57.7%。城市市民主体中，本市人和非本市人的数量分别为 75 篇和 28 篇。

综上可知，湖南电视所建构的长沙主体形象，以城市组织主体为最，或者说以政府和企业为主。下表为综合样本数据的相关统计结果。

主体形象		数量	占总篇数的比重（%）
城市建设主体（19.5%）	空间布局、规划	4 + 2 + 29 = 35	4.1
	建筑、交通（文物古迹）	42 + 1 + 34 = 77	8.9
	绿地、绿化	2	0.2
	生态环境	20 + 14 = 34	3.9
	公共设施	16 + 4 = 20	2.3
城市组织主体（60.7%）	政府（党政机关）	271 + 3 = 274	31.8
	社区主体	24 + 2 = 26	3
	产业（企业）主体	200 + 23 = 223	25.9
城市市民主体（12%）	本市人	48 + 3 + 24 = 75	8.7
	非本市人	11 + 17 = 28	3.3
其他	其他	61 + 3 + 3 = 67	7.8
	总数	861	
	平均数	78.3	

注：数量中的 + 号表示不同类型样本中的数量相加；"其他"主要指样本中的主体形象难以依上述指标精细划分，或包括两种以上主体形象。

（2）功能形象：以经济、政治和文化为主

大众传媒中城市的功能形象有很多，这里主要以核心功能形象为分析指标，细分为政治、经济、文化、生态、通信（交通）、军事、其他 7 项。

根据电视新闻报道和两个城市形象宣传片样本的统计数据表明：湖南电视建构的长沙功能形象中，经济功能形象最多，有 274 篇，占样本总数的 32.7%；其次为政治功能形象，有 224 篇，占样本总数的 26.7%；居第三位的为文化功能形象，有 178 篇，占样本总数的 21.2%；生态和通信功能形象较少，分别为 46 篇和 43 篇，占样本总数的比重为 5.5% 和 5.1%；军事功能形象最少，4 篇，占样本总数的 0.5%。统计数据表明：湖南电视建构的长沙功能形象，以经济、政治和文化为主。下表为样本的统计数据情况。

功能形象	数量	比例（%）	排序
政治	219 + 5 = 224	26.7	2
经济	220 + 2 + 52 = 274	32.7	1
文化	143 + 2 + 33 = 178	21.2	3
生态	24 + 22 = 46	5.5	5
通信（交通）	32 + 11 = 43	5.1	6
军事	4	0.5	7
其他	57 + 1 + 11 = 69	8.2	4
总数	838		
平均数	119.7		

注：数量中的 + 号表示不同类型样本中的数量相加；"其他"主要指样本中的功能形象难以依上述指标精细划分，或包括两种以上功能形象。

（3）正负形象：以城市的正面形象为主

大众传媒中城市形象的正负形象，主要是指所再现的人或事物本身的性质。如果性质判断是好事，如城市建设的成就，或市民中的英雄行为，则为正面形象；如果性质判断为坏事，如城市中的污染性事件，或市民中的不文明行为，则为负面形象；难以判断是好或是坏的，如日常的会议报道，则为中性形象。设置正负形象的分析指标，主要是为了考察媒体的报道方针和报道倾向。

综合抽取的样本来看，城市形象电视宣传片中的人或事件，出于宣传的意图，显然都是正面的。电视新闻报道中城市的正负形象分析，第三章已详细分析，这里仅作总结式盘点。

电视新闻中关于长沙形象的报道共抽样 699 篇，其中正面形象的 599 篇，约占 85.69%；负面形象的 55 篇，约占 7.87%；中性形象的 45 篇，约占 6.44%。具体情况如下表所示：

正负形象	数量	比例（%）
正面形象	599	85.69
负面形象	55	7.87
中性形象	45	6.44
总数	699	100

　　深入分析，不难发现：599篇正面形象新闻报道中，从主体形象的角度看，政府和企业数量最多，分别为248篇和171篇，或者说城市组织主体最多，共440篇，占样本总量的73.5%；从功能形象的角度看，政治功能和经济功能最多，分别为194篇和185篇。

正面形象中的主体形象及数量（篇）	正面形象中的功能形象及数量（篇）
政府（党政机关）：248	政治功能：194
产业（企业）主体：171	经济功能：185
本市人：38	文化功能：134
建筑、交通（文物古迹）：35	通信（交通）功能：23
社区主体：21	生态功能：15
公共设施：16	军事功能：4
非本市人：11	其他功能：44
生态环境：9	
空间布局、规划：2	
绿地、绿化：2	
其他：46	
总数：599	总数：599

　　注："其他"主要指样本中的主体和功能形象难以依上述指标精细划分，或包括两种以上形象。

　　而55篇负面新闻报道中，从主体形象的角度看，企业主体为最，有15篇，其次为政府机关，为12篇，或者说城市的组织主体形象为最，共28篇，占样本总数的50.9%。从功能形象看，经济功能为最，有22篇，其次为政治功能，15篇。具体情况参见下表。

负面形象中的主体形象及数量（篇）	负面形象中的功能形象及数量（篇）
产业（企业）主体：15	经济功能：22
政府（党政机关）：12	政治功能：15
生态环境：7	生态功能：5
本市人：6	通信（交通）功能：4
建筑、交通（文物古迹）：4	文化功能：3
社区主体：1	军事功能：0
空间布局、规划：1	其他功能：6
公共设施：0	
非本市人：0	
绿地、绿化：0	
其他：9	
总数：55	总数：55

注："其他"主要指样本中的主体和功能形象难以依上述指标精细划分，或包括两种以上形象。

（4）专题形象：以历史和人文为主

从第三章抽取的22个大型新闻报道和纪录片样本来看：主打历史题材的15个，主打现实题材的7个；主打人物题材的8个，其中主打革命英烈和伟人故里形象的5个，主打不平凡的市民形象的3个；主打发展中的新城形象的4个，其中文化继承与保护的2个，生态环保的2个。兼有两种以上题材和两种以上主打形象的3个。这些样本最终建构或彰显的长沙形象主要是：秀美的自然景观形象；丰富的人文景观形象；历史文化名城形象；发展中的新城形象；革命圣城形象；快乐、坚强和英勇的普通市民形象。相关情况如下表所示。

片　名	主打题材及主题形象	彰显的长沙形象
在这片神奇的土地上	历史，自然景观形象与人文景观形象	秀美的自然景观
长沙抒怀	历史，自然景观形象与人文景观形象	丰富的人文景观
漫话长沙	历史，人文景观形象	
千年学府岳麓书院	历史，人文景观形象	
大地的丰碑	历史，历史人文形象	丰富的人文景观
回首潇湘	历史，历史文物形象	
千年学府　世纪论坛	现实，人文形象	

续表

片　名	主打题材及主题形象	彰显的长沙形象
中国历史文化名城：长沙	历史，历史文化名城形象	历史文化名城形象
人文长沙	历史，文化名城、革命圣城和秀美新城	
回龙山大型古墓发掘	历史文化名城形象	
毛泽东与湖南	历史，伟人故里形象	革命圣城形象 伟人故里形象
故园轶事	历史，革命英烈形象	
毛泽东在长沙	历史，伟人故里形象	
我说潇湘女	历史，杰出的长沙女性形象	
"红二代"眼中的大将故事	历史，革命英烈形象	
共和国深处的历史记忆	历史，革命英烈形象	
西长街的老魏	贫困而坚强的长沙农民工形象	快乐、坚强、英勇 的市民形象
快乐的老太太	快乐市民形象	
倾城送英雄	捐躯奉献的长沙电力工人形象	
融城	现实，城市发展形象	发展中的新城形象
生生不息浏阳河	现实，生态环保形象	
湘江母亲河：东方莱茵河之梦	历史人文、现实环保和发展形象	

2. 折射了长沙城市的发展变迁

　　如第二章所述，城市化催生了城市源像信息的变化，城市化进程中产生和发展的电视成了建构和塑造城市形象的重要利器。而电视主要通过栏目和节目建构城市形象，因此，要考察湖南电视建构的长沙形象是否折射了长沙城市的发展，可从两个层面进行分析。一是从电视栏目的变迁，看它与城市发展的关系。二是从具体节目的变迁，看它与城市发展的关系。后者在第三章已有论述。这里主要通过电视栏目的变化来考察它与城市变迁的关系。

　　在量化研究中，可以通过相关分析和回归分析来明确二者是否存在关系，以及存在何种关系。

　　所谓相关分析（correlation analysis），是研究现象之间（即随机变量）是否存在某种依存关系，并探讨具有依存关系的现象间的相关方向及相关程度的一种统计方法。相关分析的结果有三种：一是正相关，即两个变量方向一致，表现为相关系数 R 的值大于数值 0。其中，如果 R 的绝对值大于 0.95，说明两个变量方向一致，且存在显著性相关；如果 R 的绝对值大于等于 0.8，说明两个变量方向一致，且存在高度相关关系；如果 R 的绝对值大于等于 0.5 且小于 0.8，说明两个变量中度相关；如果 R 的绝对值大于等于 0.3 且小于 0.5，说明两个变量低度相关；如果 R 的绝对值小于 0.3，说明两个变量关系极弱，是不相关关系。二是负相关，即两个变量方向相反，表现为 R 小于数值 0。三是无线性相关，表现为 R 等于数值 0。

所谓回归分析（regression analysis），是通过规定因变量（Y）和自变量（X），来确定和预测变量之间适当的依赖或因果关系的一种统计数据分析方法。而确定这种变量之间依赖或因果关系的就是判定系数（R 的平方），该系数的值为 0 至 1 之间，其值越接近 1，说明回归拟合效果越好。

下表为 1979 年到 2010 年，湖南电视历年的栏目数量与长沙历年的城市化率。

历年的湖南电视栏目数与长沙城市化率一览表

年份	栏目数	城市化率（%）	年份	栏目数	城市化率（%）
1979	2	21.61	1995	13	28.46
1980	2	22.12	1996	11	29.48
1981	4	22.51	1997	13	29.90
1982	2	22.82	1998	20	30.11
1983	2	23.11	1999	11	31.07
1984	1	25.10	2000	18	31.97
1985	4	25.64	2001	17	32.69
1986	2	24.89	2002	11	33.44
1987	7	25.27	2003	17	34.20
1988	2	25.68	2004	13	34.83
1989	3	25.75	2005	16	35.12
1990	2	25.99	2006	8	35.76
1991	5	26.19	2007	14	36.17
1992	4	26.66	2008	14	36.34
1993	3	27.21	2009	20	36.29
1994	4	27.81	2010	9	36.57

使用 Excel 软件的"correl"函数对上述两列数据做相关分析，求出相关系数 R 值为 0.792067，四舍五入后，其值为 0.8。这说明，历年的栏

目数与城市化率两个随机变量之间，存在着正相关关系，而且其值为0.8，说明是高度相关。

二者到底是一种怎样的关系呢？设定历年的城市化率为自变量，历年的电视栏目数为因变量，对上述两列数据做回归分析，下图为两个变量的回归分析散点图、趋势线及趋势线方程。

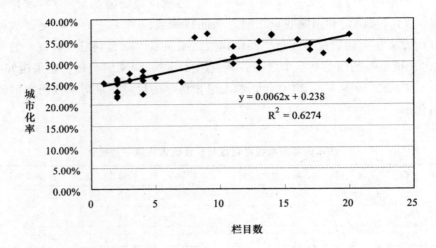

由图可知，判定系数 R 值的平方值为 0.6274，说明拟合效果较好，也就是说，栏目数的变化，与城市化率的变化，存在依赖或因果关系。其中，城市化率是因，栏目数是果。

在二者存在因果关系的前提下，我们可再进一步探讨这种变化的具体情况。我们将收集到的 276 个电视栏目分阶段进行统计，发现：如果以1992 年和 2003 年为节点，可将这些栏目分为 1971 年至 1992 年、1993 年至 2002 年、2003 年至 2010 年三个发展阶段。为什么要以 1992 年和 2002 年为分节点呢？主要基于两点考虑。一是从长沙的城市化进程来看，这两年是长沙城市化发展的转折点。1992 年，国务院批复长沙城市建设的规划蓝图。2003 年，国务院再次批复长沙城市建设的规划蓝图。1992 年，长沙的城市化率为 26.66%。2003 年，长沙的城市化率为 34.2%。可见，在中国城市化呈现出政府主导的特点之下，两次批复，推动了长沙城市化进程的快速发展。二是从湖南电视的发展进程来看，这两年是湖南电视第一次和第二次改革的关键节点时间。湖南电视的第一次改革是从 1993 年开始的，第二次改革是从 2003 年开始的。两次改革直接导致了湖南电视的快速发展。

这样划分以后，各发展阶段各栏目的变化情况是：1970 年到 1992 年，共有栏目 44 个，其中教育类栏目最多，有 20 个；其次分别为新闻类、娱乐类和服务类，分别是 9 个、8 个和 7 个。1993 年至 2002 年，共有栏目 121 个，其中，服务类栏目最多，有 36 个；其次分别为新闻类、娱乐类和服务类，分别是 29 个、28 个、28 个。2003 年至 2010 年，共有栏目 111 个，其中，娱乐类节目最多，有 55 个；其次分别为新闻类、服务类、教育类，分别是 21 个、19 个、16 个。各发展阶段各类栏目具体变化情况如下表所示：

栏目类别	第一阶段的数量	第二阶段的数量	第三阶段的数量	栏目总数
新闻类栏目	9	29	21	59
娱乐类栏目	8	28	55	91
教育类栏目	20	28	16	64
服务类栏目	7	36	19	62
总数	44	121	111	276

从上表的栏目统计可看出历年来湖南电视主打节目的变化：从主打教育类节目，到主打服务类节目，再到主打娱乐类节目。从电视的社会功能角度来看，这种变化也就是湖南电视的社会主打功能的变化。也就是说，在电视栏目反映了城市变化的基础之上，我们进一步发现，随着城市化的发展，电视栏目的主打功能发生了变化，即从教育功能为主，转向服务功能为主，再转向娱乐功能为主。

3. 提升了长沙形象的知名度和美誉度

如第三章所述，湖南电视通过新闻报道、电视宣传片、纪录片等节目，建构了丰富多元的长沙形象，而且这些形象大多是正面的。那么，从受众的角度来看，这些正面的良好形象，是否能得到公众的关注、知晓和认同呢？虽然这不是本书的研究重点，但从议程设置理论的推断和部分受众调查的数据来看，答案是肯定的。下面仅以新闻报道中的样本为例，说明电视中的长沙形象，提升了长沙形象的知名度和美誉度。

李普曼在 1922 年的经典著作《舆论学》第 1 章 "外部世界与我们头脑中的图画"中，认为新闻媒介作为超越我们直接经验来认识世界的一个重要窗口，通过提供信息，建构了我们对这个世界的认知地图。李普曼的这一论断，成了议程设置理论的直接来源。议程设置理论的核心假设是媒介议程影响公众议程，即新闻媒介可以为公众的思考与讨论设置议程，"新闻媒介在告诉人们怎么想这一方面可能并不成功，但是在告诉人们想什么的方面则异常成功。"新闻传播学研究中的大量实证研究进一步证明：新闻中强调的某些议题随着时间的演化，会成为公众认为的重要议题。也就是说，随着人们接触媒介行为的增多，媒介议程与公众议程的一致性会增大，较多接触媒介行为的人群会更多地知晓、接纳媒介议程。正如麦库姆斯所言："大众传播是受众中的单个成员与媒介信息之间的一场交易。在这场交易中，个体差异从表面上看来可能非常重要……但是个体特点迥然不同的人们却通常拥有高度相似的体验。"①

　　既然议程设置的效果与人们的媒介接触情况相关，那么，长沙市民的电视接触情况如何呢？1960年，湖南电视台的前身长沙电视台建成试播时，长沙市总共才有35台电视机，分布在32个单位。1985年，长沙市居民家庭平均每百户电视机的拥有量为13台（按当年城市化率推算，全市电视机拥有量为168077台），电视覆盖率为25%。到2011年，长沙市居民家庭平均每百户电视机的拥有量为128台（按当年城市化率推算，全市电视机拥有量约为3095174台），电视覆盖率为98.61%。从现有调查数据来看，电视是长沙市民获取各类信息的最主要渠道。2008年的一项调查表明，长沙市民获取新闻信息的主要途径依次为：电视（44.6%）、报纸（33.9%）、互联网（20.3%）、广播（1.2%）。② 同年的一项基于旅游者对长沙城市旅游形象认知的问卷调查表明：43%的被调查者是通过电视获取长沙相关信息的。而通过互联网、亲朋好友和其他渠道的比例分别为19%、17%、17%。③ 2010年，《中国城市文化消费报告》（长沙卷）的抽样统计也表明，与报纸、杂志、网络、手机、动漫等

---

① ［美］马克斯韦尔·麦库姆斯：《议程设置：大众媒介与舆论》，郭镇之等译，北京大学出版社2008年版，第57—58页。

② 侯迎忠：《数字化背景下长沙地区受众广播媒介接触行为调查》，载《视听界》2008年第4期。

③ 熊礼明：《旅游者对长沙城市旅游形象认知的问卷调查》，载《商场现代化》2008年第8期。

媒介相比，电视是长沙居民获取各种信息的最主要渠道。① 该调查还表明，各个年龄段的人每天都在使用电视机，具体分布情况为：16 岁至 20 岁的人中有 58.24%，21 岁至 30 岁的人中有 62.78%，31 岁至 40 岁的人有 80.39%，41 岁至 50 岁的人中有 74.07%，51 岁至 74 岁的人中有 80%。②

上述数据表明：长沙市民的电视接触行为，满足了议程设置理论效果所需要的前提条件。换言之，从前面抽样的新闻报道来看，大量正面的有关于政治和经济等方面的议程，经由电视传播，成了市民的认知地图。或者说，这些正面报道，相比其他内容的报道，更有可能给市民留下了一定的知名度和美誉度。一个典型的例子是，2010 年，长沙荣获"中国国际形象最佳城市"，该奖项的设置是基于一系列针对外国人的调查数据，全国共 10 座城市入围，长沙名列第八。张剑飞市长在获奖感言中说，长沙能获此殊荣，新闻媒体功不可没。

二 电视建构长沙形象之"失"

1. 失语：遮蔽了客观现实中的某些信息

失语，从医学角度讲，是指由于生理或心理原因导致的语言表达和理解功能的完全或不完全丧失。移用到新闻传播领域，指大众传媒由于种种原因而导致的对某些信息的不宣传、不传播，或宣传、传播不及时、不全面。

中国的新闻媒体长期以来被比喻为"喉舌"，具有发声的功能。早在维新变法时期，梁启超就在《时务报》上发表《论报馆有益于国事》一文，指出报馆如耳目喉舌，有"去塞求通"之功能。其中所谓的"喉舌"，即报纸能代表国民，"言求所欲言而又不善言者，言其所欲言而又不敢言者"。此后，中国共产党人结合革命和建设的实际情况，发展了"喉舌论"的内涵。1995 年《中共中央宣传部关于进一步做好新闻舆论工作的若干意见》规定："我们党和国家的报纸、通讯社、广播、电视是党和人民的喉舌。"然而，要在实际操作中及时、准确、全面地发出党和人

① 朱敏、刘婷：《中国城市文化消费报告》（长沙卷），社会科学文献出版社 2010 年版，第 41 页。

② 同上书，第 82 页。

民的声音，实非易事。新闻媒体的"报喜不报忧"，在"非典""矿难"等突发事件中报道的滞后或缺席，以及会议报道流于领导讲话、政令公布的形式而缺乏深入独到的解释，都是失语的典型表征。李长春强调的"三贴近"（贴近实际、贴近生活、贴近群众），胡锦涛提出的"提高舆论引导能力""增强新闻报道的亲和力、吸引力、感染力"等，就是针对当前中国媒体的失语症提出的重要处方。

电视在建构城市形象的过程中，同样存在有意和无意的"失语"现象。主要表现为对正面信息的过度再现、对某些信息特别是负面信息的遮蔽和对危机信息的反应迟缓等。如前所述，有关长沙报道的 699 个样本中，90% 以上是正面信息，负面信息的报道只有 55 个（7.87%），而且大多集中在政治和经济层面上。这明显背离了城市化进程的客观现实。

长沙城市化进程的客观现实是：成就不少，但问题依然很多。李强教授在《城市化进程中的重大社会问题及其对策研究》一书中认为，由于中国城市化的快速发展，导致的重大社会问题主要有三大类：第一大类是城市急剧变迁所带来的城市自身的不协调，主要包括城市社区的变迁与管理问题，新城建设与旧城保护的协调问题，城市建设与改造中的拆迁问题。第二大类是城市发展中的农村问题，如失地农民的安置与保障问题。第三大类是城乡之间的关系问题，如城乡二元社会结构与户籍制度改革问题，城市化进程中的居民分化问题，城市弱势群体社会救助问题，城市中低收入群体的住房问题及其保障政策，城市农民工的社会认同、就业问题，城市流动人口的管理问题。① 这些普遍性的问题在长沙也不同程度地存在。《长沙城市软实力研究》研究报告显示，长沙城市整体形象、社会管理工作、城市国际化水平、科教资源优势、公共服务效率都有待改进。② 邓吉雄等人在《新型城市化研究：湖南省新型城市化调研报告》一书中认为，目前长沙在城市化发展中还存在不少问题，主要的问题有四点：一是城市经济总量不大。在全国省会城市地区 GDP 中排名居中，前有标兵，后有追兵。二是统筹城乡发展的观念、措施和重心上都存在问

---

① 李强：《城市化进程中的重大社会问题及其对策研究》，经济科学出版社 2009 年版，第6—17 页。

② 周小华：《长沙城市软实力报告：九成外来人口愿定居星城》，载《长沙晚报》2010 年 9月 20 日。

题。三是新型工业化差距较大。四是粗放型经济增长方式导致的资源与环境矛盾显现，城市居住环境有待改善。① 2006 年，《长沙晚报》组织了一次针对长沙市消费环境的问卷调查，结果如下图所示，消费者对医疗、中介服务、公共交通等都存在不同程度的不满意。2009 年，长沙市统计局在全市范围内开展了一次针对民生问题的问卷调查，结果表明，市民对就业、收入、教育、社保医保、食品安全、社会治安、人居环境、公共设施、交通等民生问题，都持有不同程度的不满意。②

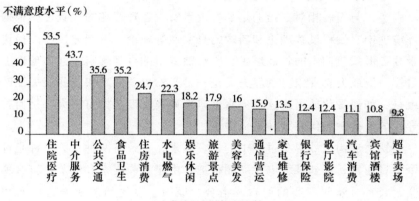

消费者不满意度比较

　　而结合样本的负面新闻报道来看，上述问题，还有很多没有被提及。没被提及的原因，主要有两种。第一种是不可避免地遮蔽。遮蔽，即遮挡、遮盖、遮掩之意。新闻报道本身就具有遮蔽功能，"cover" 一词，在英文中有"采访、报道"之意，同时又有"覆盖、遮蔽"之意，这是新闻采访和报道自身的选择性或把关性、真实世界的复杂性和人类主观能力的局限性导致的，是为不可避免。第二种是能够避免却有意地遮蔽。遮蔽的大多是负面信息。例如，在某些拆迁报道中，有的报道只发出了政府和开发商的声音，老百姓的声音特别是反对和诉求的声音，可能就被和谐或屏蔽了。这种情况，正如阿特休尔所言，新闻媒体充当

　　① 邓吉雄、李官生：《新型城市化研究：湖南省新型城市化调研报告》，中国言实出版社2008 年版，第 30—32 页。

　　② 资料来源：长沙市统计局，http://www.hntj.gov.cn/zhuanlan/cati/report/200908170018.htm。

了政治和经济权力者的代言人和吹笛手，是传媒意识形态属性的体现和结果。

在城市形象的建构中，我们要特别注意能够避免却有意遮蔽的这种情况。换言之，电视在建构城市形象上，虽然不可能也不必要做到有闻必录，但要确保传播内容不出现"结构性缺失"① 和"有意性失语"，要营造"点"的精彩，要追求"面"的严谨，要倾听城市各阶层的声音，要及时、准确、客观、全面地传播城市各方面的信息。

2. 失真：建构的长沙形象与客观现实存在较大偏离

真实，与虚假相对，指的是与客观事实或客观存在的一致性。根据拟态环境理论、议程设置理论和新闻的真实性等理论，电视通过新闻报道和纪录片等形式建构出的长沙形象，与长沙城市的客观现实之间，理论上存在着不一致或失真现象。既然失真是一种必然出现的现象，我们关注的焦点就是：如何量化地再现这种失真度以考察失真度具体有多大，是何种原因导致的失真，如何有效地避免失真。

电视在建构长沙形象过程中的失真表现，大致有两种：第一种是针对单个节目而言，例如某篇电视新闻报道，由于新闻要素和细节不符合新闻事实，或者对新闻事实的剪辑、组合、概括、表述和推断失之片面和偏颇，经不起逻辑的推敲，这样建构出来的城市形象，就与客观现实不一致。第二种是针对一定时期内的所有节目而言，如一段时期内所有的新闻报道，或纪录片，它们所再现出来的城市形象，不能相对客观、真实、全面、公正地反映该段时期内城市的客观现实。相比之下，第二种失真现象更隐性。从追求真实性的角度来说，力争一段时期内媒介再现形象与客观现实之间最大程度地一致或拟合，是媒体追求真实性最高也最难达到的境界。

---

① 喻国明教授认为，媒体内容产品有三个"卖点"：一是"必读性"，即与人们的生存、安生、利益需求息息相关的内容，是有用的、重要的、能为受众创造价值的资讯；二是"可读性"，即与人们社会交往、社会尊重、社会认同等相关的内容，是能为受众提供情感按摩、价值认同的资讯；三是"选读性"，即与人们个性、个人价值实现等相关的内容，是专门针对特定受众个性发展的细分化、差异化的资讯。"可读性"是形成传播竞争力和吸引力的"躯壳"，而"必读性"和"选读性"则是构成传媒市场竞争力的"灵魂"。这三类内容，是媒体满足社会各种需要的基础内容，媒介间的竞争就是在这些内容层面的反复竞争。媒体只有明确自己的内容定位，才能找到自己的主打战场，否则会出现传播内容上的结构性缺失。参见喻国明、张小争《传媒竞争力：产业价值链案例与模式》，华夏出版社2005年版，第4—5页。

这里重点考察一定时期内所有节目的失真现象。分析的对象是样本中 20 世纪 80 年代以来湖南电视新闻报道中长沙的主体形象，分析的目标在于量化失真度，即量化电视新闻报道设置的议程与城市的现实进程之间，存在多大程度的拟合和偏离。所谓拟合，即在一段时期内，以社会各类议题的重要性为参照标准，检验媒介对社会各类议题的重要性排序是否与社会现实的发展及需求相吻合，对重要议题有无忽略，关注度是否充分。其中，各类议题的重要性的标准一般以国策、社会发展需求和媒介功能为基本原则。在传播学研究中，衡量这种拟合的方法主要有两种。第一种是受众调查，其不足在于受众对诸多议题重要性的区分程度难以把握，而且样本数量和调查成本等因素，也会影响调查结论的可信度。第二种方法是拟合指数法，由于它采用的量化分析法，结论的可信度相对要高。

拟合分析的关键在于拟合指数的计算，它分为如下六个步骤[①]：

第一步，选取研究对象并进行内容分类。这里的研究对象即长沙的主体形象，细分为 11 个小类。

第二步，考察媒体对各类议题的资源分配情况。对电视报道而言，一般可从报道频率、报道的时长和报道的时段来分析。由于样本时间跨度大，时长和时段相对不详，这里只选择报道数量。

第三步，将上述三个指标转换为标准分 Z。根据统计学原理，标准分 Z 等于各指标原始分与平均分（用于描述分布的集中趋势）的离差，除以标准差（又叫标准偏差，用于描述样本分布相对于平均值的离散趋势或差异程度）。经计算，长沙的主体形象中，平均分为 63.5，标准差为 88.4。标准分分别如后表所示。

第四步，根据 Z 值总分综合衡量媒体对各类资源分配的多少，为对各类议题的重要性排序提供依据。标准分 Z 的正负、大小表明了样本在总体分布中的位置。Z 大于 0 时，表明样本值大于总体平均数，即在直方图的平均数垂线的右侧；小于 0 时，样本值小于总体平均数，在直方图的左侧；等于 0 时，样本值与总体平均数相等，在直方图的线上。Z 值的绝对值越大，表明样本距离平均数越远。在 Z 值的最低与最高值范围内，

---

① 这六个步骤的详细说明及计算方法，参见方晓红《农村传播学研究方法初探》，人民出版社 2008 年版，第 78—93 页。

设定如下重要性排序：最不重要：Z 小于等于 Z 的最小值的一半；一般重要：Z 大于其最小值的一半，小于等于 0；次重要：Z 大于 0，小于 Z 最大值的一半；重要：Z 大于等于其最大值的一半。

第五步，根据重要性排序，分为第一、第二、第三、第四重要。第四重要：-0.69 至 -0.35（含 -0.35）；第三重要：-0.35 至 0（含 0）；第二重要：0 至 1.17（不含 1.17）；第一重要：1.17 至 2.34。结合权威部门的文件或指标等，考察其与现实的拟合状态：拟合，或者不拟合（偏离）。例如，政府和企业主体，其标准分都大于 0，说明其样本数量高于样本平均值，电视新闻报道在这方面投入的篇数相当多。这种投入，与长沙城市的政治功能和经济功能形象是对应的，因而呈现拟合的状态。但在长沙走向新型城市化的进程中，城市的生态功能、服务功能理应加强，但电视新闻报道在这方面的指标，如生态环境、绿地绿化、本市人、非本市人等，其标准分都小于 0，说明它们的样本量小于总体平均数，即湖南电视媒体对这些主体形象的资源配置数量严重不足，与城市需要强化这些功能形象的现实呈现不拟合的状态。

第六步，计算拟合指数。加权前的拟合指数计算公式为：媒体的议题总数，减去不拟合状态的个数，除以媒体的议题总数。经计算，长沙的主体形象报道中，拟合指数为 27%，不拟合指数为 73%。这表明，从纵向的时间段来看，20 世纪 80 年代以来，湖南电视中的新闻报道所呈现的长沙主体形象，除了政府和企业主体形象外，其他主体形象与现实存在相当大的偏离，即关注度不够。

下表为前述六步所得的各项数据情况。

序号	电视新闻主体形象	报道数量	标准分	标准分重要性	拟合状态
1	空间布局、规划	4	-0.67	第四重要	不拟合
2	建筑、交通（文物古迹）	42	-0.24	第三重要	不拟合
3	绿地、绿化	2	-0.69	第四重要	不拟合
4	生态环境	20	-0.49	第四重要	不拟合
5	公共设施	16	-0.53	第四重要	不拟合
6	政府（党政机关）	271	2.34	第一重要	拟合

续表

序号	电视新闻主体形象	报道数量	标准分	标准分重要性	拟合状态
7	社区主体	24	-0.44	第四重要	不拟合
8	产业（企业）主体	200	1.54	第一重要	拟合
9	本市人	48	-0.17	第三重要	不拟合
10	非本市人	11	-0.59	第四重要	不拟合
11	其他	61	-0.02	第二重要	拟合
总篇数	699				
平均数	63.5				
标准差	88.4				
拟合指数	27%				
不拟合指数	73%				

　　为什么有那么多的主体形象与客观现实存在偏离呢？这相当于在追问谁设置了媒介议程，或者谁决定了将哪些话题带入公众关注的视野。从宏观角度看，这一现象是电视传媒在多元权力场域综合作用下的结果，特别是商业力量和政治力量作用的结果。正如有论者所言：中国的"媒介不仅要承担'政府代言人'的身份，它往往还在'市场主体'和'社会公器'等多种角色间左右为难，这一问题的解决与否直接影响着媒介在社会发展中功能的实现……在当前的媒介话语权力争夺中，政治意识形态、经济资本以及民间话语力量都在进行积极的干预，但是媒介终归是'权力的媒介'，目前对我国媒介产生了重大影响的主控力主要来自商业力量和政治因素"[1]。

　　为了论证这一现象的普遍性，笔者在中国知网上收集到《湖南日报》和《人民日报》2000年以来以"长沙"为主题的同期的新闻报道100余篇，从下表所示的依主体形象指标分类统计后的数据来看：政府和企业同样是这两家报纸主打的主体形象。

---

　　① 郭小照：《传媒中的城市形象研究：以"宿迁现象"为例》，硕士学位论文，苏州大学，2009年。

主体形象	《湖南日报》中的数量	《人民日报》中的数量
空间布局、规划	6	4
建筑、交通（文物古迹）	13	8
绿地、绿化	0	1
生态环境	11	10
公共设施	0	4
政府（党政机关）	41	62
社区主体	0	7
产业（企业）主体	39	21
本市人	5	4
非本市人	1	2
其他	9	7
总数	125	130

《湖南日报》和《人民日报》分别是湖南省内和我国的一流党报，各有其内部的新闻规制，但它们自塑和他塑的长沙主体形象，与湖南电视自塑的长沙主体形象如此雷同，只能说明中国主流意识形态对中国传媒的作用不是个别的，而是普遍性的。

三　小结

理性地探讨电视建构城市形象的得失，集中在客观现实、主观现实和符号现实三个关键概念相互关系的理解上。社会建构论者皮特·伯格（Peter L. Berger）和托马斯·卢克曼（Thomas Luckmann）认为，所谓的"现实"（reality，也译作"真实"或"事实"），不是一个现成给定的外在于人、独立于人的实在，而是一种意义和知识的建构。正是这种共享的"信以为真"的"知识"（knowledge），使人们共享了一个有意义的（真的）和有秩序的（共信的）"现实"。据此，他们提出了客观现实与主观现实的概念。客观现实（objective reality）以一种"事实"（facts）或常识（common knowledge）的形式存在，它是人类认识事物和进行交流的前提条件。主观现实（subjective reality）是客观现实在个体意识中的体现。

人类认识事物和进行交流，可以直接进行，也可以间接进行。所谓的间接进行，即借助各种符号或媒介来进行。这一间接行为所造成的另一个现实，就是符号现实或媒介现实，用李普曼的术语来说就是拟态环境（Pseudo-environment，也译为虚拟环境，假环境，伪环境）。拟态环境以现实环境为原始蓝本，但并不等同于客观环境，或多或少与客观环境存在偏离。在大众传媒发达的现代社会，我们头脑中的世界，即主观现实，不但来自客观现实，更多地来自由大众传播媒介提供的符号现实。英国哲学家卡尔·波普尔（Karl Popper）则将符号世界定义为"第三世界"，并认为三个世界关系密切："在人类的水平上，可称为第二世界（即精神世界）的那些东西，越来越变成第一世界和第三世界的中间环节：我们在第一世界中的一切活动都受到我们的第二世界对第三世界的了解程度的影响。第一世界与第三世界之间以第二世界为中介。"[①]

　　根据上述理论，湖南电视建构的长沙形象，本质上是一种符号现实。而电视建构长沙形象的得与失，反映的正是这一符号现实的双重特征：一方面，它是长沙城市化客观现实的拟态，所以它是丰富多元的，是折射城市发展进程的，同时，拟态意味着相似，意味着偏离，所以它又是失真的。另一方面，处于多元权力场域中的电视传媒，就像一盏被操纵的探照灯，来回不断地照射着城市的客观现实，以供城市公众形成其主观现实提供重要参照。由于更多地代表了政府、城市管理者和其他商业组织的利益，电视充当了"喜鹊"似的报喜者角色，更多地选择城市的正面信息来建构良好的形象，这不但过度地美化了正面信息，同时也部分地遮蔽了某些负面信息。而此过程中电视传媒具体的建构机制和策略，将在下一节专门进行论述。

第二节　电视建构长沙形象的机制和策略

　　正如第一章第三节所言，电视建构长沙形象的过程，主要涉及城市源

---

　　① ［英］卡尔·波普尔：《客观知识：一个进化论的研究》，舒炜光等译，上海译文出版社1987年版，第114页。波普尔在区分主观知识和客观知识的基础上，提出了著名的3个世界理论。他认为："如果不过分认真地考虑世界或宇宙一词，我们就可区分下列三个世界或宇宙：第一，物理客体或物理状态的世界；第二，意识状态或精神状态的世界，或关于活动的行为意向的世界；第三，思想的客观内容的世界，尤其是科学思想、诗的思想以及艺术作品的世界。"其中，"第一世界"最先存在，是包括地球在内的宇宙自然世界；"第二世界"在新的层次上出现，是人的精神世界；"第三世界"又出现在更高的层次上，是客观知识的世界，包括人类所创造的语言、文学作品、艺术等。

像信息的把关和编码。因此，下文将承接这一过程，具体分析长沙形象电视建构的把关机制和编码机制，以及适应这些机制的相应策略。

一　把关机制与形象符号的选择策略

传播媒体选择何种信息，看似是媒体的独立行为，但实际上却受到诸多因素的制约和影响。因为媒体的生存和发展，离不开特定的自然环境和社会情境。具体到湖南电视建构长沙形象的把关机制中，影响把关人的关键因素有很多，最主要的有四个：城市实力资源；政治力量；经济力量；城市公众的需求。

1. 长沙城市实力资源：电视建构城市形象的现实源泉

城市实力资源大体可分为城市硬实力资源和城市软实力资源，它们都是形成城市实力的资源要素。学术界对二者的复杂内涵和复杂关系还没有清晰和统一的界定。学者们一般认为，城市的硬实力主要来自城市的地理条件、自然资源、人口规模、经济总量等有形或具体的资源要素，城市的软实力则来自城市的文化、制度、人口素质、社会和谐等无形或抽象的资源要素。按照"软实力"（soft power）概念提出者约瑟夫·奈（Joseph S. Nye, Jr.）教授的理解，就国家实力而言，冷战后世界各国的权力来源，正由军事和经济等强制力量，转向技术、文化等软性因素。类似地，城市实力的大小，不仅取决于城市硬实力资源，更取决于城市软实力资源。

城市实力资源，是城市形象的基础和源泉。不论是电视中的城市形象，还是公众心目中的城市形象，其最原始的信息来源，都是城市的实力资源。中国人民大学金元浦教授曾在"2010 传媒与城市发展峰会"上的主题演讲中指出，城市自身实力的提升是城市形象提升的基础。复旦大学孟建教授也认为，一个城市如何被看待，本质上就是城市软实力问题，而城市软实力问题，又主要涉及形象传播力、文化号召力、政府执政力、区域影响力、城市凝聚力五个关键词。从当前中国城市形象的概念定位情况来看，笔者收集了 19 个城市概念，这些概念所体现出来的城市形象中，无一不以其某一方面或多方面的实力资源为前提。其中，主要依托软实力资源构筑的城市有 9 个，主要依托硬实力资源构筑的城市有 5 个，同时依托硬实力资源和软实力资源构筑的城市 5 个。详情如下表所示：

城市概念	内涵或主要特征	主要依托的资源
智慧城市	基于信息技术而发展起来的具有海量信息和智能过滤处理的新的城市形态	软实力资源
数字城市	城市的数字化、网络化、智能化	软实力资源
无线城市	使用高速宽带无线技术覆盖城市行政区域，向公众提供利用无线终端或无线技术获取信息的服务	软实力资源
知识城市	通过研发、技术和智慧创造高附加值产品和服务，从而推动城市发展的城市	软实力资源
国际化大都市	在政治、经济、文化等方面有全球性影响力的城市	综合性资源
世界城市	国际城市的高端形态，也称全球城市	综合性资源
中心城市	在一定区域内和全国社会经济活动中处于重要地位、具有综合功能或多种主导功能、起着枢纽作用的大城市和特大城市	综合性资源
休闲城市	围绕休闲产业发展起来的城市	软实力资源
绿色城市	污染控制好，资源利用高，森林覆盖广	硬实力资源
国际花园城市	全球公认的"绿色奥斯卡"大赛和最高荣誉之一	硬实力资源
创新型城市	依靠科技、知识、人力、文化、体制等创新要素驱动发展的城市	软实力资源
低碳城市	以低碳经济为发展模式及方向、市民以低碳生活为理念和行为特征、政府公务管理层以低碳社会为建设标本和蓝图的城市	软实力资源
港口城市	位于水域沿岸拥有港口交通职能的城市	硬实力资源
友好城市	为增加居民或文化交流而配对起来的城市	软实力资源
海滨城市	靠海的城市	硬实力资源
山水城市	从中国传统的山水自然观、天人合一哲学观基础上提出的未来城市构想	综合性资源
花园城市	也称园林城市，兼具城乡优点的理想城市	综合性资源
生态城市	人、自然、环境融为一体的理想城市	硬实力资源
幸福城市	符合城市和市民幸福指标的城市	软实力资源

资料来源：中国城市概念大汇总，http://www.chinacity.org.cn/csgn.html。

在城市的实力资源中，值得强调的是传媒，特别是大众传媒，是城市的一种重要的软实力资源。陶建杰在《传媒与城市软实力》一书中指出，传媒在城市软实力塑造和建设中，具有双重属性：作为"资源"的传媒，本身就是城市软实力资源的一部分；作为"中介"的传媒，影响着其他软实力资源向软实力建构效果的转化。[1]

---

[1]　陶建杰：《传媒与城市软实力》，上海交通大学出版社2011年版，第13页。

从湖南电视建构的长沙形象来看，无论是新闻报道中的长沙形象，还是纪录片、宣传片等中的长沙形象，如历史文化名城、山水洲城、伟人故里，都是基于长沙城市发展的客观现实的。随着湖南电视自身的发展和它在长沙文化产业中重要性的日益突出，湖南电视成了长沙城市软实力资源的重要构成要素，为建构和提升长沙的城市软实力做出了巨大贡献。例如，金鹰影视城现在是长沙的重要文化地标，而湖南电视刮起的快乐风暴，为长沙赢得了"娱乐之都"的美誉。

2. 政治、经济和公众：电视建构长沙形象的三大推手

传媒总是受到权势的控制。对于传媒与其背后力量的关系，阿特休尔有一段精彩的描述："新闻媒介好比吹笛手，而给吹笛手乐曲定调的是那些付钱给吹笛手的人。付钱主子的目的在于控制事物的局面，因为把握事物局面有助于维持新闻独立的信念。吹笛手与其付钱主子的关系不外乎四种形式：官方形式、商业形式、利益关系形式和非正式形式。在官方形式里，报刊电视广播内容是由规定、条例和法令决定的。在商业形式中，新闻媒介内容反映广告商及其商业伙伴的思想观点，这些人常常本身就是新闻媒介的所有者和出版商。在利益关系形式里，新闻媒介的内容反映金融企业，或政党，或宗教团体，或追求特殊目标的其他各类组织的利益。在非正式形式中，新闻媒介的内容则以反映亲朋好友的利益为目的，他们或者直接提供资金，或者运用他们的影响来确保人们能聆听到吹笛手演奏的乐曲。"①

这四种控制形式背后的力量或资源，可归结为政治、经济和公众三种，它们同样是影响中国电视生存和发展的三大核心力量，但具体内涵和作用方式有所不同。在从计划经济时代步入市场经济时代的过程中，中国电视具有了事业性和产业性的双重属性。② 双重属性必然要求双重效益：

---

① ［美］阿特休尔：《权力的媒介：新闻媒介在人类事务中的作用》，黄煜、裘志康译，华夏出版社1989年版，第287页。

② 这一过程的标志是：1983年中央37号文件提出"四级办电视"。1997年，"三台合一、局台合一"，同一县内广播电台、电视台和有线电视台合并为一个广播电视台，再将县广播电视局与广播台合并。1999年，国务院办公厅82号文件提出了"四级变两级"的广电改革体制。推进地（市）、省级无线电视台和有线电视台的合并。同时提出在省、自治区、直辖市内组建广播电视集团。虽然数量有增减，但事业的基本属性没变。2001年中办17号文件《关于深化新闻出版广播影视业改革的若干意见》，初步突破了资本运作壁垒，扩大了社会资本和外资的进入。2003年，中办21号文件将媒介分为公益性事业和经营性产业两类，将除新闻宣传外的社会服务类、大众娱乐类等经营性资料从事业体制中分离出来。

社会效益和经济效益。如何获得双重效益？变革传媒的运作方式！改革开放以前，计划经济体制下的中国电视，人权、财权，甚至资源配置权，都归政府负责，事业性属性占主导，电视的宣传功能突出。改革开放以后，特别是 20 世纪 90 年代文化体制深化改革以来，政府明确划分了文化事业和文化产业，坚持文化事业和文化产业两手抓。电视开始慢慢脱离政府的怀抱，蹒跚地走向市场，政府的投入日益减少，代之以相应的政策权力，推动电视向市场要效益，产业性得到重视。而效益的具体实现，体现在电视产品的"两次售卖"。第一次售卖是传媒机构或组织将传媒内容出售给消费者，消费者从文化产品中获得消费的快感和意义，传媒组织则获得消费者付出的金钱、时间和注意力资源，以及一部分发行收入。第二次售卖是传媒机构将消费者的注意力资源，以版面或频道栏目的形式，卖给广告主，获得传媒生存所必需的广告收入。正是在这种金融经济与文化经济融合的商业逻辑中，电视通过产品的调适与变动，在坚持政治、经济和公众属性的前提下，使三种力量得到了不同程度的调节和强化。

值得注意的是，这三种力量往往纠缠在一起，很难严格区分，而且对具体某一级别的某一电视的作用是有侧重和变化的。例如，湖南电视在第一轮改革之前，坚持"新闻是主体，专题、文艺是两翼"的宣传方针，很少打广告，会议报道、政令发布等节目，要多于服务城市公众的节目，说明它主要依附的是以政府和政党为代表的政治力量。三轮改革之后，电视的产业属性大大增强，广告收入成了主营收入，各类服务于城市公众的民生节目和服务于广告商的广告节目，明显多于宣传类节目，说明公众和经济的力量得以崛起。但这并不意味着政治力量的消失，只能说传媒与政治的关系发生了新变化。例如，广电总局的"限娱令"等管制政策，依然高悬在电视传媒之上，约束其传播的内容。而它的三轮改革，政策层面的松动就是直接的动因之一。

政治、经济和公众这三股力量，仿佛如来佛的手掌，传媒纵使神通广大，都无法逾越。电视中的城市形象作为节目或产品，同样受到这三股力量的制约。因为当前中国的城市化进程是由政府和开发商共同主导的，城市形象的定位，也主要由政府和开发商来决定。这就是为什么在电视新闻报道建构长沙主体形象的过程中，政府和企业的主体形象最多的重要原因。随着城市化进程的深入，城市由重扩容转向重提质，由重硬环境转向重软环境。环境污染和市民素质等问题日益凸显，这就必须树立相应的环境形象和市民形象，于是，新闻报道中环境与人的主体形象报道得以出现。这里要注意的是，相应的出现是必然和必要的，但出现的频率和数量，则取决于媒体对政治、经济和公众力量的平衡。如果媒体偏向公众力量，就会如 20 世纪 90 年代初的都市报浪潮一样，节目都定位在服务大众民生。湖南电视节目今天被许多人理解为娱乐的代名词，一个重要的原因，就在于它对公众力量特别是年轻公众力量的倚重。

3. 形象符号的选择策略

电视建构出的城市形象符号，类型很多。从符号形式来看，一般包括图画（图形）、文字、声音、图像等类型。从符号意指来看，又可细分为多种类型。如从城市形象的主体来看，可包括城市建设主体符号、城市组织主体符号和城市市民主体符号。从城市形象的识别性来看，可包括城市理念识别符号、城市行为识别符号和城市精神识别符号。此外，还有城市建筑性符号、城市设定性符号（如市花、市树等）、城市自然性符号（如山、水等）、城市特产性符号（如特色产品、方言等）。

电视在选择具体的城市形象符号时，有很多具体的技巧或策略。为了追求符号文本传播效果的最大化，从选择的思路来看，相对理想的策略是在如下图所示的最佳范围内选择。当然从实际的选择情况来看，还可能会出现偏重某一力量的现象。本节主要基于城市实力资源和政治、经济、公众力量联合主导下的把关机制，从抽取的湖南电视样本出发，总结两种具有共性的策略：一是选择最能代表城市实力资源的符号；二是选择最能引发政治、经济和公众三方共鸣的符号。

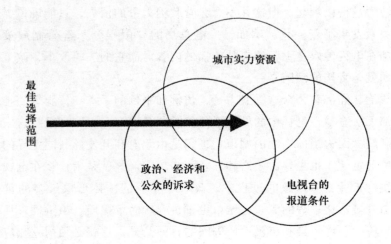

（1）选择城市实力资源的代表性形象符号

长沙城市的实力资源十分丰富，代表性形象符号不胜枚举。以历史资源为例，郑佳明在《长沙历史文化丛书》的前言中，要点式地梳理了长沙政治、军事、科技、文化、教育和城市建设六个方面的资源及代表性的符号，写得比较精彩，现将部分文字摘录如下（其中黑粗字体的文字为笔者所加，以强调代表性的符号）：

政治方面，多年来，长沙作为疆域广阔的西汉长沙国和五代马楚国的都城，作为湖南历代郡、州、道、路及行省的治所，是历代湖南地方军政长官的驻节之地。湖湘地区的政治中心，除了在唐朝后期、五代末年、清代初年由于特殊原因曾设于衡州、朗州和沅州之外，其余绝大部分时间都在长沙，而且随着时代的推移，这一地位日益巩固，直到今天。自汉以来即有**孙坚、谢安、孙盛、陶侃、张邵、杨公则、褚遂良、李允则、李纲、张孝祥、真德秀、魏了翁、辛弃疾、江万里、文天祥、季本、赵申乔、潘宗洛、陈宝箴、黄遵宪、赵尔巽等历史名人**，在长沙担任过太守、都尉、刺史、知州、都督、安抚使、提刑使、按察使、巡抚等要职，或为一代名将，或为当世名臣，或为一代循良，把长沙治理得井井有条。从清道光至民国初，长沙籍的尚书、总督、巡抚、都督多达百余人，遍布全国各地。戊戌维新、辛亥革命、反袁护国、农民运动、抗日救亡，长沙都是最富生气的地区。长沙又是**毛泽东、刘少奇、胡耀邦等革命领袖**的故乡，他们早年在长沙的革命业绩光照千秋。

军事方面，长沙自古号称"湘岭要据"，北控重湖，南倚五岭，东御章赣，西捍黔滇，是长江以南西部地区的军事重镇和重要战场。历代湖湘地区的最高军事长官驻节于此，同时也是中央王朝直辖军队如唐代府兵、宋代禁军、元朝蒙古军、明朝镇兵、清代绿营兵驻扎之所，关系全湘之安全。自汉唐以来，长沙就是著名的古战场、历代兵家必争之地。**樊哙、马援、黄忠、关羽、华皎、李靖、马殷、周行逢、慕容延钊、潘美、张浚、岳飞、韩世忠、兀术、李芾、何腾蛟等名将大帅**曾在此挥兵鏖战，展开了一个个壮阔的场面。长沙又是中国历代农民起义和农民战争的必争之地或重要战场，晋代杜弢起义曾攻占长沙，威慑荆湘；唐末黄巢大军一度攻克长沙，震动全局；南宋时，钟相杨幺**义军和红巾军**均把长沙作为主要征战地区；明末张献忠大西军攻克长沙雄踞数月；李自成大顺军也曾在此联明抗清；近代太平天国战争中，**太平军与清军**在长沙展开了攻城与守城的殊死拼搏。在中国近代史中，**湘军**所向披靡，威震天下，有"无湘不成军"之誉。在抗日战争中，日军三攻长沙不下，更使长沙增添了英雄的光彩。

经济方面，商周时期长沙地区就有了较大规模的商品交换，并开始使用货币。**"长沙，楚之粟也。"**唐代每年都有大批税米运往京都，有"三秦之人待此而饱，三军之众待此而强"的美名，潭州集市出现了"市北肩舆每联袂，郭南抱瓮亦隐几"的盛况。长沙是中国世界**陶瓷**之路的起点，晚唐长沙窑首创釉下彩工艺，产品远销多个国家。五代时长沙**茶叶**贸易盛极一时。宋代出现了"长沙十万户，游女似京都"的繁华市景。元代潭州的油漆颜料广告是我国现存最早的印刷广告实物。明代长沙府提出"聚四方之财，供一方之利"的战略，耗巨资开河通商，蔚为壮观，长沙成为中国四大茶市之一。到清代长沙又成为中国四大**米**市之首，清末成为中国五大陶都之一。四大名绣之一的**湘绣**，八大菜系之一的**湘菜**更为长沙商贸平添几分文化色彩。

科技方面，长沙古代的科技成就令人瞩目，世界上现存最早的天文学专著，中国最早的地图、医学著作、钢剑、玻璃制品都出土在长沙。**楚汉长沙的髹漆、制镜技术，唐代潭州的釉下彩瓷技术，宋代潭州的造船、造纸和制墨技术，以及明清长沙的纺织技术**都十分先进。长沙数学上的成就在全国相当突出，元末贾亨著《**算法全能集**》是《永乐大典》所收 20 种算书之一；晚清丁取忠创长沙数字学派，所编《**白芙堂算学丛书**》集中国传统数学之精华，并收有外国数学著作，被国外列为近代东方科学大事。近代长沙的冶炼技术在全国居先进行列，**清末长沙在国内第一次采用西法提炼纯锑**，"成色在世界著名之英京廊克逊之前"；民国时期又是长沙第一次成功采用**西式"横罐炼锌"法炼锌**，打破了洋锌垄断中国市场的局面。

文化方面，长沙作为湖湘文化之都，素有"屈贾之乡，潇湘洙泗"之称。**屈原、贾谊、李邕、李白、杜甫、韩愈、柳宗元、刘长卿、杜牧、李商隐、杜荀鹤、欧阳修、姜夔、范成大、杨万里、袁枚**

等古代文化巨匠都曾"一为迁客去长沙"，为古城留下了千古绝唱和传世碑刻。长沙又是宋明理学的发祥地之一，宋代**胡安国、张栻、朱熹，明代王守仁、张元忭，清初王夫之等**，无不把长沙作为他们治学的宝地。医圣**张仲景**任过长沙太守，药王**孙思邈**相传隐居浏阳，与长沙结下不解之缘。而长沙籍的**史学家邓粲、欧阳玄、王先谦，书法家欧阳询、怀素，文学家齐己、李东阳、冯子振，画家易元吉、齐白石，经学家易祓、王闿运，戏剧家杨恩寿、欧阳予倩、田汉等**，更为历史文化名城增添无限光耀。长沙又是近代经世致用学派的大本营，经世、爱国、务实、奋斗的人文精神，对毛泽东早期思想的形成产生过重要影响。

教育方面，东汉第一任太守**郅恽**在长沙"**崇教化，表异行**"，唐将**马燧在长沙造藏修精舍**，唐相**裴休在长沙筑草堂授徒传业**，都给后世教育产生了深远的影响。**岳麓书院**是宋代四大书院之首，全盛时期有"道林三百众，书院一千徒"之誉，历千年不衰。北宋后期仿王安石"三舍法"，将岳麓书院与湘西书院、州学改革为"潭州三学"。元明长沙府县两级官学的完备和社学、义学的兴盛在全国独步一时。清康熙时，两湖分闱，长沙单独举行乡试，促进了湖南文化教育事业的发展。清前期长沙涌现了**李文炤、王文清、罗典、欧阳厚均等一大批教育家**，他们的教育思想和教学方法至今仍有借鉴意义。湖南近代几个人才群体先后有**贺长龄、贺熙龄、陶澍、魏源，曾国藩、胡林翼、左宗棠、罗泽南、郭嵩焘、刘长佑，唐才常、沈荩、黄兴、陈天华、杨昌济等就读于岳麓书院或城南书院**。晚清教育救国思潮在长沙此起彼伏，**长沙时务学堂和浏阳算学馆**是中国较早的新式学校。长沙著名教育家**徐特立**为发展中国的师范教育事业做出了巨大贡献。"北有南开，南有**明德**"，长沙近代的基础教育更是有口皆碑。

城市建设方面，长沙古城的形成与建设也有许多特色。长沙城本身就是一个历史大遗存，古今城址重合，古今城市中心重合，而且从战国一直延续至今的都市在中国屈指可数。长沙"陆有玉璞，水有珠胎"，**岳麓**为屏，**湘江**为带，水陆洲浮碧江心，**浏阳河**曲绕郊外，湖泊星布，岗峦交替，城郭错落其间，唐代就已形成山水城市的风格。汉代**定王台、贾谊故居**，唐五代的园林、寺庙，宋代的书院，明代的王府、城阁等古建筑都有自己的特色和风格。长沙虽经"文夕"

大火劫难，但独具一格的古建筑、古园林、古寺庙、古城址、古街道、古驿道、古河道至今仍历历可见。①

这些历史文化资源，可以说是长沙城市的名片，可归入名人（人物）、名事（事件）、名景（景点、景物）、名产（特产）、名作（作品、著作）、名校（学校）、名称（称谓、美称）等范畴，再加上现代化进程中出现的名建筑、名地标等，就是电视建构长沙形象的重要素材库。下表为长沙近年来所获的城市荣誉。

长沙城市名片中的城市荣誉（共 27 个）	获得时间
首批国家历史文化名城（全国目前有 119 个）	1982 年
中国十大节庆城市	2005 年
中国第三个国家森林城市	2006 年
长株潭城市群获批为"两型社会"实验区	2007 年
国家园林城市	2008 年
全国无偿献血先进城市	2008 年
中国首届最具软实力城市（共 14 个）	2009 年
中国十佳休闲宜居生态城市	2009 年
中国省会十大活力城市	2010 年
全国畅通工程模范管理城市	2010 年
全国绿化模范示范城市	2010 年
中国十大品牌城市	2010 年
中国国际形象最佳城市	2010 年
最值得驻华大使馆向世界推荐的最具中国特质的国际文化名城	2010 年
第三届全国文明城市	2011 年
2011 年中国十大创新城市	2011 年
2011 年中国十佳宜业城市	2011 年
2011 年中国最佳投资服务城市	2011 年
中国十大会展品牌城市（连续 4 年入选）	2011 年
全国节能减排示范城市	2011 年

---

① 参见梁小进、杨锡贵《长沙历史风云》前言，湖南文艺出版社 1997 年版。

长沙城市名片中的城市荣誉（共 27 个）	获得时间
中国最具幸福感城市（连续 4 年入选）	2011 年
中国城市（294 个）竞争力排名第 10 位	2012 年
全国十大幸福省会城市之一	2012 年
国家首批知识产权示范城市	2012 年
中国十大休闲城市	2012 年
全国创业优秀城市	2012 年
"2011—2012 年年度中国城市网络形象排行榜·优秀城市"	2012 年

资料来源：笔者收集整理。

　　湖南电视建构的长沙城市宣传片、纪录片的样本解说词中，很多历史文化资源的代表性符号，就是从这些代表性实力资源中提炼出来的。例如，毛泽东、屈原、贾谊、杜甫等历史人物，湘江、橘子洲、浏阳河等自然景观，太平街、马王堆、岳麓书院、火宫殿等人文景观。下表是根据《人文长沙》《中国历史文化系列之长沙》《长沙，走向世界》《长沙老街》和《芙蓉今始为君开》5 个样本视频的解说词，随机抽取的上述关键词及其出现次数。

纪录片样本中随机抽取的关键词及其出现次数

城市形象代表性符号	语词出现次数	城市形象代表性符号	语词出现次数
毛泽东	15	岳麓书院	8
屈原	10	湘江	23
贾谊	9	橘子洲	3
杜甫	5	浏阳河	8
太平街	17	火宫殿	8
马王堆	10		

　　当然，任何一部电视宣传片或纪录片，不可能也没必要穷尽罗列长沙所有的代表性资源符号，因而所谓的"代表性"符号自然带有强烈的主观性，这种主观性，不但来自编导和创作者个人的经验，也来自政治、经济和公众诉求影响下的价值观。但不管是何种情况下的主观性，总要建筑

在客观事实的基础之上，经得起历史的检验。

（2）选择城市"三大推手"的共鸣性形象符号

电视选择城市形象符号，直接目的在于建构节目的文本（符号集合体）。从节目传播效果最大化的角度考虑，媒体当然希望所选择的形象符号能引发多方共鸣，特别是城市形象背后的政治、经济和公众这三大推手的共鸣。虽然这种共鸣是事后的效果，而且也没有物理学意义上的共鸣现象的客观性，更难以直接量化检测，但媒体还是应该而且可以依据特定的建构目的及自己的行为惯例，在三种力量间找到合理的平衡支点。

在电视新闻报道中，这一平衡支点大多建立在新闻价值要素和社会价值要素的交叉点上。新闻价值要素主要包括新（时间或内容上的新）、近（地理或心理距离的接近）、奇（奇特）、趣（趣味）、显（重要性、显著性）等。社会价值要素主要是社会的主流意识形态和核心价值体系。主流意识形态就是中国特色的社会主义建设理论，如"毛泽东思想""邓小平理论""三个代表"和科学发展观等。社会主义核心价值体系包括民族精神和时代精神，十八大报告列举的关键词包括自由、平等、公正、法治、爱国、敬业、诚信、友善等。然而，即便兼顾了这两大要素系统，在具体的报道文本中，更多的可能是出现或偏重新闻价值或偏重社会价值的现象。在电视新闻报道的 699 样本中，笔者对样本标题的关键词做了词频分析（之所以选择标题，主要基于新闻标题是新闻内容的概括或反映这一假设），发现：含"会"（会议）字的标题，有 172 个，约占样本总量的 25%，这可以说是政治力量主导或需求的一种反映。含"厂"（工厂）字的标题，有 80 个，约占样本总量的 11%，这可以说是经济力量主导或需求的一种反映。而含"路"（道路）字的标题 28 个，含"街"（街道）字的标题 14 个，含"水"字的标题 13 个，含"文"（文化、文物、文明、文艺）的标题 19 个，这些含"路""街""水""文"字的标题共计 74 个，约占样本总量的 11%，这可以说是百姓诉求主导的反映。这就说明，共鸣性形象符号的选择，也带倾向性，均匀对称的理想分布状态，很难实现。

在电视宣传片、纪录片中，这两种节目形态的主观倾向性相比新闻节目的主观倾向性更强更明显，代表性表征就是解说词的修饰性词汇（多为褒义的形容词、副词等），因此，这类节目的共鸣性形象符号的平衡支点，不但表现在所选择的客观具体的形象画面上，而且表现在一些相对抽象或中性的类别性语词上。例如，在《人文长沙》《中国历史文化系列之长沙》《长沙，走向世界》《长沙老街》和《芙蓉今始为君开》5 个样本视频的解说词中，发现："政治""经济""文化""建设""文物""革命""交通""山""水""街"等抽象或中性的类别词，累计出现次数共达 419 次。各项目详细次数如下表所示。

共鸣性类别语词	出现次数	共鸣性类别语词	出现次数
政治	6	交通	4
经济	38	文物	13
文化	62	山	23
建设	17	水	49
革命	7	街	100

二 编码机制与形象符号的编码策略

"编码"一词，至少有两种含义。在自然科学中，它是指为了某种目的而对信号进行变换的一种技术，可分为信源编码、信道编码和保密编码等类型。例如，广播电视的视频或音频信号，通常要进行以抽样、量化和编码为核心的数字化压缩和处理。在社会学者斯图亚特·霍尔（Stuart Hall）眼中，它是电视话语"意义"生产的一个环节或一种方式。霍尔在其著作《电视讨论中的编码与解码》（*Encoding and Decoding in the Television Discourse*）中，借鉴马克思主义政治经济学的生产、流通、消费、再生产理论，将电视话语的生产与流通，划分为编码、成品和解码三个环节。其中，"编码"是指电视生产者根据一定的"符码"（code）或"规则"，将事件等原材料符号化。本节所指的"编码"，源自霍尔的概念。

霍尔认为，事物本身没有意义，而是通过概念或符号的"再现"（representation）或"表征"，才拥有了意义。"你不能用一只杯子来想，只能用代表这杯子的概念来想。你不能用实际存在的杯子说话，只能拿适用于杯子的词来说。这就是表征起作用之处。表征是在我们头脑中通过语言对各种概念的意义的生产。它就是诸概念与语言之间的联系。这种联系使我们既能指称真实的物、人、事的世界，又确实能想象虚构的物、人、事的世界。"[1] "编码"，就是建构这种意义的表征系统或意指实践中的一

---

① ［英］斯图亚特·霍尔编：《表征：文化表象与意指实践》，徐亮、陆兴华译，商务印书馆 2003 年版，第 17 页。

个环节。"编码"的结果，就是电视节目的"成品"，它是一个文本
（text，符号的组合）或"信息形式"，等待着观众依据自己的"符码"或
"规则"来进行不同程度的翻译或"解码"。"所以，电视信息的生产与接
收不是同一的，而是相联系的，在由作为一个整体的交流过程的社会关系
形成的总体性中，它们是各自区别的环节。"①

霍尔的编码与解码理论，认为意义不是传者传递的，而是受众生产
的，不但洞开了积极的受众的研究之门，而且为我们分析电视建构长沙形
象的过程，提供了一把理论的钥匙。因为电视建构城市形象的过程，实际
上就包含了编码的过程。这个过程，表面上看是电视语言符号能指与所指
如何游戏的策略运用过程，而往深处来看，实质上是电视媒体如何戴着意
识形态话语权力的"脚镣"跳舞的过程。

由于前面的把关机制已谈到了政治、经济和公众等意识形态话语权力
的影响，下面侧重探讨的，就是符号操作上的策略问题。电视符号运用的
策略可从不同角度切入分析。如有学者从传播的角度认为："城市形象传
播的总体范式，是在城市定位与城市形象元素的二元张力中，充分利用自
塑与他塑的传播与建构合力，形成优选方案。城市形象传播的策略是利益
相关者策略、大众传媒策略、城市营销策略和文化策略四者交互作用形成
的金字塔结构。"② 本节根据编码解码理论和湖南电视节目样本的情况，
重点分析类型化和陌生化的编码策略。

1. 类型化的编码策略

类型（type）一词，在汉语中的意思是"具有共同特征的事物所形成
的种类"。世界上没有两片完全相同的树叶，因为客观世界中的每一个事
物，都有着各自多样的特征或属性。但人为万物之灵长，拥有一种抽象和
归类的本领，能将不同事物中的共同特征抽离出来，置存于个体的心理系
统中。这个存放事物类型的仓库，心理学家们称之为基模（图式）。基模
是后天习得的，其数量是变化的，从无到有，由少到多，当数量达到一定
规模时，量变引发质变，小类型就被新类型或大类型所取代。因此，基模
被心理学家认为是认知结构的基本单元，具有帮助个体识别和评价进入心

---

① ［英］斯图亚特·霍尔：《电视讨论中的编码与解码》，王广州译，参见罗钢、刘象愚主
编《文化研究读本》，中国社会科学出版社 2000 年版，第 348 页。
② 何国平：《城市形象传播：框架与策略》，载《现代传播》2010 年第 8 期。

理系统的信息是什么的功能。基模的变化，反映出个体认知结构或认知能力的变化。

所谓的类型化，从认知的角度看，就是个体将感知到的某一人物或事物，归入其认知结构中已有的基模仓库之中。在文学和艺术创作中，类型化是一种形象塑造的手段和方法，也称为模式化，如"文化大革命"时的"样板戏"。电视是高度类型化的媒体。湖南电视对所选择的城市源像信息进行编码，同样运用了类型化策略。具体表现有二：

一是节目形态的类型化。如前所述，湖南电视的276个节目，不管其内容是否与长沙相关，大体可归入新闻类、服务类、娱乐类和教育类四大类型。从抽取的新闻报道、纪录片、专题片和宣传片等样本来看，这四类节目中，不同程度地存在着与长沙源像信息相关的内容。最初，节目形态类型相对单一，主要是宣传类和社教类，后来，渐趋丰富，扩充了新闻类、服务类和娱乐类。与美国电视节目形态大体分为信息类和娱乐类不同，中国的电视节目形态分类多元，直到今天都还没有一个统一的分法。湖南电视的上述分法，既可能是内部的工作惯例，也可能是中国电视媒体工作者基于西方传播学传播的四大经典功能的认识结果。节目形态的类型化还体现在具体某一栏目的内容设计上。如湖南电视的《城市语文》栏目，开播两年多，每期节目都是依照事先设计的"城市议论文""城市说明文"和"城市记叙文"三块结构来播出。《象形城市》栏目也是如此，每期节目都分三块：电影院、竞技场和观象台。

二是话语叙述的类型化。话语，也叫言语，是说话主体运用语言系统表情达意的口语或文本。叙述，也称叙事或讲故事，是叙事学中的重要术语。电视话语叙述的类型化，主要表现为话语结构的类型化、话语主题和题材的类型化、话语叙述人称的类型化三个方面。具体为何种类型，则依话语体裁或类型的不同而有所不同。

一般来说，电视新闻报道话语结构的类型化，表现在新闻节目文本的金字塔或倒金字塔式结构。如当下使用最多的倒金字塔结构中，依据最要者最先的报道原则，多将标题、导语作为摘要，放在节目开头，然后才切入和展开新闻故事。而新闻故事又多由新闻的基本要素（时间、地点、人物、事件或情节）所构成。电视新闻报道的话语题材，集中在构成城市形象的各大指标层面，而其主题或主旨，或是对题材事实的描述，或是对题材事实的解释（多为以事实说明事实），或是描述与解释的结合。在叙述人称上，多为第一人称或第三人称，即以亲历者或见证者的身份进行叙述。这些定式和套路，几乎成了新闻叙事的固定法则。

宣传片和纪录片的话语结构，大多由母题和支撑母题的画面元素构成。母题一般只有一个，如《长沙老街》。复杂的母题可细分为几个子题，如《长沙，走向世界》，分设"大潮""古城""开放"和"崛起"四章。母题的出现位置，或在片头，即开门以见山，如《长沙老街》在片头点明"今天，我们要涉足的是那一条条延伸在这古老城市中的老街"。或在片尾，即卒章以显志，如《长沙，就是一个舞台》。宣传片和纪录片的主题，多为宣传和记录长沙某一或某几个方面的现象或成就，其题材从时间维度看，或历史，或现实，或历史与现实的交融；从景观层面看，或自然景观，或人文景观，或自然与人文的融合；从功能层面看，或经济，或文化，或政治，或生态，或多者结合。宣传片和纪录片的叙述人称，也多以第一人称或第三人称为主。

电视节目形态和话语叙述类型化的根本目的，是要亲和、吸引他者，有利于他者认知和评价传者塑造的形象。类型化的确能产生这种积极或正向的功能。就某一种族或区域群体中的每一个体而言，他们之间的基模不可能完全一样，也不可能完全不一样，总有某种程度的类似、吻合甚至雷同，因为人类某些共通或相似的认知方式会随着时间的迁移遗传下来，从而将事物的某些特征积淀成为约定俗成的经验或文化知识。正是个体之间这种"共通的认知方式"和"共享的文化知识"，注定了使用类型化的正面功效：它是人们相互交流顺利进行的前提，也是人们快速认知某一人物或事物的保障。

但也正是这种共通的认知方式和共享的文化知识，使类型化的对象染上了一定的倾向性，成为人们追求客观、公正的障碍和形成固定成见、刻板印象的根源，从而不可避免地具有消极或负向功能。这种负向功能，是导致"反类型化"叙述出现的重要原因。

2. 陌生化的编码策略

类型化策略中的陈规、定式和套路，固然能激发他者对传者所塑造的形象的熟悉和亲近，但时间一长，他者可能会因为对这些常规的司空见惯而熟视无睹，甚至产生严重的审美疲劳，进而影响传者的表情达意。怎么办？陌生化（Defamiliarization）就是一种化平常为神奇的有效表现手段。陌生化是西方形式主义文论中的一个重要概念，最早由俄国的维克托·鲍里索维奇·什克洛夫斯基在其《作为手法的艺术》一文中提出。他认为："艺术的目的是使你对事物的感觉如同你所见的视象那样，而不是如同你所认知的那样；艺术的手法是事物的反常化手法，是复杂化形式的手法，它增加了感受的难度和时延。"① 艺术形式的陌生化，用中国文人的话来说，就是要"语不惊人死不休"（杜甫语），要"孚甲新意，雕画奇辞"（刘勰语），要"删繁就简三秋树，标新立异二月花"（郑板桥语）。陌生化手段同样适用于电视符号的编码。

在湖南电视建构长沙形象的节目文本中，有不少文本在内容和形式上都迥异于常情、常理、常事和常境。就电视新闻报道而言，陌生化的代表节目当推《晚间新闻》。《纽约时报》曾称之为"中国最流行电视台的'怪味豆'"。怪在何处？有人总结出六怪，即一怪强调新闻要抓细节，二怪在语言，三怪在风格，四怪在标题，五怪在形式，六怪在姿态。② 该栏目创办于 1983 年，1998 年年底大改版，2006 年更名为《晚间》，2008 年停播。该栏目曾与《快乐大本营》和《玫瑰之约》并称为湖南卫视收视率的三驾马车。《晚间新闻》的陌生化编码策略体现在如下三个方面：

一是主题和题材的陌生化。长期以来，以中央电视台《新闻联播》为代表的电视新闻报道，以时政新闻等"硬新闻"见长，其主题和题材被类型化为网友们调侃的"三句话模式"：前半部分，领导们都很忙；中间部分，全国人民都很幸福；后半部分，世界其他国家地区的人民还生活在水深火热之中。《晚间新闻》则主打"软新闻"，以地方新闻、社会新闻为主，关心凡人小事，关注百姓呼声。诚如栏目征稿启事所言："凡是好新闻、好专题、好纪录片（包括好的人物访谈、好的特别节目，如传奇故事、情感故事、奇闻趣事、绝技绝活、发家致富的怪招等），一句话：好的含新闻性的东西我们都要，好的标准是观众感兴趣。湖南以外的批评报道、灾难、事故报道，我们不敢要。"1983 年 3 月 1 日 21：00，第一期《晚间新闻》的头条新闻是长沙一个商场的开业报道：新东塘百货店开张营业，商店经理周兆达亲自带领员工在店门外迎候顾客光临。在计划经济向商品经济开始过渡的时期，商场、个体户、商店经理，这些都是

---

① 转引自阎嘉主编《文学理论基础》，四川大学出版社 2005 年版，第 89 页。

② 参见刘一平《湖南电视 40 年·锋芒》（上卷），湖南人民出版社 2010 年版，第 47 页。

观众在电视上很少听到的字眼和事物。① 栏目改版后，主要有《城市看花眼》《神仙会》《我来露一手》《点子公司》《喜报》《老乡见老乡》《湖南好地方》《听我讲新闻》等板块，这些板块中，有很多就是报道长沙城市中的人、事、物、景等。如下文摘录的这则报道，关注的是长沙一家颇具特色的军品店。

二是语言和叙述形式的陌生化。长期以来，电视新闻报道的语言和叙述模式，被类型化为网友们的如下戏仿：

　　　　今天是_____年____月____日，农历_____。今天节目的主要内容有：_____、_____、_____。下面请听详细内容。
　　　　_____在_____亲切会见了_____，双方进行了亲切友好的会谈。_____高度赞赏了_____，并对_____一贯坚持_____表示感谢。
　　　　_____省_____市_____县_____村加强学习"_____"的重要精神，切实为农民办好事，办实事。情为民所系，利为民所谋。一年内共解决_____农民的实际问题，受到农民的好评。
　　　　_____国群众不满_____，举行抗议示威活动。骚乱已持续_____天。
　　　　_____节目播送完了，谢谢您的收看。

而《晚间新闻》追求话语的另类表达，将正襟危坐的"播新闻"改为轻松幽默的"说新闻"。节目一开始，张丹丹和李锐微笑着和观众打招呼："我是丹丹，我是李锐，我们每天晚上都讲晚间新闻，盼望你每天晚上都关心。"家常式的问候很快就拉近了传受双方的距离。偶尔也幽上一默："开始了，迟到的我们就不等了。"然后带领观众将故事娓娓道来，嬉笑怒骂皆成新闻。节目结束之际："谢谢，再见，明天还是李锐。"叙述形式上，多用日常生活中通俗易懂的俗语、俚语，多用短句、方言，力求幽默风趣。串联词与 VCR、同期声等有机衔接。有时还配合场面插入相应的音乐。原本隐于新闻文本之后的记者和新闻来源，也被有机地融入了新闻文本之中，而且显露出明显的情感倾向。如下面这则报道：

---

① 参见刘一平《湖南电视 40 年·锋芒》（上卷），第 50 页。

城市看花眼：不爱时装爱军装 就是要"雄赳赳、气昂昂"

想看花眼吗？去长沙唯一的一家军品店吧，绝对能让你在和平年代产生当兵的强烈欲望，"来，向我开炮！"

这一套来自美军第十山地师，这位穿的是美军的特警服，还有德军的战斗帽，老板老张自己身上这一套则是法军的。

（实况：法军走的是时装式的路子，它有收腰，很贴身，它做得比较细致，一般来说，需要有一定身材的人穿，我还偏胖了。）

美式军服的材料很讲究，防水又防火。

（实况：它上面只有一层黑的，用抹布一抹掉就没事了。）

里三层外三层包着的是一顶价值一千八的头盔，是店里的非卖品，这还是头一回拿出来"曝光"。

（实况：这是美军现役的M88盔，是凯富拉防弹材料做的，有12层到24层凯富拉材料，这是配了原品的盔罩，这里面是含石墨的，它本身有防火、防远红外线的功能。）

戴帽子还要看说明书，我们还是头一次见识。

（实况：美军它有各种讲究，包括你戴上后怎么调节里头，关于使用衬里，对它防弹的要求，注意事项。）

再配上这种既耐磨又能折叠的风镜，他脑袋上就顶着两千多块呢。军用品坚毅耐用，适合野外运动。

（实况：现在国内有一部分的人玩户外运动。）

水壶袋里面还可以装饭盒，铁锹打开以后当锄头当铲子都不错，一个手电可以发出几种不同的光。

（实况：军用的手电在下面配了四色滤光镜片，平时上在这上面，用的时候再安到这上面做发信号用。）

老张一家都是兵，他自己12岁开始当兵，一直是个军迷，5个月前干脆辞了工作办了长沙头一家军品店。钱没赚几个，朋友交了不少。

（实况：我头一回从这里路过，一看怎么长沙有个这样的店子，进来闲聊了两句，可能是因为话比较投机，有一个共同的爱好，谈得比较来，慢慢地变成朋友了。）

店里有不少二战时期或是更早的"古董"，这种头盔是德军1935年用的，弹夹包则来自1979年对越自卫反击战的老山前线。记者龙科越拍越心动，"来，我要全副武装！"

（实况：好重，头好重，头重脚轻。）

（音乐＋快动作）

（实况：像不像战地记者？）

龙科打扮出来，连张老板都有点吃醋了。

（实况：你比我的装备好些，你那一身要超过我这一身的价值。）

老张说以后有条件的话，他还想弄个"军吧"，让和他一样的军迷们能经常聚一聚。晚间新闻记者彭珊、范例和龙科响应毛主席的号召："提高警惕　保卫祖国"，以后要更加做好本职工作。

（资料来源：湖南卫视网站，http：//www.hunantv.com/block/night-news/city.htm）

从心理学角度来看，喜新厌旧、求新求异，是个体普遍的心理特征。陌生化通过内容和形式上的反常，营造出一种熟悉的陌生或完全的陌生，一定程度上满足了个体的心理需求。然而，根据马斯洛的心理需求层次理论，人的心理需求是有层次的，是动态发展变化的，低层次的需求得到满足后，陌生再度成为熟悉，更高层次的需求接踵而至，新的陌生又成了人的渴求。如果人欲如此无穷，那么电视编码的陌生化就像一条创新的不归之路，一旦开始，便永远只能"在路上"。

第三节　趋势与应对：电视建构
长沙形象的前景展望

一　电视建构长沙形象面临的新趋势

1. 长沙城市发展的新趋势

（1）新型城市化的发展理念

改革开放以来，中国的城市发展理念在摸索中不断发展。1979年，党的十一届四中全会提出，发展中小城镇是加快农业、缩小城乡差距的重要途径。1980年，全国城市规划会议提出要控制大城市规模，积极发展小城市。2000年，十五届五中全会明确提出要走一条符合国情的大中小城市和小城镇协调发展的城镇化道路。2002年，十六大指出农村富余劳动力向城镇转向是工业化和现代化的必然趋势，要求逐步提高城镇化水平，坚持大中小城市小城镇协调发展的中国特色的城镇化之路。2006年，"十一五"纲要第一次明确了城市群是城市化的主体形态，并列出城市特色的要求，包括延续历史、传承文化、保护民族、文化遗产和风景名胜资源等。2007年，十七大提出走中国特色城镇化道路的原则、重点和方向。2012年，十八大指出，坚持走中国特色新型工业化、信息化、城镇化、农业现代化道路，推动工业化和城镇化良性互动、城镇化和农业现代化相互协调，促进工业化、信息化、城镇化、农业现代化同步发展，要科学规划城市群规模和布局，增强中小城市和小城镇产业发展、公共服务、吸纳就业、人口集聚功能，要使城镇化水平和质量得到明显提高，城乡区域发展协调性增强。

具体到长沙，就是要走一条新型城市化之路。这条发展之路的"新"，主要体现在：以人为本，"两型"互动，城乡统筹，以城市群为主体形态，坚持特色，个性发展。①

以人为本，就是要求城市的发展和建设，要以满足人的生存需求和全面发展为出发点和落脚点，要把宜居、宜业作为城市发展的重要取向，不能重物轻人，见物不见人。城市不只是钢筋水泥的结合体，更是各类人群的聚落与家园。城市因为人而更显生机和活力。以人为本的"人"，应该是城市里的所有人。城市的建设和发展，不能只是政府官员和开发商说了算，而要重视老百姓的利益和参与。

工业化与城市化是现代化的两个车轮。西方现代城市，大多就是工业革命的产物。工业化水平低，是"城市病"涌现的重要原因。"两型互动"，就是要实现新型工业化和新型城市化的协调发展。

城乡统筹，就是要在观念和措施上，把优先发展中心城市与发展小城市结合起来，通过解决城乡二元结构的制度性障碍，实现以大带小，以强补弱，以工促农，最终实现城乡互补、城乡共荣。其中的中心城市，就是以长沙为核心和龙头的长株潭城市群。

坚持特色，个性发展，就是要把历史文化名城与现代新城建设有机结合起来，要在破旧立新、改旧换新的新城建设中，坚持改旧如旧、改新还旧、新建依旧的方针，彰显历史文化名城特色。

---

① 邓吉雄、李官生：《新型城市化研究：湖南省新型城市化调研报告》，中国言实出版社2008年版，第6—9页。

（2）"大长沙"形象的发展规划

2011 年 1 月 16 日，长沙市第十三届人大四次会议审议批准的《长沙市国民经济和社会发展第十二个五年（2011—2015 年）规划纲要》①，要求长沙率先基本建成"两型"城市，把长沙建设成为具有国际品质、人民引以为自豪的创业之都、宜居城市和幸福家园，为把长沙建成重要的区域性国际化城市打好基础。

"两型"城市，创业之都，宜居城市，幸福家园，区域性国际化城市，是政府主导下长沙城市形象的建设目标。围绕这些目标，城市建设的重点内容及举措是：一是推进城市设施现代化，构建快速便捷的综合交通体系、保障有力的能源供应体系和功能完善的市政设施体系。二是完善信息化基础设施建设，推进电子政务建设和应用，提升信息化应用水平，加快"数字长沙"建设。三是提升城市发展品质，创造生活舒适、环境优美、功能完善的城市环境，努力建设最适宜人居的现代化城市。四是提高城市开放水平，塑造城市对外新形象。五是建设国际文化名城，重点发展影视传媒、动漫游戏、新闻出版、演艺娱乐、文化旅游、创意设计等产业，努力建设具有国际影响的文化创意中心。同时要强化社会主义核心价值体系建设，传承优秀先进文化，全面提高社会文明程度。

2011 年 6 月，《长沙市城市总体规划（2003—2020 年）》出台②，这是对 2003 年国务院批准的城市规划的修改版。按照这一最新规划，"大长沙"的规划范围包括了长沙市内 5 区、长沙县全县域、望城县全县域、浏阳东部新城和宁乡县县城（包括金洲开发区），规划区总面积 4960 平方公里，其中都市区总面积 1930 平方公里，中心城市区总面积 1200 平方公里，中心城市区总人口约 629 万。

从建设形象来看，规划区呈现"一城两片多点"的城镇空间结构。"一城"指长沙中心城区，"两片"指宁乡城区和浏阳工业新城和浏阳工业新城两大城镇片区。"多点"指重点建设的铜官、白箬铺、乌山、莲花等乡镇。参见附录《长沙规划区空间结构图》。都市区空间结构的规划是"一轴两带、一主两次六组团"：沿"岳麓大道—三一大道（原 319 国

---

① 资料来源：长沙市政府门户网站，http：//www. changsha. gov. cn/xxgk/szfxxgkml/ghjh/qs-fzgh/201104/t20110427_ 10906. html。

② 资料来源：长沙市城乡规划局官方政务网，http：//61. 187. 135. 149/gs2011/index. htm。

道）"和"南二环西延线—南二环—劳动东路"构筑两条生长轴线拓展城市发展空间，沿湘江集聚高端服务功能，构筑"一轴两带、一主两次六组团"的城市空间结构。其中，一轴指湘江服务功能轴；两带指北部发展带和南部发展带；一主为主城区；两次为河西片区、星马片区；六组团为坪浦组团、高星组团、金霞组团、暮云组团、黄榔组团和空港组团。参见附录《长沙都市区空间结构图》。

从城市群形象来看，长株潭城市群的远景规划设想是：三市城区及中间地带共同构成城市连绵区的核心区，核心区面积约 8488 平方公里，形成"一心双轴双带"的空间结构。预测到 2030 年，核心区城镇人口 1400 万。依托城际铁路、快速路等交通网络构建长株潭快速交通系统，形成覆盖长株潭城市群的 45 分钟交通圈。长沙在其中应发挥核心增长极的重要引领作用。参见附录《长株潭远景规划图》。

2. 湖南电视发展的新趋势

电视是人类在 20 世纪的伟大发明之一。自 1925 年英国人贝尔德发明机械扫描式标志电视的诞生以来，世界电视的发展大体"经历了从黑白到彩色，从地面传输到卫星转播，从有线电视到卫星直播，从传统的单向模拟传输到目前新兴的多媒体互动数字传输的四大历史性飞跃"[1]。电视的未来将是什么样子？尼葛洛庞蒂说，理解未来电视的关键，是不再把电视当电视看，而要从比特的视角来思考。从数字化的趋势看，电视将是融合手机、网络电视和其他各种移动终端进而实现资源共享的家庭数字处理中心。从麦克卢汉"媒介即讯息"的角度看，"用"电视将和"看"电视一样，成为人们的一种生活方式。

湖南电视也不例外。在时代技术大潮和长沙城市信息化的合力推拉之下，湖南电视的发展已步入了数字化、高清化、智能化的崭新大道。具体表现有三：

一是信号传输的数字高清化。40 多年前，湖南电视台的前身长沙电视台，发射机设备简陋，技术条件差，信号覆盖半径约 10 公里，只能播出黑白电视节目，收视范围仅限于长沙老城区及近郊区，发射效果还不稳定。20 世纪 70—80 年代，调频广播的发射机被电视发射机所替代，跳马山发射台和南岳山等转播台相继建立，无线发射技术步入稳定兴旺期，可

---

① 王长潇：《当代中国电视文化传播论纲》，山东人民出版社 2005 年版，第 2 页。

以稳定播出彩色电视节目。90 年代，多频道电视发射控制系统和光缆传送等技术，为发射传输技术开启了新的空间。步入 21 世纪以来，电子管、速调管家式发射机被固态化取代，数字化光纤和移动卫星传输渐入佳境，地面无线发射进入了模拟与数字、高清和标清同步的时代。

二是节目制播的数字化。2000 年以前，节目制作主要通过胶片和磁带上模拟信号的线性编辑来实现。2000 年以来，数字标清和高清系统相继建成，摄影、录像实现数字化，基于数字信号的非线性编辑全面取代线性编辑，前期拍摄、新闻直播和后期非编，实现了全高清化和高标清兼容。

三是节目接收的数字化和使用的智能化。自 1998 年以来，根据国家的统一部署，湖南开始实施广播电视"村村通"工程。至 2008 年 11 月底，全省完成 14660 个 20 户以上自然村"盲村"通广播电视，解决了 120 万人看电视听广播的问题。2008 年至今，湖南又着手建设村村通直播卫星接收设施安装工程。2010 年，长株潭成为中国第一批"三网融合"试点城市，电视的有线、网络的网线和电话的电话线，将融合为一条电视的有线，集电视、网络和电话于一体的网络电视将大行其道。上述三大项目的实施，不但保证了电视节目接收的数字化，而且促进了电视节目的智能化。

据报道：2011 年，中国推出了《云电视行业推荐标准》，电视机都能像电脑一样安装应用软件，用户可以直接通过电视机将图片、视频等资源存储到网上，还可以通过手机、平板电脑等访问这些数据，同时还拥有交互体验，普通电视只能收看，而云电视可以直接在线点播。2011 年批量出产的 TCL 3D 智能云电视，实现了"云识别、云搜索、云控制、云共享、云社交、云游戏、云办公"等七大核心应用，可引领全球家庭进入精彩的"云生活时代"。[①] 2011 年，长沙城区的部分居民，已经可以通过电视上网，打电话，听广播，读书看报，还可以通过电视交话费、炒股票、搞团购。不难预见，数字高清时代的电视，不但好看，而且好用。

二　新趋势下电视建构长沙形象的思路和对策

长沙城市和电视发展的新趋势，为电视建构长沙形象提供了新机遇，也提出了新要求。一方面，新的发展理念和新的发展形象，为电视建构长沙形象提供了新的源像信息市场、新的观众市场、新的资本和广告市场。

---

① 资料来源：和讯科技，http://tech.hexun.com/2011-12-25/136648770.html。

而电视数字化和智能化的趋势，为电视建构长沙形象提供了新的技术手段、标准和节目形态。城市化进程中崛起的电视传媒，没有理由无视或漠视这些新的市场和新的技术标准。另一方面，新的发展理念和新的发展形象，又为电视建构长沙形象提出了新的要求。例如，从前面的研究来看，电视建构长沙形象的过程中，还存在有意的失语和失真等现象，没有完全落实以人为本、两型互动、城乡统筹、个性发展等发展理念。而电视的数字化、智能化，又要求电视与时俱进，推出诸如 3D 形态的更真实更互动的城市形象。因此，新趋势下，湖南电视传媒在建构长沙形象方面，要有担当，要有作为，不能无所担当，无所作为。

1. 扎根城市土壤

城市与电视是互动发展、共生共荣的。一方面，电视因城市而发展，只有城市才能发展出由机器与技能合成的工业机构，才能生产出包括电视在内的物品，才能提供电视必需的人、财、物等市场。电视湘军崛起的动力之一，就是长沙城市的发展。另一方面，城市因电视而精彩。芒福德曾经指出：“城市出现的时期与象形文字、表意文字以及手书草字等这类永久性的记录方式的发生发展时期相吻合，不是偶然的……用象征性符号贮存事物的方法发展之后，城市作为容器的能力自然就极大地增强了……依靠经久性的建筑物和制度化的结构，以及更为经久性的文学艺术的象征形式，城市将过去的时代、当今的时代，以及未来的时代联系在一起。”[①]他还指出，“技术，特别是那些与交通和通信有关的技术，是城市转变的一个重要因素。”[②]

新形势下湖南电视建构长沙形象之所以要扎根城市，是因为城市是电视发源的根基和发展的土壤。无论长沙城市如何发展，如何变化，城市化催生的城市源像信息和城市实力资源，始终是电视取之不尽用之不竭的素材资源。在建构大长沙形象的过程，如果电视离开城市的根基和土壤，再美的形象之花也必然凋败。

长株潭城市群的目标是一体化，2008 年以来，随着交通同环、电力同网、金融同城、信息同享、环境同治等的推进，三市合力组建了“长株潭

---

① ［美］刘易斯·芒福德：《城市发展史：起源、演变和前景》，第 104—105 页。

② 同上书，第 656 页。

电视台"。① 如何才能扎根城市？这就要追问城市需要电视来做什么，追问电视如何才能让城市更精彩。不同的城市，不同的电视，答案可能不尽相同。有论者从传播的角度总结了两条思路：一是以历史的眼光展现城市形象的演变，让受众感受城市变化的速度和领域；二是发布世界信息，提供决策和启迪。② 借用到长沙城市形象建构中，就是要立足本土，兼顾他乡。中国目前有 2000 多家电视台，长沙的电视频道虽集中于两大集团，但数量也多达数十个。为了抢夺注意力资源，电视节目间的竞争可谓惨烈。湖南电视台如何避免低俗之风、泛娱乐化等恶性竞争？思路之一就是立足本土，就是要将大长沙区域内丰富的历史和现实资源，转化为节目中的符号形象，形成竞争中的资源优势和转化资源的能力优势，培养本土观众的节目忠诚度，获得相对竞争优势。思路之二就是兼顾他乡，争取外地市场的注意力资源。如《象形城市》栏目的代表性节目《问城计：寻访人类栖息地》，将 100 多位文化名人请进节目，叩问 10 座文化名城，获得良好反响。

扎根城市的本质和目的，在于服务城市公众。"服务"是电视对城市重要而繁杂的责任。不同的城市，不同的电视，固然有不同的服务内容和服务方式，但总体而言，服务的内容就隐藏在城市发展的需要和城市公众的需求之中，服务方式的核心就是平衡。即平衡好政治、经济和公众的力量，根据各方的"注意结构"（即有意和无意注意中的信息分布情况，一般多通过受众调查来获取）和"情景定义"③，分配好频道和节目资源，合理设置媒介议程，提供素质最高的节目，做各方利益代表的沟通表达平台。例如，新闻类和专题类节目，应将镜头瞄准城市中变动的信息，聚焦城市中代表性的人、景、事、物，在客观的报道或故事的讲述中，做城市合格的传播者和记录者，做城市品牌和城市品格的铸造者。

2. 重组城市源像基因

如第一章所述，城市源像信息经由电视媒体的选择与编码，形成了电视中的城市形象。这一媒介形象，又可能经由个体的心理选择和心理反应，形成个体心目中的城市印象。当城市内外众多的个体都拥有相同的关于某一城市印象时，本书所定义的城市形象就形成了。从城市形象生成过

---

① 该台共三套节目，网址：http：//0731. cntv. cn/。
② 韩隽：《城市形象传播：观念、角色、路径》，载《科学经济社会》2007 年第 3 期。
③ "情景定义"是指人们在行动前对所处的既定环境或在交往前对将要面临的情景所做的主观解释。这种解释不仅影响交往的方式、手段，而且影响交往的程度和结果。

程来看，电视中的城市形象，联结着城市源像信息与个体心目中的城市印象。从电视传播者的角度来看，最理想的结果就是尽可能让作为受者的个体认同、接受传者的形象。但实际的情况却往往是：三者存在极为复杂的偏差关系。具体来说：首先，电视中的城市形象与城市源像信息可能出现三种偏差：完全一致、部分一致、完全不一致。其次，个体的城市印象与电视中的城市形象同样可能出现完全一致、部分一致、完全不一致三种偏差。再次，电视中的城市形象，又可能因为电视自身的不同（如央视与地方台）而出现这三种偏差。最后，个体心目中的城市印象，也可能因为个体自身的不同（如张三与李四）而出现这三种偏差。

城市源像信息庞杂无序，三者之间又如此偏离，这是电视建构城市形象的难点所在，也是张力空间所在。城市形象建构是电视在城市化进程中应有的责任和担当，如何才能最大化地实现三者之间偏差的最小化？笔者以为，前文所述的心理学家们的基模概念，侧重的是个体后天认知的角度，但它没能深入回答为什么共享的文化经验或认知方式能延续下来的深层原因。因此，还有必要借鉴生物学上的基因概念，从信息本身流变的角度，来切入更微观层面的分析。

在生物学中，解释生物的多样性，一是外界环境的自然选择，二是生物个体内部的基因。基因（gene，即遗传因子）是 DNA（脱氧核糖核酸）分子上具有遗传信息的特定核苷酸序列的总称，是具有遗传效应的 DNA 分子片段。基因具有控制遗传性状的功能，即通过复制把遗传信息传递给下一代，使后代出现与亲代相似的性状，典型表现是"种瓜得瓜，种豆得豆"。生命之所以能代代延续，就因为基因的世代相承。基因在复制的过程中，一定条件下会发生突变，即基因分子结构的突变，典型表现是"一娘生九子，九子各不同"。变异的基因，对个体来说，有好处，也可能有坏处。那些有利于个体的变异基因，会在自然选择的优胜劣汰过程中积淀下来，并相地稳定地延续给下一代。从生物群体来看，正是基因的突变，造就了物种的多样性。总之，基因是遗传物质的最小功能单位，它线性地排列在染色体上，如同一串糖葫芦，控制着生物性状的表达。它可以复制，会发生变异。

每一座城市也都有自己的基因。美国著名作家迈哈迈特·奥兹（Meh-met C. Oz）在《身体使用手册》一书中说："有的城市即使年代久远依然能保持美丽和优雅（比如伦敦）。而有的城市并不太古老，却看起来破破烂烂，似乎需要进入城市 ICU。身体拥有自己的基因，每一座城市也都有自己的基因代码。"城市的基因是城市进化与发展的内在物质基础。张鸿雁从城市文化的角度提出了"城市文化基因密码"，并认为城市的进化与发展既取决于人类自身"基因密码"与社会再造的"文化密码"，也取决于城市本身作为自然造物的"城市文化基因密码"。① 刘沛林则从聚落和景观的角度，提出了"景观基因"和"聚落景观基因"等概念，认为"聚落景观基因是指一个聚落区别于其他聚落所特有的遗传因子，存在于聚落之内，作各种有序排列，是传统聚落'遗传'的基本单位，即某种代代传承的区别于其他聚落景观的因子，它对某种聚落景观的形成具有决定性的作用，反过来，它也是识别这种文化景观的决定因子"②。他还指出了聚落景观基因在结构形式上具有点、线、网、面、体的完整性，以及确定一个聚落景观基因的唯一性和总体优势性原则。这些原则的具体内涵参见下图：

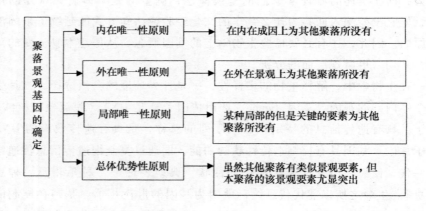

城市和乡村，是人类的两种聚落形态。笔者根据刘沛林的聚落景观基因理论，提出"城市源像基因"的概念。城市源像基因，就是一个城市区别于其他城市所特有的遗传因子，它存在于城市之中，作各种有序排列，控制着城市性状的表达（如城市形象的生成）。在城市形象生成的过程中，城市源像基因像一根可断可续的"丝线"，勾连城市源像信息、电

① 参见张鸿雁《人类城市化的"城市文化基因"与"城市社会再造文化因子"论》，载《社会科学》2003 年第 9 期。
② 刘沛林：《中国传统聚落景观基因图谱的构建与应用研究》，博士学位论文，北京大学，2010 年。

视中的城市形象和个体心目中的城市印象。"丝线"的断裂与延续，既取决于城市源像基因本身是否发生变异，也取决于外界环境特别是电视工作者、个体和意识形态等因素的影响（如把关中的取舍，编码时的变异，城市改造等）。城市源像基因的流变与重组如下图所示：

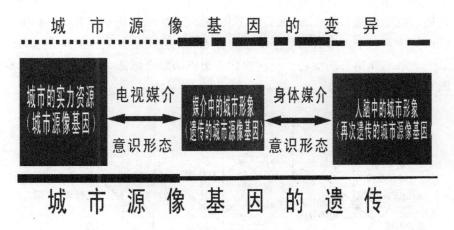

城市源像基因重组流程图（笔者自绘）

笔者以为，"城市源像基因"概念的提出，至少有三大意义：一是解释了城市形象生成过程中的传承（因为基因的遗传）与偏离（因为基因的突变），城市形象之所以丰富多元，正是城市源像基因和外界环境"社会选择"（此处化用自然选择的概念）合力的结果。二是厘清了城市形象生成过程的实质，与其说是信息的传播过程，不如说是城市源像基因的流变过程。三是提供了电视、个体或其他组织建构理想的城市形象的思路和策略。

在重组城市源像基因的过程中，要尽可能精准地提取更多的城市源像基因，并尽可能地与笼罩其上的意识形态权力等环境因素达成共谋，这样才能有效地确保城市源像基因这根"丝线"一直延续到各个环节，才能有效减少延续过程中不利于形象建构的变异。对于延续过程中出现的不利于形象建构的变异，一是可以通过关闭把关"门口"，禁止进入下一流程，二是可以通过生物学上的转基因技术[①]，人为地置入优良基因。对于

延续过程中出现的有利于形象建构的变异，要敞开把关的"大门"，让它流变下去。

3. 融合其他媒介

由于个体可感知的需要、竞争和政治压力，以及社会和技术革新等因素的复杂相互作用，人类的传播之河，从口头传播、手写传播流淌到印刷传播、电子传播，并汇流到了数字传播。罗杰·菲德勒（Roger Fidler）以口头语言、书面语言和数字语言为标志，划分出了人类传播媒介形态的第一、第二和第三次变化。三次变化中出现的媒介形态，他用下面的树状图来表示。

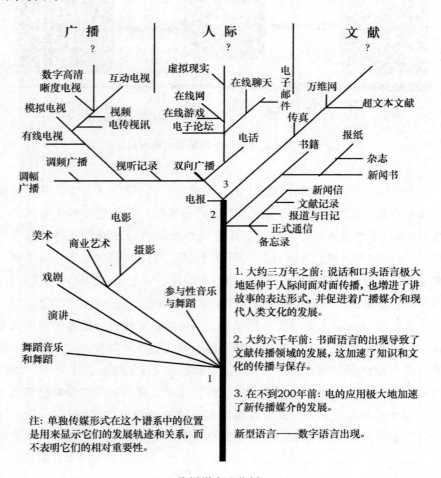

传播媒介进化树

时至今日，3D 报纸①、云报纸②、多媒体电子杂志、3G 手机（即以智能化为标志的第三代手机，如 iPhone4）、微博等新媒介，在填充媒介进化树顶端"？"号的同时，验证了这位新媒介技术专家对于数字技术基础上媒介相互融合的预言："数字技术将使所有电子形式的传播媒介更具个性化和交互性。一系列标准化的电视电脑——将电话、电视和电脑技术结合为一体的装置——将被开发出来，以实现数字媒介间的显示与互动。全球宽带网络将提供相对低廉的费用接入混合媒介的信息内容。双向无线传播，至少可以传送声音和简单数据，将是无缝链接和无处不在的。包括图文声像四合一功能的电子信箱服务，将融入几乎所有的新型数字媒介中。平面屏幕显示技术既适合在便携式装置上阅读电子文献，又适合商业和家庭影院观看电影和电视节目，将变得司空见惯。"③

媒介融合（Media Convergence）是美国人浦尔教授最早提出的概念，意指各种媒介呈现出多功能一体化的趋势。按照保罗·莱文森（Paul Levinson）的"补偿性媒介"理论，人类媒介进化的过程，本身就是媒介融合的过程。因为没有一种媒介是完美的，都有其这样或那样的先天缺陷或不足，而人类的生物传播本性和媒介生态环境总要求媒介做一些其他媒介不能做的事情，于是，更好地满足人的需要的媒介就被发明或被保留了下来。"补救性媒介，指的就是修正了之前媒介缺点的媒介。"④ 因此，融合不仅是一种表征，更是一个过程。媒介融合就是为了满足人的需要而各取媒介之长，以实现优势集聚和资源共享。不论是媒介技术上的融合，还

---

① 2010 年被业界称为平面媒体的 3D 元年。2010 年 3 月 9 日，比利时推出了"欧洲第一份 3D 报纸"《最后一点钟》。2010 年 4 月 16 日，湖北《十堰晚报》推出了中国首份 3D 报纸。它们的共同特点是戴上 3D 眼镜，在一定的视距内就可以看到报纸上经过立影像技术处理的图片，但文字部分还是平面效果。

② 2012 年 5 月，《京华时报云周刊》全球首发。它有两个终端：前端是传统形态的报纸，即宣传＋新闻＋服务＋广告，后端则架设在"云"上，借助云计算等新的技术手段，满足用户对新闻资讯的延伸需要。这两个终端将互为入口，前端的功能是"沙里淘金"，后端的作用是"顺藤摸瓜"。读者可通过联通亿拍手机让报纸图片"动起来"，链接云端海量信息。读者还可以通过"云报纸"看视频、玩游戏和在线购物。参见李森、赵新乐《京华时报：让互联网"活"在报纸上》，载《中国新闻出版报》2012 年 5 月 25 日第 3 版。同年 5 月，《南京晨报》推出了基于二维码应用程序的"全媒体报"，可用手机来看报纸新闻背后的新闻、视频和图片。

③ ［美］罗杰·菲德勒：《媒介形态变化：认识新媒介》，明安香译，华夏出版社 2000 年版，第 158 页。

④ 参见付晓光《美国著名媒介理论家保罗·莱文森谈媒介融合》，载《视听界》2012 年第 1 期。

是媒介资本上的融合，"媒介融合的根本举措就是一件事：跨越媒体边界、打通媒体壁垒、接通媒体资源。"①

"融媒"时代的电视在建构长沙城市形象的过程中，必须融合其他媒介。因为电视从来就不是唯一能建构长沙城市形象的传播媒介。长沙城市本地和外地的纸质媒体、广播和网络，均在不同程度地建构长沙的形象。自长沙形象最早以"长沙鳖"三字显现以来②，它便屡屡出现在更多的文献典籍之中。艾青在《历代名人咏长沙诗词选》的序言中说，屈原和贾谊以来，吟咏长沙的诗词散见于诗册、史籍者约有五千首。网络媒体对长沙形象的建构更是来势凶猛，不可小觑。笔者利用"星辰在线"网站的搜索引擎输入"长沙"二字，发现 2011 年 7 月至 12 月的时间段内，与长沙直接相关的报道共 15110 条，平均每月 2518 条，平均每天 82 条。

湖南电视要顺应"融媒"潮流，建构长沙形象，至少要做到"两个注重"：

一是注重与外地媒体的联动或融合。外地媒体是外地观众了解和建构城市形象的"二手资料"获取窗口。"好事不出门，坏事传千里"，外地媒体还是化解城市形象危机的重要手段。湖南电视与外地媒体联动建构长沙形象的有效结点之一，就是媒介事件。丹尼尔·戴扬和伊莱休·卡茨认为，媒介事件（media events）是经过提前策划、宣布和广告宣传的非惯常性电视直播事件，可分为竞争、征服和加冕三类。③ 如电视节目中的城运会、海湾战争和《超级女声》等。媒介事件表现为一城、多城甚至举国观众的群体宣泄和仪式狂欢，具有"征服"空间和时间的强大力量，是建构城市形象的重要推手。《长沙城市软实力研究》研究报告显示，目前长沙对外宣传的方式侧重于本地报纸、电视、网络等大众传媒，渠道过于单一，借助外力宣传不够。④ 据此看来，湖南电视借助外媒建构长沙形

---

① 杨继红：《谁是新媒体》，清华大学出版社 2008 年版，第 237 页。

② （晋）孔晁《逸周书》卷七《王会解第五十九》在记载 3000 年前西周成王成周之会中各方国的贡物时，有"长沙鳖"三字。"鳖"，在长沙又称水鱼、甲鱼、脚鱼、团鱼，是一种带有透明肉质裙边的背甲类爬行动物，也是湘菜中的精品佳肴。该记载说明长沙"鱼米之乡"的"鱼"，由来已久。

③ ［美］戴扬、卡茨：《媒介事件：历史的现场直播》，麻争旗译，北京广播学院出版社 2000 年版，第 11 页。

④ 周小华：《长沙城市软实力报告：九成外来人口愿定居星城》，载《长沙晚报》2010 年 9 月 20 日。

象还要走一段较长的路。

二是注重与网络、手机等新媒体的联动或融合。美国《时代》周刊 2006 年年度人物是"YOU"——互联网使用者。2012 年，一个博客站点根据互联网应用统计网站（Internetworldstats.com）的数据估算后发文宣称：全球网民数量已超 23 亿，正在以每秒近 8 人的速度增长。① 截至 2012 年年底，中国网民已达 6.64 亿，其中手机网民 4.2 亿，微博用户 3.09 亿。② 新媒体用户的迅速发展，开启了"沙皇"退位、"草根"抬头的新自由精神，开辟了自媒体建构城市形象的新战场。以城市政府形象为例，近年来，"成都发布""深圳政务发布厅"等政务微博纷纷开通，"草根"们上网"灌水"，在线"拍砖"，大胆"问政"，用自己的"微博之力"，创造了大量原创性和建设性的"微内容"，使政府部门能及时、互动地传播信息，服务民生。由此可见，"微博"就是一条搭建政府亲民形象的"微"渠道。类似的渠道还有：基于"短信群发"软件的手机短信平台，网络 QQ 群，在大型门户网站设立专题性专栏（如长沙红网的"微城记"专栏），在动漫游戏中置入城市形象，等等。2012 年 7 月 8 日，由新华网联合武汉大学互联网科研中心对中国 285 个重要城市（不含直辖市）的网络形象调研报告公布。这是中国首份城市形象网络排行榜，长沙有幸入围"2011—2012 年度中国城市网络形象排行榜·优秀城市"名单。虽然这些渠道存在"去中心化"和"噪音流难于控制"等风险，但只要城市、公众和媒体合力，新媒介就能成为建构形象的新引擎。

---

① 数据来源：IT 商业新闻网，http：//news. itxinwen. com/internet/international/2012/0421/406790. html。

② 数据来源：《第 31 次中国互联网络发展状况统计报告》，中国互联网络信息中心，ht-tp：//www. cnnic. cn/gywm/shzr/shzrdt/201301/t20130115_ 38518. htm。

结　语

　　城市形象是城市内外部公众拥有的对某一城市的共同的心理图像。如音乐之都（维也纳）、汽车之城（底特律）、圣城（耶路撒冷）、雾都（伦敦）、水城（威尼斯）、赌城（拉斯维加斯），等等。这种心理图像可以通过直接的现场体验而形成，也可以通过间接的媒体建构而获得。这两种途径所形成的城市形象，虽然本质上都是城市源像信息被主体认知所接受的结果，但由于信息在传播过程受到诸多因素的影响，导致二者在形象内涵上不可能完全重叠一致，而是存在偏差、互补和冲突。城市形象的这种丰富多元性，使得城市形象的建构一方面是不可控的，但同时也是可以引导的。当城市形象作为千百万人的总体认知时，它成为了一种历史文化的总结，成为了城市经济、社会、文化和环境的结晶，其中蕴含着丰富的内涵和研究价值。在城市竞争意识、营销意识、形象意识日益彰显的今天，如何科学合理地建构、塑造和传播城市形象，使之服务于城市的可持续发展和城市公众更美好的生活，正是城市形象研究的难点和魅力所在。

　　本书从传播学的视角研究城市形象，重点关注的是以湖南电视为代表的大众传媒，因何和如何建构了怎样的长沙城市形象。

　　本书认为，在人类出现的传播媒介之中，伴随着现代城市化进程产生和发展起来的大众传媒，包括报纸、杂志、广播、电视、网络和微博等，都在有意或无意地塑造或建构城市形象。特别是在传媒化生存的当下，大众传媒在着意建构城市形象的过程中，扮演着多样的角色，发挥着重要的功能。大众传媒是城市形象信息的把关人和记录者，它随意或系统地过滤出一部分需要特别关注的经验，或隐或显地以一定立场去反映城市中正在发生的新闻事件，或为城市内外部公众提供生活的指南和路标。大众传媒是城市形象意见的沟通者和塑造者，它提供的"第二手资料"，是城市公众拥有某一城市共同的心理图像的重要信息来源。传播学大师威尔伯·施拉姆甚至略带夸张地说，由于大众媒介的无所不在，"我们头脑中关于遥远的环境的几乎全部形象，都是通过大众媒介得到的"①。从中国大陆的传播现实图景看，不同类型的大众传媒，一直以来就在自觉或不自觉地品评、塑造、传播城市形象。尽管它们因为传媒类型和所运用的符号形式等不同而导致的城市形象关注点不尽相同，但它们都是塑造与提升城市形象的利器，是城市形象的加工厂。大众传媒中的城市形象，是大众传播机构或组织借助大众传播媒介，通过对城市源像信息的把关和编码而产生的符号图像。它是一种媒介形象，也是一种媒介景观，更是一种拟态环境。基于它所具备的真实与虚拟的双重属性，大众传媒中的城市形象，无论是真实的还是虚构的，都存储在我们的头脑中，产生了双重功能：一方面，它相对客观地再现了城市化的进程与成就，影响着城市建设的理念与决策，有利于城市软实力的提升和城市正能量的释放；另一方面，它又相对主观地夸大或缩小了城市发展中的某些成就，甚至遮蔽了城市发展中的某些问题，形成了对城市的误读和偏见，一定程度上影响了城市的公平与正义，以及公众对城市的认知、评价甚至决策。

本书指出，在电视媒体更具优势的长沙，电视以其快捷、直观、形象、大众等特点，兼容图文声像等符号和新闻、娱乐、服务等功能，是建构长沙形象的重要媒介。这种建构，与其说是一个形象化或符号化的过程，不如说是一个城市源像基因遗传与变异的过程，或者说是一个政治、经济和公众等意识形态力量博弈下城市信息的把关与编码过程。湖南电视建构长沙形象的动力主要在于：城市化导致了城市源像信息和人们认知结构的变化，催生了当代中国城市建设的热潮。城市化催生的大众传媒，成了建构和传播城市形象的利器。视觉文化时代的来临，彰显出城市的视觉性和城市的图像叙事或书写特征。在城市、传媒和文化的互动关系中，诞生于长沙城市化进程的电视湘军，应当自觉地担负起城市文化建设和城市形象建构的时代使命。湖南电视建构长沙形象的意义可能就是：它是人们认知城市的必备途径，是城市在视觉文化时代的必然表达，也是电视湘军自身发展的必要担当。湖南电视建构长沙形象的策略主要在于：城市化实践导致的城市历史和现实的实力资源，是城市形象建构的母体和根基。根

---

① ［美］威尔伯·施拉姆、威廉·波特：《传播学概论》，李启、周立方译，新华出版社1981年版，第11页。

基不厚实，建构的形象不丰满，难长久，因而扎根城市土壤，选择代表城市实力资源的信息，是建构长沙形象的一种基本策略。从把关与编码的角度看，湖南电视建构长沙形象的影响因素主要是城市的实力资源和政治、经济、公众的力量。选择最能代表和反映这些因素的形象符号，以及类型化和陌生化，是建构长沙形象的主要策略。

本书发现，湖南电视建构出的长沙形象，丰富而多元。这些形象涉及城市的过去、现在和未来，涉及城市的自然和人文。无论是新闻报道中的城市形象，还是大型报道、宣传片、纪录片甚至情景剧中的城市形象，都是长沙形象的重要构成，但不是唯一构成。这些形象在功能上更多地存在着互补，当然也存在着冲突。它们是长沙城市化进程的一面面透视镜，一定程度上提升了长沙形象的知名度和美誉度，但还是存在不同程度的失真和偏离。导致这种失真和偏离的原因主要在于电视的特殊性。电视的事业性和产业性导致在服务主流意识形态和城市公众方面存在着必然性矛盾。从电视自身角度来说，电视在建构城市形象方面，有形象直观等优势，也有画面变化迅捷、缺少明确的判断结构（结构的不确定性）和视觉说谎等天生缺陷。不论何种原因导致的失真和偏离，一方面折射出了电视传媒所推出的城市符号的部分被认同和主观建构意图的部分被实现，另一方面也为电视在融媒时代融合其他媒介以进一步建构具有个性的或良好的城市形象，提供了更大的张力空间。

本书强调，湖南电视不是建构长沙城市形象的唯一媒介，因为城市形象可以是当地媒体的自塑，也可以是外地媒体的他塑。当前，在塑造、累积现代城市形象的诸因素中，媒介特别是以数字电视为代表的新型电子媒介的重要性日益增强。这可能意味着，在城市形象的累积过程中，自发性累积正在和还将让位于有意识、有目的的人为建构，特别是城市政府主导下传媒与公众的合力同塑。在新媒介纷纷成为城市形象建构的新引擎的超竞争环境下，数字电视扎根城市，融合网络、手机、微博、动漫等新媒介，重构城市源像基因，合力建构城市良好形象，前景尤其值得期待。

当然，大众传媒中的城市形象研究是一个内容庞杂而且涉及多个学科领域的课题，为避免因研究对象过于宽泛而陷入浮光掠影式的讨论，本书仅以湖南电视为个案，主要立足于传播学的理论框架展开研究，集中探讨主导性意图如何通过电视这一大众传媒的运作对长沙城市形象进行建构。然而大众传媒对城市形象的建构是一个开放的过程，关涉诸多可控因素和不可控因素，关涉生产主体和接受主体的互动，也关涉大众媒体自身的发展和调整，因而在本书基础上进一步探讨长沙城市形象与电视媒体建构的关系，还有待于从以下两方面开展后续性研究：

第一，湖南电视建构的长沙形象，最终只有在城市公众心目中得到最大程度的认同才更具现实意义和建构力度。本书侧重的是生产和建构的维度，关注的重点是电视湘军的主观意图是如何贯穿于电视制作之中，后续研究应补充公众消费和建构的维度。因而还需要通过受众调查，获取长沙城市内外部公众对湖南电视建构出的城市形象符号的认同度。比如，可就某一播出的城市形象宣传片，设置相关变量，通过问卷和访谈等手段，以了解所抽取的城市内部和外部的公众样本对所观看的城市形象宣传片的关注度、认同感等情况。

第二，参与建构长沙城市形象的传媒很多，本书侧重于省会长沙的本土电视，后续研究应补充如下三方面内容：一是湖南电视频道众多，各频道基于不同的内容和受众定位，在建构长沙形象方面必然存在内容侧重点的差异，这些差异具体体现在哪些方面？这种差异是否有意识地形成一种互补？二是湖南本土的其他媒体，如报纸、杂志、广播、网站、微博、动漫等，它们因何和如何建构了怎样的长沙形象？这些形象是否存在互补和冲突？三是湖南境外的其他大众传媒，它们又因何和如何建构了怎样的长沙形象？这些形象与湖南本土同类传媒建构的长沙形象，存在着何种关系？

参考文献

（一） 中文著作

包亚明主编：《现代性与空间的生产》，上海教育出版社 2003 年版。

蔡尚伟：《百年"双城记"：成都、重庆的城市文化与传媒》，四川大学出版社 2005 年版。

蔡尚伟主编：《影视传播与大众文化：文化工业时代的影视方法论》，四川大学出版社 2005 年版。

长沙市统计局主编：《长沙统计年鉴（2012）》，中国统计出版社 2012 年版。

陈力丹：《精神交往论：马克思恩格斯的传播观》，开明出版社 1993 年版。

陈龙：《传媒文化研究》，中国人民大学出版社 2009 年版。

陈正荣：《中国城市电视台发展报告》，中国传媒大学出版社 2007 年版。

戴元光：《传播学研究理论与方法》，复旦大学出版社 2003 年版。

邓吉雄、李官生主编：《新型城市化研究：湖南省新型城市化调研报告》，中国言实出版社 2008 年版。

丁莉丽：《视觉文化语境中的影像研究》，中国电影出版社 2007 年版。

方晓红：《农村传播学研究方法初探》，人民出版社 2008 年版。

高小康：《时尚与形象文化》，百花文艺出版社 2003 年版。

辜胜阻：《当代中国人口流动与城镇化》，武汉大学出版社 1994 年版。

郭庆光：《传播学教程》，中国人民大学出版社 1999 年版。

韩丛耀：《图像传播学》，台湾：威仕曼文化出版社 1994 年版。

韩作荣：《城市与人》，作家出版社 1996 年版。

胡智锋：《影视文化前沿：转型期大众审美文化透视》（上、下册），北京广播学院出版社 2004 年版。

湖南省地方志编纂委员会主编：《湖南省志》第 20 卷，湖南人民出版社 1997 年版。

湖南省统计局主编：《湖南统计年鉴（2009）》，中国统计出版社 2009 年版。

扈海鹏：《解读大众文化》，上海人民出版社 2003 年版。

黄纲正：《长沙旧影》，人民美术出版社 2001 年版。

黄纲正：《长沙历代名胜诗词选》，湖南文艺出版社 1996 年版。

黄自强、金豫北主编：《长沙城市建设综合开发发展史》，方志出版社 2005 年版。

纪晓岚：《论城市本质》，中国社会科学出版社 2002 年版。

姜乃力：《现代城市地理研究》，辽宁大学出版社 2005 年版。

蒋述卓：《城市的想象与呈现：城市文学的文化审视》，中国社会科学出版社 2006 年版。

蒋晓丽、石磊：《传媒与文化：文化视角下的传媒研究》，华夏出版社 2008 年版。

焦雨虹：《消费文化与都市表达：当代都市小说研究》，学林出版社 2010 年版。

金丹元：《电视审美文化新论》，学林出版社 2005 年版。

金纪元：《近现代西方人本主义城市规划思想家：霍华德、格迪斯、芒福德》，中国城市出版社 1998 年版。

金元浦：《文化研究：理论与实践》，河南大学出版社 2003 年版。

靳一：《大众媒介公信力测评研究》，人民出版社 2006 年版。

李彬：《符号透视：传播内容的本体诠释》，复旦大学出版社 2003 年版。

李怀亮等主编：《城市传媒形象与营销策略》，中国传媒大学出版社 2009 年版。

李四达：《数字媒体艺术史》，清华大学出版社 2008 年版。

李幼蒸：《理论符号学》，社会科学文献出版社 1999 年版。

林之达：《传播心理学新探》，北京大学出版社 2005 年版。

刘京林：《大众传播心理学》，中国传媒大学出版社 2005 年版。

刘明：《当代中国国家形象定位与传播》，外文出版社 2007 年版。

刘沛林：《古村落：和谐的人聚空间》，上海三联书店 1998 年版。

刘一平主编：《追梦：湖南电视 40 年·风行》（上、下卷），湖南人民出版社 2010 年版。

刘一平主编：《追梦：湖南电视 40 年·锋芒》（上、下卷），湖南人民出版社 2010 年版。

刘一平主编：《追梦：湖南电视 40 年·记忆》（上、中、下卷），湖南人民出版社 2010 年版。

刘一平主编：《追梦：湖南电视 40 年·岁月》，湖南人民出版社 2010 年版。

刘一平主编：《追梦：湖南电视 40 年·语文》，湖南人民出版社 2010 年版。

刘一平主编：《追梦：湖南电视 40 年·志象》，湖南人民出版社 2010 年版。

陆扬、王毅：《大众文化与传播》，上海三联书店 2000 年版。

陆扬、王毅：《文化研究导论》，复旦大学出版社 2007 年版。

栾轶玫：《媒介形象论》，中国人民大学出版社 2007 年版。

罗岗、顾铮主编：《视觉文化读本》，广西师范大学出版社 2003 年版。

罗钢、刘象愚主编：《文化研究读本》，中国社会科学出版社 2000 年版。

罗治英：《地区形象论》，中央编译出版社 1997 年版。

马洪、武迪生主编：《中国改革全书（1978—1991）·城市改革卷》，大连出版社 1992 年版。

孟繁华：《众神狂欢：世纪之交的中国文化现象》，中央编译出版社 2003 年版。

孟建等主编：《城市形象与软实力：宁波市形象战略研究》，复旦大学出版社 2008 年版。

闵学勤：《感知与意象：城市理念与形象研究》，东南大学出版社 2007 年版。

欧阳国忠：《中国电视前沿调查》，经济日报出版社 2002 年版。

欧阳宏生：《电视文化学》，四川大学出版社 2006 年版。

欧阳宏生主编：《纪录片概论》，四川大学出版社 2004 年版。

欧阳友权、禹建湘：《长沙文化产业》，中国广播电视出版社 2010 年版。

潘知常、林玮：《传媒批判理论》，新华出版社 2002 年版。

潘知常、林玮：《大众传媒与大众文化》，上海人民出版社 2002 年版。

钱智主编：《城市形象设计》，安徽教育出版社 2002 年版。

秦光荣：《走向新世纪：长沙创现代化国际性城市研讨会文集》，湖南科技出版社 1995 年版。

秦启文、周永康：《形象学导论》，中国社会科学出版社 2004 年版。

任平：《时尚与冲突：城市文化结构与功能新论》，东南大学出版社 2000 年版。

邵汉明：《中国文化研究二十年》，人民出版社 2003 年版。

邵培仁主编：《媒介生态学：媒介作为绿色生态的研究》，中国传媒大学出版社 2008 年版。

邵培仁：《媒介理论前沿》，浙江大学出版社 2009 年版。

师晟：《视觉构造原理：视觉基础造型构造》，华东大学出版社 2006 年版。

石义彬：《单向度、超真实、内爆：批判视野中的当代西方传播思想研究》，武汉大学出版社 2003 年版。

孙江：《"空间生产"：从马克思到当代》，人民出版社 2008 年版。

孙聚成：《信息力：新闻传播与国家发展》，人民出版社 2006 年版。

孙玮：《中国传播学评论》第四辑，复旦大学出版社 2009 年版。

谭昆智：《营销城市》，中山大学出版社 2004 年版。

谭小平：《话说长沙》，湖南人民出版社 1999 年版。

陶建杰：《传媒与城市软实力：基于结构方程模型的研究》，上海交通大学出版社 2011 年版。

童兵、林涵：《20 世纪中国新闻学和传播学：理论新闻学卷》，复旦大学出版社 2001 年版。

童强：《空间哲学》，北京大学出版社 2011 年版。

汪德华：《中国古代城市规划文化思想》，中国城市出版社 1997 年版。

王安中、夏一波：《C 时代：城市传播方略》，新华出版社 2008 年版。

王斌：《传媒业空间形态演化研究》，中国人民大学出版社 2010 年版。

王长潇：《电视影像传播概论》，中山大学出版社 2006 年版。

王豪：《城市形象概论》，湖南美术出版社 2008 年版。

王文英、叶中强：《城市语境与大众文化：上海都市文化空间分析》，上海人民出版社 2004 年版。

王晓路、石坚、肖薇主编：《当代西方文化批评读本》，四川大学出版社
　　2004 年版。

王晓明：《在新意识形态的笼罩下：90 年代的文化和文学分析》，江苏人
　　民出版社 2000 年版。

王雅林、董鸿扬：《构建生活美：中外城市生活方式比较》，东南大学出
　　版社 2003 年版。

王一川：《大众文化导论》，高等教育出版社 2004 年版。

王岳川：《媒介哲学》，河南大学出版社 2004 年版。

魏文彬主编：《文艺湘军百家文库·影视方阵》（湖南电视现象卷），湖南
　　文艺出版社 2000 年版。

温福钰：《长沙》，中国建筑工业出版社 1988 年版。

向德平：《城市社会学》，武汉大学出版社 2002 年版。

肖鹰：《形象与生存：审美时代的文化理论》，作家出版社 1996 年版。

谢晖：《新闻文本学》，中国传媒大学出版社 2007 年版。

谢立中主编：《社会学经典读本》（上、下册），北京大学出版社 2008
　　年版。

许良：《技术哲学》，复旦大学出版社 2004 年版。

许正林：《欧洲传播思想史》，上海三联书店 2005 年版。

杨继绳：《中国当代社会各阶层分析》，甘肃人民出版社 2006 年版。

姚君喜：《社会转型传播学》，上海交通大学出版社 2008 年版。

易中天：《读城记》，上海文艺出版社 2006 年版。

于德山：《当代媒介文化》，新华出版社 2005 年版。

于海主编：《城市社会学文选》，复旦大学出版社 2005 年版。

余志鸿：《传播符号学》，上海交通大学出版社 2007 年版。

喻国民：《传媒影响力》，南方日报出版社 2003 年版。

曾庆香：《新闻叙事学》，中国广播电视出版 2005 年版。

张国良主编：《20 世纪传播学经典文本》，复旦大学出版社 2002 年版。

张国良：《社会转型与媒介生态实证研究》，上海交通大学出版社 2007
　　年版。

张鸿雁：《城市形象与城市文化资本论：中外城市形象比较的社会学研
　　究》，中国社会科学出版社 2005 年版。

张京祥:《西方城市规划思想史纲》,东南大学出版社 2005 年版。

张可夫、邬恩波:《历史的初稿:〈长沙晚报〉优秀作品品鉴》,湖南师范
　大学出版社 2006 年版。

张讴:《电视符号与电视文化》,北京广播学院出版社 1994 年版。

张翔龙:《朝向事情本身:现象学导论七讲》,团结出版社 2003 年版。

张意:《文化与符号权力:布尔迪厄的文化社会学导论》,中国社会科学
　出版社 2005 年版。

赵毅衡:《符号学原理与推演》,南京大学出版社 2011 年版。

郑也夫:《城市社会学》,上海交通大学出版社 2009 年版。

周朝霞:《多维视角的城市形象定位、设计及传播》,经济科学出版社
　2006 年版。

周一星:《城市地理学》,商务印书馆 1992 年版。

周涌:《影像记忆:当代影视文化现象研究》,北京广播学院出版社 2004
　年版。

朱敏、刘婷主编:《中国城市文化消费报告·长沙卷》,社会科学文献出
　版社 2010 年版。

左润明:《灯下友:〈长沙晚报〉获奖作品集(1983—1991)》,湖南出版
　社 1993 年版。

(二) 译著

[美] 大卫·阿什德:《传播生态学:控制的文化范式》,邵志择译,华夏
　出版社 2003 年版。

[美] J. 赫伯特·阿特休尔:《权力的媒介:新闻媒介在人类事务中的作
　用》,黄煜等译,华夏出版社 1989 年版。

[意] 乌蒙托夫·艾柯:《符号学理论》,卢德平译,中国人民大学出版社
　1990 年版。

[法] 罗兰·巴尔特:《符号学原理》,李幼蒸译,上海三联书店 1988
　年版。

[法] 罗兰·巴尔特:《神话:大众文化诠释》,许蔷燕等译,上海人民出
　版社 1999 年版。

[德] 瓦尔特·本雅明:《摄影小史:机械复制时代的艺术作品》,王才勇

译，中国城市出版社 2001 年版。

［美］约翰·达汉姆·彼德斯：《交流的无奈：传播思想史》，何道宽译，
　　华夏出版社 2003 年版。

［法］让·波德里亚：《符号政治经济学批判》，夏莹译，南京大学出版社
　　2009 年版。

［法］让·波德里亚：《消费社会》，成富、全志钢译，南京大学出版社
　　2006 年版。

［美］戴维·波普尔：《社会学》，李强等译，中国人民大学出版社 1999
　　年版。

［美］马克·波斯特：《第二媒介时代》，范静哗译，南京大学出版社
　　2000 年版。

［美］尼尔·波兹曼：《童年的消逝》，吴燕莛译，广西师范大学出版社
　　2004 年版。

［美］尼尔·波兹曼：《娱乐至死》，章艳译，广西师范大学出版社 2004
　　年版。

［英］约翰·伯格：《观看之道》，戴行钺译，广西师范大学出版社 2005
　　年版。

［法］皮埃尔·布尔迪厄：《关于电视》，许均译，辽宁教育出版社 2000
　　年版。

［法］居伊·恩斯特·德波：《景观社会》，王昭风译，南京大学出版社
　　2006 年版。

［美］洛厄里·德弗勒：《大众传播效果研究的里程碑》，刘海龙译，中国
　　人民大学出版社 2009 年版。

［荷兰］范·迪克：《作为话语的新闻》，曾庆香译，华夏出版社 2003
　　年版。

［美］约翰·费斯克：《理解大众文化》，王晓珏、宋伟杰译，中央编译出
　　版社 2006 年版。

［奥地利］西格蒙德·弗洛伊德：《心灵简史》，高申春等译，线装书局
　　2003 年版。

［美］欧文·戈夫曼：《日常生活中的自我呈现》，黄爱华等译，浙江人民
　　出版社 1989 年版。

［美］尤尔根·哈贝马斯：《作为"意识形态"的技术与科学》，李黎等

译，学林出版社 1999 年版。

[加] 哈罗德·伊尼斯：《帝国与传播》，何道宽译，中国人民大学出版社 2003 年版。

[德] 马丁·海德格尔：《存在与时间》，陈嘉映等译，生活·读书·新知 三联书店 2000 年版。

[英] 安德斯·汉森等：《大众传播研究方法》，崔保国等译，新华出版社 2004 年版。

[德] 阿尔弗雷德·赫特纳：《地理学：它的历史、性质和方法》，王兰生 译，商务印书馆 1997 年版。

[德] 埃德蒙德·胡塞尔：《现象学的方法》，倪梁康译，上海译文出版社 1994 年版。

[英] 彼得·霍尔：《城市和区域规划》（第四版），邹德慈等译，中国建 筑工业出版社 1985 年版。

[英] 斯图亚特·霍尔：《表征：文化表象与意指实践》，徐亮等译，商务 印书馆 2003 年版。

[英] 埃比尼泽·霍华德：《明日的田园城市》，金纪元译，商务印书馆 2000 年版。

[意] 伊塔洛·卡尔维诺：《看不见的城市》，吕同六等译，译林出版社 2001 年版。

[美] 曼纽尔·卡斯泰尔：《信息化城市》，崔保国等译，江苏人民出版社 2001 年版。

[美] 曼纽尔·卡斯泰尔：《认同的力量》（第二版），夏铸九译，社会科 学文献出版社 2006 年版。

[德] 恩斯特·卡西尔：《人论》，李化梅译，北京西苑出版社 2009 年版。

[德] 恩斯特·卡西尔：《人文科学的逻辑》，关子尹译，上海译文出版社 2004 年版。

[美] 道格拉斯·凯尔纳：《媒体奇观——当代美国社会文化透视》，史安 斌译，清华大学出版社 2003 年版。

[美] 詹姆斯·S. 科尔曼：《社会理论的基础》，邓方译，社会科学文献 出版社 1999 年版。

[美] 戴安娜·克兰：《文化生产：媒体与都市艺术》，赵国新译，译林出 版社 2001 年版。

［美］保罗·莱文森：《数字麦克卢汉——信息化新纪元指南》，何道宽译，社会科学文献出版社 2001 年版。

［美］乔舒亚·库珀·雷默等：《中国形象：外国学者眼里的中国》，沈晓雷等译，社会科学文献出版社 2006 年版。

［美］沃尔特·李普曼：《舆论学》，林珊译，华夏出版社 1989 年版。

［美］凯文·林奇：《城市的印象》，项秉仁译，中国建筑工业出版社 1990 年版。

［美］凯文·林奇：《城市意象》，方益萍等译，华夏出版社 2001 年版。

［英］伯特兰·罗素：《西方哲学史》（上、下卷），何兆武等译，商务印书馆 1995 年版。

［法］克里斯丁·麦茨等：《电影与方法：符号学文选》，李幼蒸译，生活·读书·新知三联书店 2002 年版。

［英］大卫·麦克奎恩：《理解电视》，苗棣等译，华夏出版社 2003 年版。

［美］塞伦·麦克莱：《传媒社会学》，曾静平译，中国传媒大学出版社 2005 年版。

［加］马歇尔·麦克卢汉：《理解媒介：论人的延伸》，何道宽译，商务印书馆 2000 年版。

［加］马歇尔·麦克卢汉：《机器新娘》，何道宽译，中国人民大学出版社 2004 年版。

［英］迈克尔·曼：《社会权力的来源》，刘北成译，上海人民出版社 2007 年版。

［美］刘易斯·芒福德：《城市发展史：起源、演变和前景》，宋俊岭等译，中国建筑工业出版社 2005 年版。

［美］刘易斯·芒福德：《技术与文明》，陈允明等译，中国建筑工业出版社 2009 年版。

［美］约书亚·梅罗维茨：《消失的地域：电子媒介对社会行为的影响》，肖志军译，清华大学出版社 2002 年版。

［美］保罗·梅萨里：《视觉说服：形象在广告中的作用》，王波译，新华出版社 2004 年版。

［美］威廉·J. 米切尔：《伊托邦：数字时代的城市生活》，吴启迪等译，上海科技教育出版社 2005 年版。

［英］戴维·莫利、凯文·罗宾斯：《认同的空间：全球媒介、电子世界

景观与文化边界》，司艳译，南京大学出版社 2001 年版。

［美］罗伯特·E. 帕克：《城市社会学：芝加哥学派城市研究文集》，宋
　　俊岭等译，华夏出版社 1987 年版。

［法］梅洛·庞蒂：《知觉现象学》，姜志辉译，商务印书馆 2001 年版。

［比利时］亨利·皮雷纳：《中世纪的城市》，陈国樑译，商务印书馆
　　2007 年版。

［美］沃林·塞弗林等：《传播理论：起源、方法与应用》，郭镇之等译，
　　华夏出版社 1999 年版。

［美］理查德·桑内特：《肉体与石头：西方文明中的身体与城市》（第 1
　　版），黄煜文译，上海译文出版社 2011 年版。

［美］苏珊·桑塔格：《论摄影》，艾红华等译，湖南美术出版社 1999
　　年版。

［美］伊利尔·沙里宁：《城市：它的发展、衰败和未来》，顾启源译，中
　　国建筑工业出版社 1986 年版。

［美］威尔伯·施拉姆、威廉·波特：《传播学概论》（第二版），何道宽
　　译，中国人民大学出版社 2010 年版。

［英］尼克·史蒂文森：《认识媒介文化：社会理论与大众传播》，王文斌
　　译，商务印书馆 2001 年版。

［德］奥斯瓦尔德·斯宾格勒：《西方的没落》（下册），齐世荣等译，商
　　务印书馆 1991 年版。

［英］约翰·斯道雷：《文化理论与通俗文化导论》（第二版），杨竹山等
　　译，南京大学出版社 2001 年版。

［英］多米尼克·斯特里纳蒂：《通俗文化理论导论》，阎嘉译，商务印书
　　馆 2001 年版。

［美］爱德华·索亚：《第三空间：去往洛杉矶和其他真实和想象地方的
　　旅程》，陆扬译，上海教育出版社 2001 年版。

［美］爱德华·索亚：《后大都市：城市和区域的批判研究》，李钧译，上
　　海教育出版社 2006 年版。

［英］利萨·泰勒等：《媒介研究：文本、机构与受众》，吴靖等译，北京
　　大学出版社 2005 年版。

［英］约翰·汤普森：《意识形态与现代文化》，高铦等译，译林出版社
　　2005 年版。

［英］雷蒙·威廉斯：《关键词：文化与社会的词汇》，刘建基译，生活·读书·新知三联书店 2005 年版。

［美］米切尔·J. 沃尔夫：《娱乐经济：传媒力量优化生活》，黄光传等译，光明日报出版社 2001 年版。

［美］斯蒂文·小约翰：《传播理论》，陈德民等译，中国社会科学文献出版社 1999 年版。

［美］新闻自由委员会主编：《一个自由而负责任的新闻界》，展江等译，中国人民大学出版社 2004 年版。

［加］简·雅各布斯：《美国大城市的死与生》，金衡山译，译林出版社 2005 年版。

［英］特里·伊格尔顿：《文化的观念》，方杰译，南京大学出版社 2003 年版。

［加］哈罗德·伊尼斯：《传播的偏向》，何道宽译，中国人民大学出版社 2003 年版。

［波兰］弗洛里安·兹纳涅茨基：《知识人的社会角色》，郏斌祥译，译林出版社 2000 年版。

（三）　中文论文

陈柳钦：《城市形象的内涵、定位及其有效传播》，载《湖南城市学院学报》2011 年第 1 期。

陈晞等：《城市形象危机防范与新闻报道：以深圳市为例》，载《城市问题》2010 年第 2 期。

陈先枢：《把 CI 战略导入城市形象设计——以长沙市为例》，载《城市研究》2000 年第 4 期。

方玲玲：《媒介之城：媒介地理学视野下的空间想象力与城市景观》，博士学位论文，浙江大学，2007 年。

郭小照：《传媒中的城市形象研究——以宿迁现象为例》，硕士学位论文，苏州大学，2009 年。

韩隽：《城市形象传播：观念、角色、路径》，载《科学经济社会》2007 年第 3 期。

何国平：《城市形象传播：框架与策略》，载《现代传播》2010 年第

8 期。

贺艳、贺建平：《媒体叙事策略与城市形象的建构：基于〈重庆晚报〉的媒体叙事研究》，载《新闻知识》2009 年第 12 期。

侯敏：《都市传媒视阈中的市民形象再现研究：以〈华商报〉"西安新闻"版面为例》，硕士学位论文，西北大学，2009 年。

侯全华、岳邦瑞、刘明国：《城市形象的可持续消费》，载《社会科学家》2006 年第 1 期。

季晓燕：《城市形象传播研究》，硕士学位论文，河北大学，2009 年。

金元浦：《大竞争时代的城市形象》，载《北京规划建设》2005 年第 5 期。

居易：《城市形象的基本概念和系统构建》，载《苏州城市建设环境保护学院学报》2000 年第 3 期。

李馨：《传播学视野下的形象研究》，载《今传媒》2010 年第 9 期。

李勇、徐建刚、王振波：《城市形象研究进展及展望》，载《云南地理环境研究》2009 年第 1 期。

刘沛林：《中国传统聚落景观基因图谱的构建与应用研究》，博士学位论文，北京大学，2011 年。

刘沛林：《中国古村落景观的空间意象研究》，载《地理研究》1998 年第 1 期。

刘小静：《城市形象识别系统的结构研究》，载《南华大学学报》（自然科学版）2008 年第 3 期。

刘新鑫：《城市形象塑造中文化符号的运用》，载《当代传播》2011 年第 3 期。

卢世主：《城市形象与城市特色研究》，硕士学位论文，武汉理工大学，2002 年。

宋立新：《长沙城市形象塑造的定位研究》，载《湖南商学院学报》2003 年第 4 期。

孙健：《视觉时代的城市景观与城市形象建构：以世博会为例》，载《国际新闻界》2011 年第 3 期。

孙江华、严威、周建新：《城市形象媒体监测系统的建设及应用》，载《现代传播》2009 年第 4 期。

孙若婷：《从景观到视觉奇观：媒介的打造与传播》，2010 年硕士论文。

谭可可：《秉持"两型社会"理念传播城市形象：以长株潭城市群为例》，载《经济地理》2010 年第 1 期。

陶建杰：《城市形象传播的误区突破与策略选择》，载《城市问题》2011 年第 2 期。

王苏州：《城市形象的四维定位——以江西赣州为例》，载《经营管理》2011 年第 5 期。

王雪莲、张明新：《不同传播渠道中城市形象认知及影响因素》，载《新闻前哨》2011 年第 4 期。

王莹：《城市形象传播力研究：以武汉为例》，硕士学位论文，武汉理工大学，2010 年。

肖荣春：《城市的想象：网络传播场域中的城市形象展演——以天涯论坛宁波版为分析对象》，载《新闻界》2010 年第 1 期。

杨刚：《城市形象的若干理论问题与重庆城市形象建设》，硕士学位论文，西南师范大学，2002 年。

杨效宏：《现代媒介环境下的民间话语对城市形象的影响与重建——四川灾后成都城市形象重建策略的分析》，载《西南民族大学学报》2008 年第 10 期。

叶晓滨：《媒体对城市形象负向传播成因探析》，载《新闻前哨》2011 年第 1 期。

于世宏：《主题事件提升城市形象的长效机制研究》，载《城市发展研究》2011 年第 5 期。

袁岳：《城市传播：受众导向还是资源导向》，载《广告大观》2010 年9 月。

张康庄：《近 20 年来大陆城市电影中的城市形象及其叙述方式》，硕士学位论文，暨南大学，2001 年。

张庭伟：《为中国规划师的西方城市规划文献导读》，载《城市规划学刊》2007 年第 4 期。

赵文丹：《城市形象的国际化传播策略——对〈人民日报〉（海外版）对沪、津、渝三市的报道分析》，载《当代传播》2010 年第 6 期。

周东华、高筱洁：《电视谈话节目与西安城市形象塑造关系刍议》，载《理论学刊》2008 年第 9 期。

周诗岩：《框错觉：影像传媒时代的空间多义性研究》，载《郑州大学学报》2008 年第 3 期。

周怡、黄伟：《城市发展中的城市形象广告——中国首家城市形象电视广
　　告的诞生及其影响分析》，载《新闻界》2007 年第 2 期。

朱晓彧、朱瑞臣：《城市形象影像化传播的类型、原则与策略》，载《青
　　年记者》2011 年第 3 期。

庄德林、陈信康：《基于顾客视角的城市形象细分》，载《城市问题》
　　2009 年第 10 期。

（四）英文文献

Avraham, Eli, "Cities and Their News Media Images", *Cities*, 2000, 5
　　（17）.

Avraham, Eli, "Media strategies for improving an unfavorable city image",
　　Cities, 2004, 6（21）.

Ashworth, G. J., Voogd, H. *Selling the City: Marketing Approaches in Public
　　Sector Urban Planning*, New York: Belhaven Press. 1990.

Ashworth, G. J., Voogd, H, "Marketing the City: Concepts, Processes and
　　Dutch Applications", *Town Planning Review*, 1988, 1.

Burgess, Jacquelin A, Gold, J. R., *Geography, the Media and Popular Cul-
　　ture*, London: Talor & Francis Group, 1985.

Castells, M. *The Information City—Information Technology, Economic Restruc-
　　tucturing and Urban-regional Process*, Oxford: Blackwell Press, 1989.

Groys, Boris, "The Boarder Between Word and Image", *Theory Culture and
　　Society*, 2011, 2（28）.

Hospers, G. L., "Lynch's The Image of the City after 50 Years: City Market-
　　ing Lessons from an Urban Planning Classic", *European Planning Studies*,
　　2010, 12（18）.

Hughes, James M., "A Tale of Two Games: An Image of the City", *Journal
　　of Popular Culture*, 1972, 6.

Jansson, Andrew, "The Negotiated City Image: Symbolic Reproduction and
　　Change through Urban Consumption", *Urbna Studies*, 2003, 3.

Kotler, P., Haider, D. H., Rein. I., *Marketing Places: Attracting investment*, *industry*, *and Tourism to Cities*, *States and Nation*, New York：Free Press，1993.

Lefebvre，Henri，*The Production of Space*，Oxford：Blackwell Press，1991.

Lynch，Keven，*The Image of the City*，Boston：MIT Press，1960.

Lynch，Keven，*Goode City Form*，Boston：MIT Press，1984.

Niklas，Luhmann，*The Reality of Mass Media*，California：Stanford University Press，1996.

R. Banai，"A Methodology for The Image of the City"，*Environment and Planning*，1999，26.

Snaear，Fhariye H.，Maeari，Hanque，"A situational Research Approach for Discovering the Meaning of City Image"，*Environmental Design*，1991，19.

Sparks，Glenn G.，*Media Effects Research Overview*，Beijing：Beijing University Press，2004.

Stevenson，Deborah，*Cities and Urban Cultures*，Beining：Beijing University Press，2007.

（五）参考网站

中华传媒网，http：//www. mediachina. net。

中国新闻传播学评论，http：//www. cjr. com. cn。

传播研究网，http：//www. mediaresearch. cn/。

《新闻记者》，http：//xwjz. eastday. com/。

西祠胡同，http：//www. xici. net/main. asp。

新华传媒，http：//www. xinhuanet. com/newmedia/。

人民传媒，http：//media. people. com. cn/。

中国电视批评论坛，http：//www. chinatvforum. org/。

符号学论坛，http：//www. semiotics. net. cn/。

中国城市发展网，http：//www. chinacity. org. cn/csxx/。

长沙市政府门户网站，http：//www. changsha. gov. cn/zjcs/kncs/csnj/。

Columbia Journalism Review，http：//www. cjr. org/.

International Communication Association（ICA），http：//www. icahdq. org/.

American Communication Journal，http：//www. acjournal. org/.

The European Institute for the Media（EIM），http：//www. eim. org/.

International Visual Literacy Association（IVLA），http：//www. ivla. org/.

附　录

附录一　长沙历年城市化率一览表

长沙历年城市化率一览表

年份	非农业人口	总人口	城市化率（%）	年份	非农业人口	总人口	城市化率（%）
1950	541516	3145165	17. 22	1970	759390	4056467	18. 72
1951	541220	3196041	16. 93	1971	819740	4103870	19. 97
1952	594811	3258889	18. 25	1972	830731	4230286	19. 64
1953	613308	3303293	18. 57	1973	857908	4290576	20. 00
1954	677017	3387651	19. 98	1974	882576	4366094	20. 21
1955	681060	3424900	19. 89	1975	886884	4433412	20. 00
1956	735358	3495470	21. 04	1976	894068	4481192	19. 95
1957	751649	3503470	21. 45	1977	891943	4521943	19. 72
1958	794300	3483494	22. 80	1978	940265	4582271	20. 52
1959	871173	3492082	24. 95	1979	1003276	4643351	21. 61
1960	898527	3424156	26. 24	1980	1039452	4700086	22. 12
1961	853456	3377929	25. 27	1981	1072702	4766041	22. 51
1962	800737	3389151	23. 63	1982	1105503	4844868	22. 82
1963	826516	3495649	23. 64	1983	1135401	4913280	23. 11
1964	835599	3569849	23. 41	1984	1247495	4969539	25. 10
1965	838458	3657335	22. 93	1985	1292901	5042168	25. 64
1966	833097	3738916	22. 28	1986	1276052	5127298	24. 89
1967	826945	3810119	21. 70	1987	1317406	5212346	25. 27
1968	812115	3905884	20. 79	1988	1373221	5346897	25. 68
1969	792368	4001407	19. 80	1989	1401767	5444511	25. 75

续表

年份	非农业人口	总人口	城市化率（％）	年份	非农业人口	总人口	城市化率（％）
1990	1429440	5500533	25.99	2001	1918942	5870933	32.69
1991	1449901	5535603	26.19	2002	1991046	5954592	33.44
1992	1480589	5553843	26.66	2003	2058257	6017624	34.20
1993	1511184	5554172	27.21	2004	2125741	6103844	34.83
1994	1556040	5594385	27.81	2005	2180688	6209248	35.12
1995	1601864	5628222	28.46	2006	2256477	6309958	35.76
1996	1673328	5675339	29.48	2007	2305611	6373561	36.17
1997	1709754	5719062	29.90	2008	2332132	6417367	36.34
1998	1736934	5768787	30.11	2009	2347616	6468350	36.29
1999	1809828	5824692	31.07	2010	2377815	6501248	36.57
2000	1864206	5831894	31.97	2011	2418105	6566185	36.83

注：1. 历年人口数为公安户籍人口，人口数据来源于长沙市统计局公布的《2012年长沙统计年鉴》；2. 目前国际通用的城市化率计算方法有三种：一是城镇非农人口数/总人口的比例×100％；二是城镇人口/总人口×100％；三是城市年平均现有人口/全国年平均总人口数×100％。本研究采用的是第一种计算方法。

资料来源：据《2012年长沙统计年鉴》整理，http://www.cstj.gov.cn/tjnj/2012/003.html

附录二　中国部分城市的形象宣传口号

中国部分城市的形象宣传口号

北京：东方古都，长城故乡；新北京，新奥运	上海：精彩每一天
南京：江南佳丽地，金陵帝王洲	重庆：世界的重庆，永远的三峡
福州：有福之城；福山福水福州游	内蒙古：美丽青城，天堂草原
昆明：天天是春天	南宁：绿城寻歌壮乡情
银川：塞上明珠，中国银川	长沙：多情山水，天下洲城
成都：成功之都，多彩之都，美食之都	桂林：桂林山水甲天下
苏州：东方水城，天堂苏州	无锡：太湖美景，无锡旅情
大连：浪漫之都，中国大连	厦门：海上花园，温馨厦门
珠海：浪漫之城，中国珠海	汕头：海风潮韵，世纪商都
海口：椰风海韵，南海明珠	三亚：天涯芳草，海角明珠
青岛：海上都市，欧亚风情	曲阜：孔子故里，东方圣城

东营：齐鲁神韵，豪情山水	泰山：登泰山保平安！
日照：游山登五岳，赏海去日照	威海：拥抱碧海蓝天，体验渔家风情
烟台：人间仙境，梦幻烟台	武汉：高山流水，白云黄鹤
宜昌：金色三峡，银色大坝，绿色宜昌	咸阳：中国金字塔之都
湘潭：伟人故里，山水湘潭	承德：游承德，皇帝的选择
邯郸：游名城邯郸，品古赵文化	南通：追江赶海到南通
常州：中华龙城，江南常州	常熟：世上湖山，天下常熟
无锡：太湖明珠，中国无锡	杭州：爱情之都，天堂城市
台州：神奇台州，生态之旅	嘉兴：水都绿城，休闲嘉兴
富阳：富春山水，孙权故里	舟山：海天佛国，渔都港城
金华：风水金华，购物天堂	深圳：每天给你带来新的希望
中山：伟人故里，锦绣中山	梅州：千色客都，中国梅州
广州：一日读懂两千年	柳州：山水桂林，风情柳州
北海：南海珍珠之乡，滨海度假胜地	扬州：诗画瘦西湖，人文大扬州
宜春：一座叫春的城市	丽江：七彩云南，梦幻丽江
哈尔滨：冷酷冰城	义乌：小商品的海洋，购物者的天堂

资料来源：根据网络搜索整理。

附录三　电视湘军的主力阵容

电视湘军阵容	下设主要频道	开播时间	备注
	湖南卫视频道	1997—1—1	上星的综合性频道
	湖南经视频道	1996—1—1	
	湖南公共频道	2002—12	
	湖南都市频道	2005—1—1	
	湖南娱乐频道	1999—6—28	
	金鹰纪实频道	2008—3—12	前身为湖南生活频道
湖南广播电视台	湖南电视剧频道	2001—1—1	前身为湖南有线影视频道
	潇湘电影频道	2006—1—1	
	金鹰卡通频道	2004—10—30	上星频道
	国际频道	2009—5—20	上星频道
	快乐购物频道	2005—3—12	前身为时尚购物频道
	先锋纪录频道	2007—2—8	付费频道

电视湘军阵容	下设主要频道	开播时间	备注
长沙广播电视集团	政法频道	1999—5—7	
	新闻频道		
	女性频道	1999—3—28	
	公共频道		
	移动频道		

附录四　湖南电视栏目分类情况一览表

资料来源：据刘一平主编《湖南电视 40 年·锋芒》（上、下卷）整理，湖南人民出版社 2010 年版。

湖南电视栏目分类情况一览表（表格为空的代表内容不详）

序号	栏目名称	栏目编码	时长（分钟）	播出格式	开播年份
1	湖南新闻	A1	10	周播	1971
2	湖南各地	C1	20	隔周播出	1978
3	文化生活	C1	10—15	周播	1979
4	卫生常识	C1	5—30	周播	1979
5	科技天地	C1	10—15	周播	1980
6	天气预报	D1		日播	1980
7	每周一歌	B5	3	日播	1981
8	红领巾	C2	15—30	不定期	1981
9	祝您健康	D1	10	周播	1981
10	家庭顾问	D1	10	周播	1981
11	专题报道	A3		隔周播出	1982
12	青年之友	C2	20	周播	1982
13	一周要闻	A1	10	周日	1983
14	晚间新闻	A1	30	日播	1983
15	观众信箱	C1	10	周播	1984

序号	栏目名称	栏目编码	时长（分钟）	播出格式	开播年份
16	幼苗与森林	C2	30	周播	1985
17	芙蓉国里	C1	20	周播	1985
18	潇湘风采	C1			1985
19	观众之友	C1	25		1985
20	社会与生活	C1	20	周播	1986
21	文化园	C1	20	周播	1986
22	经济信息	A2	10	周一至周五	1987
23	文艺动态	A2			1987
24	环球体育	B1			1987
25	TV 五线谱	B4	20	日播	1987
26	大千世界	C1	20	周播	1987
27	小蜜蜂	C2		周播	1987
28	家庭小世界	D1	20	周播	1987
29	荧屏与观众	C1	20	周播	1988
30	蒲公英	C2	20	周播	1988
31	焦点	A3	20	周播	1989
32	公益广告	D3	2	日播	1989
33	广告文体之窗	D3	30	周播	1989
34	体育大观	B1	30	周播	1990
35	今宵同乐	B4	50	周六	1990
36	为您歌唱	B5	5	日播	1991
37	科技园	C1		周播	1991
38	事事通	D1	30	周播	1991
39	经济世界	A2			1991
40	红绿蓝	B4		周播	1991
41	有线新闻	A1	30	日播	1992
42	女性主题	C1	30	周播	1992
43	空中舞台	B4	20	周播	1992
44	现代生活	C1	20	周播	1992
45	三湘荧屏	C1	30	周播	1993
46	周末18'	D2	18	周播	1993

续表

序号	栏目名称	栏目编码	时长（分钟）	播出格式	开播年份
47	特写20'	C1	20	周播	1993
48	财经快讯	A2	15	周一至周六	1994
49	人在旅途	C1	20	周播	1994
50	青春广场	C1	30	周播	1994
51	环球瞭望	C3	20	周播	1994
52	荧屏内外	C1	15—20	周播	1995
53	时代	C1	20	周播	1995
54	芙蓉国里	C1	20	每周四	1995
55	315广角	A3	20	周播	1995
56	综艺20'	B4	20	周播	1995
57	经视新闻	A1	40	日播	1995
58	卫视新闻墙	A3	15	日播	1995
59	流动记者站	A3	25	周一至周五	1995
60	经视体育	B1	15	周一至周五	1995
61	幸运系列	B4	60	周播	1995
62	城市晚风	D1	30	日播	1995
63	中国湖南	C1	60	周播	1995
64	省长与人民	D1	30	周播	1995
65	乡村发现	A3	20	周播	1996
66	有线新闻网	A1	45	日播	1996
67	经济报道	A2	5		1996
68	经视卷宗	A3	30	周播	1996
69	经视热线	A4	35	周播	1996
70	经视赛场	B1	45	周播	1996
71	灯火阑珊	B4	20	周播	1996
72	周末创意	C1	15	周播	1996
73	人世间	C1	30	周播	1996
74	经视商业街	D1	30	周播	1996
75	新景观	A3	40	周播	1996
76	新闻汇总	A1	20	日播	1997
77	卫视商讯	A2	5	日播	1997

序号	栏目名称	栏目编码	时长（分钟）	播出格式	开播年份
78	经济环线	A2	25	日播	1997
79	体育周刊	B1	30	周播	1997
80	旗开得胜	B4	40	每周三次	1997
81	家庭时段	D1	30	每周两期	1997
82	荧屏导视	D5	5	日播	1997
83	午间新闻	A1	15	日播	1997
84	星光灿烂	B4			1997
85	卫视中间站	D4	15	周播	1997
86	新闻观察	A3	10	每周5期	1997
87	男孩女孩	C2		日播	1997
88	洋洋大观	C1	20	周播	1997
89	生育生活	D1	20	周播	1998
90	你好湖南	C1	30	周播	1998
91	快乐大本营	B4	90—110	周六	1998
92	经济视点	A1	8	周一至周四	1998
93	经视财经	A2	10	日播	1998
94	故事酒吧	B2	40	周播	1998
95	爱心30分	C1	75	周播	1998
96	花朵城堡	C2	30—60	日播	1998
97	百姓家园	D1	18	周播	1998
98	生活晚报	D1	20	每周三次	1998
99	时尚传播	D1	30	周播	1998
100	时尚前沿	D1	30	日播	1998
101	闲情都市	D1	30	周播	1998
102	真情对对碰	D1	85	周播	1998
103	财富	D2	120	日播	1998
104	广告百分百	D3	25	周播	1998
105	完全新时尚	D1	30	日播	1998
106	各就各位	B1	60	周日	1998
107	聚艺堂	B4	50	周一周五	1998
108	周末生活	D1	10	周五六日	1998

序号	栏目名称	栏目编码	时长（分钟）	播出格式	开播年份
109	音乐不断	B5	30	周播	1999
110	体育新闻	A2	10		1999
111	玫瑰之约	D1	60	周播	1999
112	卫视经济报道	A2	12	日播	1999
113	千年论坛	C1	90	两周一期	1999
114	都市玩家	D1	15	周播	1999
115	消费高手	D1	15	周播	1999
116	大嘴吃四方	D1	25	周日	1999
117	我想有个家	D1	30	周日	1999
118	零点追踪	C1	20	周一至周六	1999
119	今日财经	A2	83	周一至周五	1999
120	爱晚书亭	C1		周播	2000
121	全球娱乐通	A5	10	日播	2000
122	有话好说	C1	50	周播	2000
123	快乐新战线	B4	60	周播	2000
124	新青年	C2	50	周播	2000
125	FUN4 娱乐	B4	25	日播	2000
126	南北笑星火辣辣	B4	50	周播	2000
127	大当家	B4	60	周播	2000
128	家家红不让	B4	75	周播	2000
129	艺能连环炮	B4	80	周播	2000
130	城市语文	C1	20	周播	2000
131	非常警视	C1	45	周播	2000
132	真情	C1	60	周播	2000
133	佳电周刊	D1	30	周播	2000
134	清风车影	D1	30	周播	2000
135	唯美主张	D1	30	周播	2000
136	今日谈	A4	15	日播	2000
137	湘女出行	D1	12	周五周六	2000
138	散打王	B11	150	周日	2001
139	娱乐无极限	B4	25	周一至周五	2001

续表

序号	栏目名称	栏目编码	时长（分钟）	播出格式	开播年份
140	真心风采	C1			2001
141	数码在线	D3	30	周播	2001
142	都市1时间	A1	60	日播	2001
143	经济视野	A2	15	周一至周五	2001
144	真相三一五	A3	45	周播	2001
145	精彩500	B1	60	周播	2001
146	都市新生代	B4	20	日播	2001
147	超级英雄	B7	60	周播	2001
148	都市有情人	C1	45	周播	2001
149	福彩天地	C1	60	周一至周五	2001
150	IT新闻	D1	10	日播	2001
151	健康人	D1	25	周播	2001
152	时尚主题	D1	25	周播	2001
153	步步为赢	C2	60	周播	2001
154	中国本土歌手MV大奖赛	B4	15	日播	2001
155	新闻12点	A1	30	日播	2002
156	老同学大联欢	B9	60	周播	2002
157	零点新闻	A1		周播	2002
158	沐林早安	A1	15	周一至周五	2002
159	越策越开心	B4	45	周六	2002
160	闪客天下	D1	10	日播	2002
161	有爱不孤独	D1	20	日播	2002
162	商务旗舰	D1	25	周播	2002
163	完美七天	D1	30	日播	2002
164	完美假期	D1	45	每周三期	2002
165	得失之间	B7	60	周播	2002
166	我的2008	B1	30	周日	2003
167	动感新1点	B1	120	周三	2003
168	周末钱生钱	D2	26	周播	2003
169	580信箱	D1	13	周播	2003
170	创业90天	D1	15	周播	2003

续表

序号	栏目名称	栏目编码	时长（分钟）	播出格式	开播年份
171	仇晓的闺中密友	D1	20	周一至周五	2003
172	MBA 大讲堂	D1	40	周日	2003
173	博士咖啡	B9	15	日播	2003
174	绝对男人	B8	50	周日	2003
175	商界惊奇	B2	50	周播	2003
176	金鹰大满贯	B11	360	日播	2003
177	聚集	A3	10	日播	2003
178	T2 区	A1	8	周一至周五	2003
179	经视午新闻	A1	25	日播	2003
180	象形城市	C1	30	周播	2003
181	背后的故事	C1	40	周播	2003
182	封面	A3	15	周一至周四	2003
183	金鹰之星	B4	48—70	周五	2004
184	白手打天下	D1	26	周播	2004
185	警界	C1	30	周一至周五	2004
186	新名堂	B4	28	日播	2004
187	明星学院	B4	60	周六	2004
188	新闻故事会	B2	25	日播	2004
189	一家老小向前冲	B2	50	周播	2004
190	国球大典	B1			2004
191	财富早七点	A2	30	周一至周五	2004
192	百姓说话	A1	12	日播	2004
193	都市新闻坊	A1	30	日播	2004
194	播报多看点	A1	30	周一至周五	2004
195	津津乐道	B4	45	周二	2004
196	谁是英雄	B4	70	周日	2005
197	超级女声	B11	90—150	周播	2005
198	房产柒天	D1	25	周播	2005
199	廉镜	C1	30	周六	2005
200	寻情记	C1	40	日播	2005
201	娜可不一样	B4	30	周一至周五	2005

续表

序号	栏目名称	栏目编码	时长（分钟）	播出格式	开播年份
202	天使爱美丽	B4	50	周播	2005
203	大侦探	B2	30	周六周日	2005
204	城运大满贯	B1	180	周播	2005
205	都市社区	A1	25	日播	2005
206	抢鲜看点	A1	30	周一至周五	2005
207	世界大不同	A1	60	日播	2005
208	都市整点直播	A1	15—30	日播	2005
209	SNG 直播	A1		日播	2005
210	天下女人	D1	40	周六	2005
211	决策参考	C1	10	光盘	2005
212	子夜车站	C1	50	周一至周五	2006
213	我为表演狂	B4	40	日播	2006
214	我是冠军	B4	40—60	周六	2006
215	金鹰独播剧场	B3		日播	2006
216	NBA 篮球星期天	B1	180	周日	2006
217	都市三宝	A4	25	周一至周四	2006
218	名声大震	B11	120	周五	2006
219	超级歌会	B5	70	周播	2006
220	变形计	B8	30 或 60	日播	2007
221	角策	D1	30	周六	2007
222	瘦身魔方	D1	55	周播	2007
223	成长辩护	C1	60	周五	2007
224	五年级救助队	B7	50	周五	2007
225	征服	B7	50	周日	2007
226	听说很好看	B4	45	周日	2007
227	魔幻达人	B11	120	周五	2007
228	夜夜都市	A4	55	日播	2007
229	约法三章	A3	60	日播	2007
230	直播大事件	A3	60		2007
231	午间 360 度	A1	30	日播	2007
232	勇往直前	B7	50—70	周日	2007

续表

序号	栏目名称	栏目编码	时长（分钟）	播出格式	开播年份
233	快乐男声	B11	176	周五	2007
234	舞动奇迹	B4	80	周四	2008
235	时光漫步	C1	23	周一至周五	2008
236	故事湖南	C1	25	日播	2008
237	博物馆翻箱底	C1	25	周一至周五	2008
238	零点锋云	C1	30	周播	2008
239	智慧家庭救助队	B7	50	周五	2008
240	连环话	B2	55	周日	2008
241	我最达人	B11	120	周五	2008
242	奥运向前冲	B1	60	日播	2008
243	奥运宝贝向前冲	B1	75	日播	2008
244	大拍档	A1	28	周一至周五	2008
245	挑战麦克风	B5	60—100	周一至周四	2008
246	以一敌百	B4	70	周四	2008
247	说出你的故事	C1		周一至周四	2008
248	汉语桥	D4		周播	2009
249	天天向上	B4	95—130	周五	2009
250	智勇大冲关	B1	60	周一至周四	2009
251	看辛情	D1	23	日播	2009
252	玩美周末	D1	45	周播	2009
253	时尚味私理	D1	50	日播	2009
254	开年鉴宝	D1	90	日播	2009
255	发现	C1	25	周播	2009
256	步步为赢	B8	50		2009
257	甜蜜合唱团	B5	45	日播	2009
258	FUN4播报	B4	30	日播	2009
259	白日梦工厂	B4	70	周日	2009
260	丁点真相	A3	23	周播	2009
261	向前看	A1	25	周一至周四	2009
262	8090	C2	70	周播	2009
263	百科全说	B8	40	周播	2009

续表

序号	栏目名称	栏目编码	时长（分钟）	播出格式	开播年份
264	我们约会吧	D1	60	周播	2009
265	节节高声	B5	60 或 70	周一至周六	2009
266	一呼百应	B4	60	周日	2009
267	金牌魔术团	B4	65—80	周日	2009
268	快乐女声	B11	120	周五	2010
269	想唱就唱	B11	20—40	日播	2010
270	湖南好韵味	D1	23	周一至周五	2010
271	锋尚之王	D1	30	周播	2010
272	面孔	C1	23	周一至周五	2010
273	我是大美人	D1	30	周日	2010
274	芒果训练营	B4	110	周日	2010
275	我要拍电影	B4	40	周六	2010
276	越淘越开心	B4	70	周日	2010

附录五　长沙城市形象宣传片样本分析编码表

城市形象电视宣传片《长沙，一个放飞梦想的城市》分析编码表

视频结构	时间点	画面主体	画面背景	镜头距离	镜头角度	镜头运动方式	主体形象	功能形象
片头	0：00：01	一轮初升的太阳	太阳、建筑、湘江水	远景	平视		4	4
	0：00：04	日出时的天心阁	天心阁	远景	俯视	拉	2	4
	0：00：07	天心阁	天心阁	近景	仰视	移	2	3
	0：00：09	开福寺	开福寺	中景	仰视	推	2	3
	0：00：11	橘子洲头	橘子洲头、湘江水及岸边建筑	远景	平视	移	1	4
	0：00：13	长沙体育中心	体育馆	远景	俯视	摇	1	3
	0：00：15	宣传片标题	标题、橘子洲头，湘江及岸边建筑	远景	俯视		1	3

视频结构	时间点	画面主体	画面背景	镜头距离	镜头角度	镜头运动方式	主体形象	功能形象
场景 1	0：00：23	天上的长沙星	夜空、长沙星	远景	仰视		4	1
	0：00：28	地上的长沙城	湘江旁的建筑	远景	平视		2	1
场景 2	0：00：34	岳麓山上	岳麓山下的建筑及岳麓山上风景	远景	俯视	拉	4	4
场景 3	0：00：37	一位古代老先生在练书法	古代的书房	全景	平视	推	9	3
场景 4	0：00：42	葱郁的丛林	林间树木	近景	平视		4	4
	0：00：43	丛林中的爱晚亭	爱晚亭	近景	仰视		2	4
场景 5	0：00：46	一个人从一座长桥上走过	丛林	全景	平视		9	4
场景 6	0：00：51	一位老者在打太极拳	城楼顶部、城下建筑	远景	俯视		9	3
场景 7	0：00：54	长沙的土地	建筑	近景	平视	移	4	4
场景 8	0：00：56	开福寺	开福寺	特写	仰视	移	2	3
	0：00：58	石刻上的字	石刻	特写	平视	移	2	3
场景 9	0：01：00	一个人走入开福寺	开福寺	全景	仰视	移	9	3
	0：01：08	走入寺中的女孩	大殿	特写	平视	移	9	3
	0：01：10	大殿之中的佛像	大殿	全景	仰视	移	2	3
	0：01：15	大殿外	树林	中景	仰视	移	2	4
场景 10	0：01：18	白沙古井	树林	近景	仰视	移	2	3
场景 11	0：01：24	岳麓书院	树林	全景	仰视	推	2	3
场景 12	0：01：26	天心古阁	树林	全景	仰视	推	2	3
场景 13	0：01：28	马王堆汉墓	博物馆	全景	仰视	推	2	3
场景 14	0：01：30	走马楼三国简牍上的文字	简牍	特写	平视	移	2	3

续表

视频结构	时间点	画面主体	画面背景	镜头距离	镜头角度	镜头运动方式	主体形象	功能形象
场景 15	0：01：33	砖头砌成的城墙	砖头	近景	平视	移	2	3
场景 16	0：01：38	一系列代表性古代建筑	树林	近景	仰视	移	2	3
场景 17	0：01：48	屏西而立的岳麓山	蓝天白云	远景	平视	移	4	3
场景 18	0：01：50	奔流北去的湘江水	蓝天、橘子洲头	近景	俯视	移	4	3
场景 19	0：01：52	静卧江心的橘子洲	湘江水、蓝天	中景	平视	移	4	4
场景 20	0：01：58	山、水、洲、城	湘江水、长沙市建筑	远景	俯视	移	1	4
场景 21	0：02：04	枫林中的爱晚亭	枫林	全景	侧视	移	1	3
场景 22	0：02：07	在夕阳映衬下的湘江水	夕阳	远景	平视		4	4
场景 23	0：02：09	波浪汹涌的湘江水	蓝天、江岸	特写	仰视	甩	4	4
场景 24	0：02：10	飞翔的白鸥	蓝天及其他白鸥	特写	仰视		4	4
场景 25	0：02：12	蔡锷墓	树林	近景	仰视	移	2	3
场景 26	0：02：15	烈士碑	树林	全景	仰视	移	2	3
场景 27	0：02：25	近代以来的伟人照片	闪烁的光环	全景	平视		9	3
场景 28	0：02：29	毛泽东等伟人雕塑	雕塑	中景	仰视	移	5	3
场景 29	0：02：35	岳麓书院的大门对联	书院内景	近景	仰视	移	2	3
场景 30	0：02：41	书房内书生们正在听先生讲课	书房	全景	平视	移	9	3
场景 31	0：02：43	院里老先生正在授课	院子	全景	平视	拉	9	3
场景 32	0：02：47	一个穿汉服的人向远处走去	长长的走廊	全景	平视	拉	9	3
	0：02：51	一个拿着摄像机的女孩	房屋和走廊	近景	平视	前移	9	3
场景 33	0：02：52	橘子洲头	湘江及岸边建筑	中景	侧视	推	1	4

视频结构	时间点	画面主体	画面背景	镜头距离	镜头角度	镜头运动方式	主体形象	功能形象
	0：02：56	橘子洲头	湘江	近景	俯视	移	1	4
场景34	0：03：02	工业园	建筑群和远山	全景	俯视	右移	8	2
场景35	0：03：04	拍婚纱照的两个人	草地和花树	中景	平视	右移	9	7
	0：03：05	拍婚纱照的四个人	湖泊、建筑物、青山	全景	仰视	左移	9	7
场景36	0：03：06	放风筝的一个红衣女孩	草地、建筑物、树木	全景	平视		9	7
场景37	0：03：07	拿风筝的小男孩	树木	近景	平视		9	7
	0：03：08	追赶的两个小孩	树木	近景	平视		9	7
场景38	0：03：09	一束向前的蓝色光束	建筑物	中景	俯视	推	1	2
	0：03：14	四栋高大的大厦	湖泊、草地	近景	俯视	推	1	2
	0：03：16	四栋高大的大厦	湖泊、草地	近景	俯视	拉	1	2
场景39	0：03：19	上升的电梯	商场楼层	近景	仰视		5	2
场景40	0：03：20	鞋柜	商场电梯及店铺	全景	仰视	移	1	2
	0：03：22	休闲购物的两个画面	商场	近景	平视		1	2
	0：03：25	一个逛商场的女孩	商场	近景	平视	移	9	2
	0：03：26	一个试鞋的女人	商场	特写	平视	移	9	2
	0：03：29	一个买衣服的女人	商场	近景	平视	移	9	2
场景41	0：03：34	墙壁和灯	酒店房间	近景	平视	移	1	2
	0：03：36	一个拉窗帘的人	酒店房间	全景	平视	移	9	2
	0：03：39	酒店招牌	墙壁	特写	仰视	移	1	2
	0：03：40	一个端盘子的服务员	餐桌	近景	平视		9	2

视频结构	时间点	画面主体	画面背景	镜头距离	镜头角度	镜头运动方式	主体形象	功能形象
	0：03：43	一个在水中起舞的女孩	水池、建筑物	近景	平视		9	2
	0：03：45	商厦	夜空	中景	仰视	甩	2	2
场景 42	0：03：47	美特斯邦威广告牌	建筑物	全景	仰视	拉	2	2
	0：03：48	广告牌	建筑物	全景	平视	拉	2	2
	0：03：52	绝味广告牌	建筑物	全景	仰视	移	2	2
场景 43	0：03：53	灯火辉煌的商业街	建筑物、人群、车辆	全景	俯视	移	2	2
	0：03：55	步行街	建筑物、车辆	中景	俯视	拉	2	2
场景 44	0：03：58	雕塑	建筑物、树木	全景	仰视	推	5	3
场景 45	0：04：00	蓝色帆式建筑	人群、建筑物	远景	平视	移	5	3
场景 46	0：04：04	长沙市人民政府	蓝天、红旗	中景	侧视	移	6	1
	0：04：09	长沙市政府信息部	办公室	中景	侧视	移	6	1
场景 47	0：04：14	仿青铜器雕塑	工厂	近景	仰视	移	8	2
场景 48	0：04：15	起重机	工厂	近景	仰视	移	8	2
场景 49	0：04：16	远大集团	蓝天	近景	仰视		8	2
场景 50	0：04：17	一个正在工作的女工人	卷烟厂	近景	平视		8	2
场景 51	0：04：19	喷泉	建筑物	中景	侧视	移	8	2
场景 52	0：04：21	建筑物	建筑物	全景	俯视	移	2	2
场景 53	0：04：24	建筑物	建筑物	远景	俯视		2	2
场景 54	0：04：27	长沙黄花国际机场	车辆、蓝天	中景	平视	移		5
场景 55	0：04：28	行驶的高铁	武广高铁客运站	近景	平视		2	5

视频结构	时间点	画面主体	画面背景	镜头距离	镜头角度	镜头运动方式	主体形象	功能形象
场景 56	0：04：30	公路	建筑物、车辆、树木	中景	平视	移	2	5
场景 57	0：04：36	霓虹车流	建筑物	中景	俯视		2	5
场景 58	0：04：43	跨江大桥	湘江、建筑物	全景	侧视	移	1	5
场景 59	0：04：46	两个研究人员	大型计算机	中景	侧视	移	8	5
场景 60	0：04：49	杂交水稻	杂交水稻	特写	平视		8	5
场景 61	0：04：50	超级女声	舞台、演员	特写	侧视	移	8	2
场景 62	0：04：53	出版印刷机器	印刷厂	特写	平视		8	2
场景 63	0：04：54	动漫模型	动漫工作室	全景	侧视	推	8	2
场景 64	0：04：55	工作人群	工作室	近景	平视	移	8	2
场景 65	0：04：59	太阳	天空	特写	仰视		4	4
场景 66	0：05：00	路上来来往往的车辆	公路　绿化带　高楼	远景	俯视	拉	1	5
场景 67	0：05：05	办公楼里进进出出的人	办公楼　电梯	全景	仰视	移	8	2
	0：05：11	站阳台上眺望的男士	阳台及外面的建筑	中景	平视	推	1	2
场景 68	0：05：17	橘子洲	橘子洲头及两岸的建筑	远景	侧视	无	1	4
场景 69	0：05：19	百货大楼	夜晚的五一路　出租车	全景	平视	移	2	5
	0：05：23	一栋栋高楼大厦	蓝天	全景	俯视	移	1	2
场景 70	0：05：30	各种产品的商标	类似正方形的白色墙壁	中景	平视	推	8	2
场景 71	0：05：34	工人	工厂	中景	侧视	推	8	2
场景 72	0：05：37	开会的人们	办公室	全景	平视	推	8	2
场景 73	0：05：38	火宫殿三个字	火宫殿	近景	仰视	移	8	2

视频结构	时间点	画面主体	画面背景	镜头距离	镜头角度	镜头运动方式	主体形象	功能形象
	0:05:39	品尝小吃的情侣	夜晚的街上	中景	平视	无	8	2
场景74	0:05:40	飘吧	酒吧街	中景	平视	推	8	2
场景75	0:05:42	天心阁	天心阁周边的大街	全景	侧视	拉	2	5
场景76	0:05:45	拍焰火照的女生	天空中升腾的焰火	中景	仰视	无	9	7
场景77	0:05:48	步行街上的人流	步行街　人流	中景	平视	推	1	2
场景78	0:05:53	男人的背影	蓝天	近景	仰视	推	9	7
场景79	0:05:54	工厂里工作的人们	工厂	全景	平视	推	8	2
场景80	0:05:57	两位讨论着的男人	办公室	近景	平视	移	8	2
场景81	0:05:59	在公司前留影的员工	身后的公司以及周边环境	全景	平视	推	8	2
场景82	0:06:04	楼房　青山　流水	青山　流水　楼房	远景	俯视	移	1	4
场景83	0:06:10	河西的建筑	高楼　流水	远景	俯视	拉	1	2
	0:06:14	河西夜景	晚上的河西景象	远景	俯视	拉	1	2
	0:06:19	草地　楼房	绿色的树　草地　楼房	远景	平视	推	1	2
	0:06:22	楼房　青山　流水	楼房	远景	俯视	拉	1	2
场景84	0:06:24	高速公路	高速公路以及周围的高楼	远景	俯视	移	2	2
场景85	0:06:26	乡镇楼房	乡镇楼房　公路　树木	远景	平视	移	7	2
场景86	0:06:28	工厂内部	工厂内部	全景	平视	推	7	2
场景87	0:06:29	房屋	房屋	远景	俯视	拉	8	2
场景88	0:06:31	法院	法院	全景	平视	推	6	1
场景89	0:06:33	长沙的卫星地图	卫星地图	远景	俯视	移	1	5

续表

视频结构	时间点	画面主体	画面背景	镜头距离	镜头角度	镜头运动方式	主体形象	功能形象
场景90	0：06：39	湘江及江边建筑	湘江及江边建筑	远景	侧视	推	1	4
场景91	0：06：43	黄色的花随风摇摆	草地	全景	俯视	无	4	4
场景92	0：06：46	青山绿水　船只	青山　流水	远景	俯视	无	4	4
场景93	0：06：48	焰火	焰火	远景	侧视	无	11	7
	0：06：52	看焰火的情侣	夜空中的焰火	中景	俯视	移	9	7
	0：06：55	夜空中燃放的烟花	夜空中的焰火房屋	全景	俯视	无	11	7
场景94	0：07：00	出现结束语	夜空中升腾的焰火	全景	俯视	无	11	7

注：其中的主体形象和功能形象采用的是编码的数字。

长沙商务形象电视宣传片《长沙就是一个舞台》分析编码表

（其中的主体形象和功能形象采用的是编码的数字）

视频结构	时间点	画面主体	画面背景	镜头距离	镜头角度	镜头运动方式	主体形象	功能形象
片头	00：09—00：13	一行黑体白边的字"几个人　几许期待　几番成就　一座城市"	黑色	全景	平视	无	11	—
	00：14—00：19	"长沙　就是一个舞台"的字样及Logo	湘江及岸边日景	远景	平视	无	11	—
场景1	00：20—00：27	穿衬衫的胡子敬在公路上开车	高速公路、车内、长沙街头	远景	侧视	移	10	2
	00：28—00：33	穿西装的胡子敬在写字楼的景观台上眺望	写字楼、天空	远景	仰视	移	10	
	00：34—00：35	一群工人在工厂里忙碌工作	工厂	全景	平视	移	10	
	00：36—00：42	穿衬衫的胡子敬在办公室里眺望，然后在书桌前画一个圆	天空、长沙日景、办公室	全景	俯视	移	10	
	00：43—00：46	穿西装的胡子敬在湖畔的草地上看直升机起飞	郊区、天空	近景	仰视	移	10	
	00：47—00：50	直升飞机飞过长沙郊区、市区的上空	天空、长沙白天江景	远景	仰视	移	2	

续表

视频结构	时间点	画面主体	画面背景	镜头距离	镜头角度	镜头运动方式	主体形象	功能形象
场景2	00∶51—00∶55	穿T恤的李宗翰坐在公交车上往外望	公交车上	特写	侧视	移	10	
	00∶56—00∶59	穿T恤的李宗翰坐在广场上边吃馒头边画设计草图	广场	中景	侧视	移	10	
	01∶00—01∶03	穿衬衫的李宗翰在工作室里画设计草图	工作室内	近景	侧视	移	10	
	01∶04—01∶12	穿休闲装李宗翰在街上行走	长沙街头及长沙日景	近景	平视	移	10	3
	0∶01∶08—0∶01∶10	穿休闲装的李宗翰在街上行走	长沙大街上	特写	平视	推	10	
	0∶01∶11—0∶01∶12	穿西装的李宗翰站在楼顶上	楼顶上	近景	平视	推	10	
	0∶01∶13—0∶01∶18	穿西装的李宗翰拉着两个女人走进公司并且举起她们的手	公司门口	全景	平视	推	10	
场景3	0∶01∶19—0∶01∶20	穿衬衫的李宗翰在一个服装店的橱窗前看到了满怀期望的刘璇	服装店的橱窗前	全景	平视	移	10	7
	0∶01∶21—0∶01∶26	穿衬衫的李宗翰在服装店的橱窗前和刘璇对视并对她说话	服装店的橱窗前	近景	平视	推	10	
场景4	0∶01∶27—0∶01∶29	穿体操服的刘璇双手扶在栏杆上	体育场的栏杆前	近景	平视	推	9	3
	0∶01∶30	穿体操服的刘璇击掌	体育场内	特写	平视	推	9	
	0∶01∶31—0∶01∶38	刘璇在不同的地方做体操	房顶上、大楼前、标志性建筑前、摩天轮前、大桥上	全景	仰视	移	9	
场景5	0∶01∶39—0∶01∶43	外企商人在公司大楼和别人打招呼	公司大楼	全景	平视	推	10	2
	0∶01∶44—0∶01∶48	外企商人参观中国特色建筑	特色建筑前	近景	仰视	移	10	
	0∶01∶49—0∶01∶54	长沙夜景	街上	全景	俯视	移	1	
	0∶01∶55—0∶02∶05	外企商人在长沙市人民政府开会	长沙市人民政府	全景	平视	推	10	
片尾	0∶02∶06—0∶02∶17	长沙街景、江景、全景	街道、江上	全景	俯视	推	1	—
	0∶02∶18—0∶02∶21	一句话：长沙就是一个舞台	夜晚街景	全景	俯视	无	11	—

附录六　湖南广播电视台大事记（1960 年至 2010 年）

1960 年 10 月 1 日，湖南电视台前身长沙电视台建成、试播黑白电视节目。每周播出 2 次，覆盖半径约 10 公里。音响大而清楚，但图像不稳定不清晰。新闻节目主要是放图片。此时长沙市仅有 35 台电视机，分布在 32 个单位。

1962 年，长沙电视台停播。

1970 年 10 月 1 日，湖南电视台建台。开始只有五频道一套节目，担负着转播中央电视台节目和自办节目的任务。

1971 年，开办《湖南新闻》栏目。每周播 2 次，每次 10—20 分钟。全年拍摄电视新闻 30 条。同年，毛泽东主席在长沙观看湖南电视台节目。

1974 年，毛主席再次观看湖南电视台节目，并指示希望发展湖南电视。

1975 年，湖南电视台播音员第一次出镜。

1976 年，自办彩色电视节目。全年拍摄新闻片 147 条。

1978 年，湖南电视台提出办台方针："宣传是中心，技术是基础，后勤是保证，人才是关键。"

1979 年，首次面向社会招聘人才，播出第一条广告和第一部电视剧。

1980 年，湖南电视台提出"自己走路"的方针，探索自办节目，增办口播新闻、社会新闻和专题片。覆盖半径延伸至 40 公里。确定 3 名编辑专门处理所有记者采拍的影片与稿件，负责配音合成。举办了首届广告招商会。自办一个九频道，以自办节目为主。首次转播北京电视台（央视前身）节目。播出第一条社会新闻《长沙人民希望坐好公共汽车》。是年共播出影片新闻 902 条，口播新闻 1200 多条。

1982 年，播出影像新闻 1127 条，口播新闻 2000 多条，专题纪录片52 部。

1983 年 3 月 1 日，在全国最早创办《晚间新闻》，推出现场报道、对比报道、连续报道、跟踪报道、事实分析报道、专题报道等形式。是年，播出新闻 4339 条。

1984 年，湖南电视台升格为副厅级单位，当年明确提出"新闻是主体，专题、文艺是两翼，主体突出，两翼齐飞"的宣传方针，加强了专

附录七 "大长沙"规划中的相关图片

（资料来源：长沙市政府门户网站）

都市区空间结构规划图

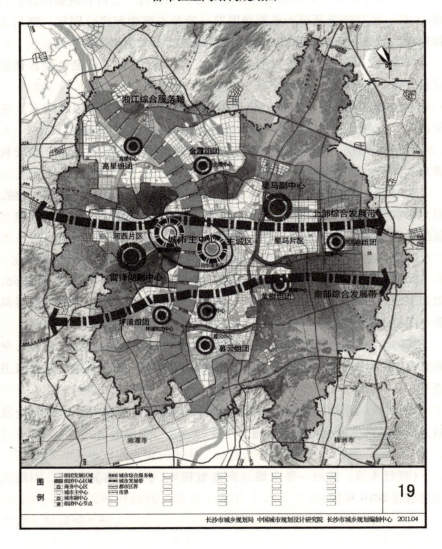

长沙市城市总体规划修改（2010—2020）

中心城区空间结构规划图

图例

- 组团发展区域
- 组团中心区域
- 城市CBC
- 城市主中心
- 城市副中心
- 组团中心节点
- 城市服务功能带
- 城市发展带
- 中心服务辐射范围
- 中心城区界

长沙市城乡规划局　中国城市规划设计研究院　长沙市城乡规划编制中心

长株潭城市群远景设想规划图

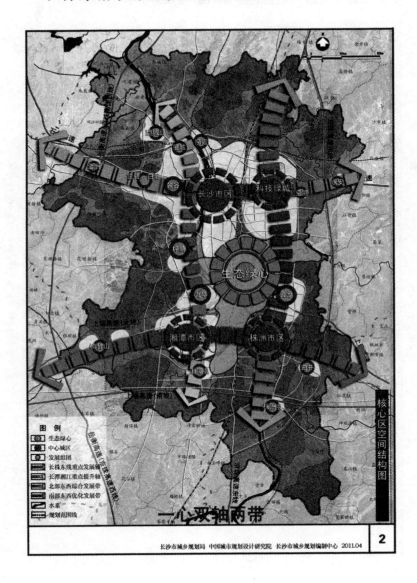

长沙市城乡规划局 中国城市规划设计研究院 长沙市城乡规划编制中心 2011.04

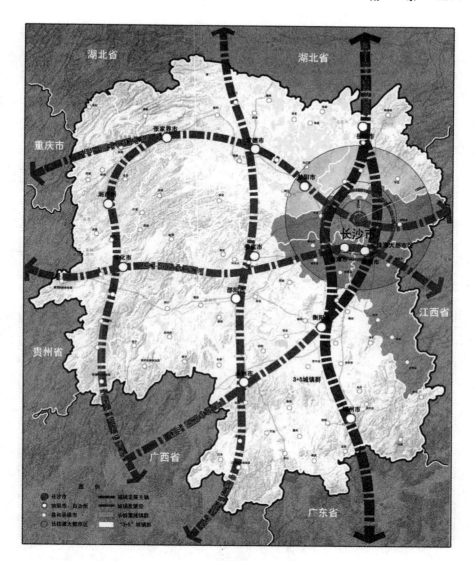

长沙在湖南的区位图

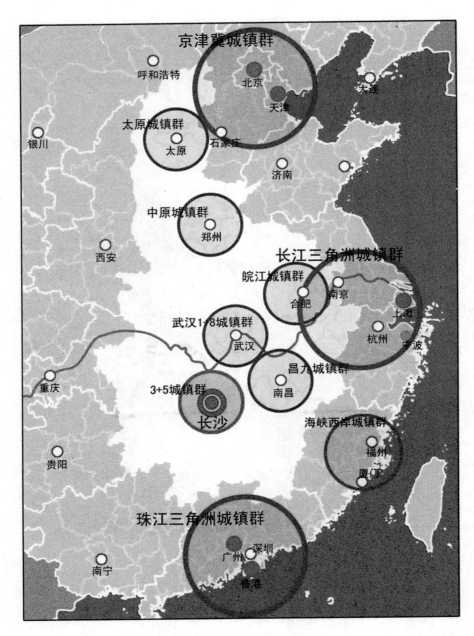

长沙在中部地区的区位图

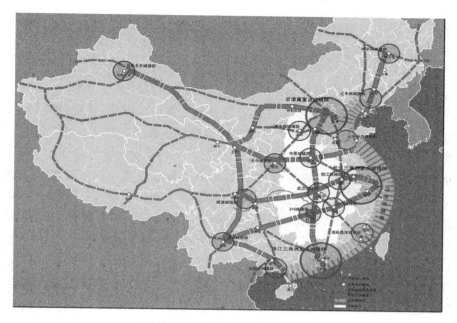

长沙在全国城镇体系格局中的区位图

附录八　长沙形象电视宣传片解说词

（根据网络视频整理而成）

人文长沙

　　湘江北去，直奔洞庭湖，彰显它的气势。长沙就位于它的下游，长沙又名星城，湖南省省会，全省政治、经济、文化中心，国务院首批公布的24个历史文化名城之一。现辖五个城区和长沙、宁乡、望城、浏阳四个县（市），面积1.18万平方公里，人口600余万，是一座得天独厚的"山水洲城"。湘江是长沙的母亲河，而纤秀的浏阳河弯过9道湾，又给城市增添了许多妩媚。横卧湘江的橘子洲为世界内河少有，绵延5公里，毛泽东词作《沁园春·长沙》使它闻名遐迩。岳麓山集儒、释、道文化于一体，让人尽享"停车坐爱枫林晚，霜叶红于二月花"的诗情画意。耸立浏阳的大围山和宁乡的沩山，给长沙组成一道天然的绿色屏障。长沙的山山水水所蕴含的文光锐气，一直激发着勤劳智慧的长沙人民。

　　长沙有文字记载的历史逾3000多年，秦始皇统一中国设长沙郡，西汉封长沙国，三国时长沙属吴国，隋唐两代称为潭州，清康熙三年长沙即为湖南省治。1922 年定位湖南省会，悠悠岁月，历史馈赠长沙的文物十分丰富，宁乡出土的商周青铜器，举世罕见，其中四羊方尊、人面方鼎被誉为国宝。而马王堆西汉文物及保存完好的女尸早已是世界第八大奇迹。长沙走马楼出土的 14 万枚三国孙吴简牍早已轰动海内外，创建于唐代的长沙窑首开陶瓷釉下彩先河。明清以来，长沙被誉为"四大米市""四大茶市"之一。四大名绣中的湘绣精美绝伦。文物是城市演变的历史见证，迄至目前，全市已挖掘春秋战国古墓 3000 多座、汉墓 10000 多座，保护完好的出土文物 30 多万件，全市现有国家级文物保护单位，省级文物保护单位 54 处，市级文物保护单位 117 处。长沙被誉为"屈贾之乡"，《怀沙》是屈原怀念长沙之作。西汉大政治家贾谊，遭贬谪任长沙太傅所作《吊屈原赋》千古留名。西汉时期，长沙王刘发西望长安留下定王台遗址，东汉长沙太守张仲景著医学经典《伤寒论》，此后，三国名将关羽大战长沙落刀之处称为捞刀河。宋代儒将辛弃疾创办飞虎军，这些历史遗存受人凭吊。唐代许多文学艺术巨匠给古城留下千古绝唱，李白、杜甫、韩愈、柳宗元、杜牧、欧阳询、怀素等都在长沙进行过创作，如今流连杜甫江阁，仍可倾听"夜醉长沙酒，晓行江水春，岸花飞送客，樯燕语留人"的咏唱在波浪里回响。长沙学术氛围浓厚，宋代理学大师朱熹，前来长沙会见理学大师张栻，二人乘舟过江，在岳麓书院设坛论道。至此，岳麓书院便跻身世界著名经典学院前列。"惟楚有材，于斯为盛"，长沙明贤辈出，清代以来，曾国藩、左宗棠等著名人士都受教于长沙。长沙时务学堂是中国最早提倡革新的学校之一。在当代，"杂交水稻之父"袁隆平，中国科技奖获得者黄伯云院士，中国试管婴儿的研究专家卢光琇等都为人类进步事业做出了杰出贡献。文化是一座城市的灵魂，长沙群星璀璨，光罩大地。

革命圣城

长沙人民自古以来就具有心忧天下敢为人先的精神，在中国近现代史上革命斗争风起云涌，清末戊戌维新运动期间，梁启超和长沙维新志士谭嗣同、唐才常等一道在长沙履行变革创举影响全国。长沙是辛亥革命重要策源地之一，这里诞生了与孙中山并称的领袖黄兴。武昌起义爆发，长沙为推翻清王朝和结束军阀统治做出了卓越贡献。五四运动后，毛泽东、蔡和森等一批风华正茂的青年在第一师范追求真理，继而组织新民学会，创办《湘江评论》和文化书社探索改造中国社会的正确道路。长沙是毛泽东、刘少奇、李维汉、李富春等先驱早年从事革命活动地区，是中国共产党的诞生地之一。清水塘中共潮区委员会是全国最早的省委机关。大革命时期，长沙反帝反军阀斗争风起云涌，支援北伐、组织罢工成立农会等活动席卷全省。这里曾爆发湘赣边区秋收起义。抗日战争时期，徐特立在长沙建立八路军驻潮通讯处开展抗日统一战线工作。长沙人民还以大无畏气概，声援了三次长沙保卫战，艰难的度过"文夕大火"的浩劫直至抗战胜利。解放战争时期，从长沙走出的彭德怀、王震等一批著名的将领南征北战威镇山河。1949年8月5日，长沙和平解放。

秀美新城

经过历史的洗礼，长沙面貌日新月异，文化品位持续提升。早在20年前长沙就提出"以文立市"战略，政府对城市基础设施，文明城市建设和文化事业的投入每年均有大幅度增长，为保护历史文化名城，市委、市政府周密部署，市人大颁布了相应法规，成立了历史文化名城建设推动委员会等机构。长沙在变大、变高、变靓，以湘江风光带新世纪体育中心为代表的一批精品工程在市内铺开，历史文化街区的保护与建设正在展示长沙的个性与风韵。许多文化设施正在加紧建设，长沙的电视湘军，出版湘军，动漫基地在全国文化产业中居于前列，长沙的文学湘军，娱乐文化闻名全国，长沙的体育湘军培育了熊倪、刘旋、刘晓鹏等一批奥运健儿，长沙电视台拍摄的巨片《雍正王朝》《走向共和》《恰同学少年》在全国走红。长沙是国务院授予的优秀旅游城市，景点众多。朝听麓山寺晨钟悠扬，夜闻开福寺暮鼓深沉，越过湘江，可参观雷锋纪念馆和去刘少奇故居敬献花篮，然后拜谒密印寺佛像，顺浏阳河而行，可瞻仰杨开慧故居、胡耀邦故居，再去浏阳文庙谛听祭孔音乐。长沙就是这么一块庄严、神奇、灵秀的地方。有缘长沙来相会，长沙人文精神汇聚的长河，永远奔流不息，万古流芳。

长沙老街

长沙有文字记载的历史逾三千年，是国务院首批授予的二十四个历史文化名城之一，我们无须列举它的名胜、古迹，在历史和现代旅游的图标上，你会很明晰的感知它们的分量。而今天，我们要涉足的是那一条条延伸在这古老城市中的老街。

老街，城市的幽巷，零星散落的记载着一些长沙曾经的生活风貌，沿着幽深的街巷慢行，随便问一位老人都能像你说出很多长沙老街的名字和来历。

老者说：这附近就是我们白鹤观，还有就是古潭街，还有学宫门，那边就是叫文庙坪，还有学院街，上面就是叫下黎家坡，黎家坡后面就是师敬湾。

长沙的老街很多，各有千秋，各具特色，但特别值得一说的却是另外四条老街：潮宗街、坡子街、化龙池、太平街。自战国时期长沙有城池开始，太平街这个地方就已是当时古城的核心地带了。历经两千多年，清朝时期以太平为名。

长沙市政府研究室研究员陈先枢：太平街是一个商业老街，历史非常的悠久但是它原来不叫太平街，原来它靠近大西门就叫大西门横街，到了清代的时候，就在大西门和小西门之间，便于当时的码头运输，在中间再开了张太平门，所以这条街在清代的时候改名为太平街。

长沙目前能见到最早的城区地图，清嘉庆《善化县城图》中所描绘的太平街地段的街巷名和走向与今日太平街毫无二致，由于紧靠湘江河运码头，太平街自古便是商业繁华之地。据史料记载，街道两旁商贾云集，店铺林立，近代中国著名实业家，当时长沙首富朱昌琳开设的乾益升粮仓就是位于此。

长沙市政府研究室研究员陈先枢：朱昌琳是我们清国著名的慈善家，他富而不忘回报社会，他常年用捐献的资金设义学、办育婴堂，建私药局。陕西当时有很多灾民，他又捐赠大批的粮食和布匹，清朝政府恭授厚补道元，赠卫国学士翰。

这座中西合璧的近代建筑，便是乾益升粮仓旧址，其立面造型利用了西方近代建筑手法，而山墙做法又具有明显的长沙地方特征，像此类按旧貌翻新的建筑，在太平街随处可见。为了保护历史街区传承优秀的湖湘文化及建筑特质，长沙市制订了历史文化名城保护规划，专门对太平街历史文化街区进行了修缮，让历史和现实在人们的心灵中交融对话。青砖、青瓦，仿古门窗，这些都会让人产生时光倒流、恍若置身清末民初的感觉。美孚洋行、老通义、农民银行这一个个数百年前经营火热的老字号，又将在一个仿若当年的太平盛世里重新焕发出昔日的风采。太平街最辉煌的时候在清末民初，杨长贤兄弟的钉子铺就是其中的一个重要见证。当时曾国藩奉清廷谕令在湖南主办练团、兴建水师，营造船只需要大量铁钉，看到这个商机的杨氏兄弟，将地摊更名为杨仁泰钉子铺，参与分工，从作战船只建造中分到一杯羹。杨氏兄弟发达的消息，随着湘江的水流传到老家，宝庆人争先恐后来这里开店，经营钉子生意，杨隆泰和老仁和成为今天长沙人仍要谈及的两家百年老店。现在，我们时常能见到三三两两的外国朋友来到此地，感受着这些异国的传奇。

外国朋友说：有中国文化很传统的东西在里面，这里有很多其他大商店里买不到的中国的东西，从这点看非常好。

太平街除了商业繁华之区外更是人文荟萃之地。太平街东侧太傅里就是贾太傅贾谊的故居所在地，魏晋以来，故居改建为贾太傅祠，成为迁客骚人的必访之地，名篇佳作不断涌现。太傅祠丰的长怀井就是因杜甫的"长怀贾傅井依然"而得名，后人称这口井为"天下第一井"，贾谊便是在这里写下了汉赋名篇《吊屈原赋》和《鹏鸟赋》。

贾谊故居纪念馆：贾谊最有名的文学作品，比如说《吊屈原赋》《治安策》，特别是《吊屈原赋》《鹏鸟赋》这些文章，他就是在我们长沙写的，他对长沙的贡献实际上是对湖湘的贡献。我们湖湘文化精髓在什么地方，就是经世致用，这个经世致用就是你学者、知识分子，你的学识必须运用与社会的实践，要改变国家的具体问题，这个就是贾谊在我们长沙的身体力行，实践的一个结晶。

十分有趣的是贾谊的居住之处曾经也是屈原的下榻之所。据旧志记载，太傅里原名濯锦坊，相传屈原放逐沅湘时，曾在太平街与百姓谈心，并在一口古井旁洗涤染上尘埃的锦衣，屈原诗歌中也屡屡出现"濯发""濯缨"之类的词，濯锦坊于是得名。屈原对长沙怀有深厚的感情，以致他在投汨罗江之前，写下了一生最后的诗篇《怀沙》。一条街上前后住过两位文化名人，他们的命运是那样惊人的相似，他们的品行是那样令人钦佩，后者与前者的心又是那样相通，或许正是因为太平街自古由来的文化气息才促使这两位相隔百年的文士大豪在此演绎着隔世之交吧。

在太平街的北边有一条古麻石街，是目前长沙城仅存的四条麻石老街之一，也是被称为长沙城第一麻石老街，它就是潮宗街。

长沙历史文化名城保护专家刘淑华：据我知道，潮宗街的西端正好是对着一个长沙的一个西门，就是潮宗门，明代是叫草场门，后来就叫潮宗门。原来这个潮字是没有三点水的，朝霞的朝，朝鲜的朝字。后来据说是因为挑河水的人太多了，到湘江河里去挑水，到城里来卖水，弄得地上很潮湿，麻石路上满是水，所以老百姓就叫潮宗门，很潮湿，这么来的。

众人挑水的场景如今已很难再见，潮宗街也不在潮湿。但住在这里的涂爹爹却依然保留着当年，挑担打水的习惯对往日潮宗街的景象，这位七十岁的老人仍然记忆犹新。

潮宗街居民涂志强：潮宗街当时的路是湿的，当时这个水源，喝饮水都是靠湘江河取的，如果要取的话，当时政府规定，只能走潮宗街和西湖桥上去取。所以包括我们现在的步行街、八角亭，那时候用的水都是我们潮宗街用人工，一担或者是我们用那板车一桶拖去卖给他们，所以由于拖水和挑水再加上我们潮宗街本身人用水，所以水洒在大街上，所以这街上从来没有干过。

潮宗街东起湘江路，西止黄兴北路，清雍正年间开始铺设麻石路面，历史上曾进行过多次路面改造，原长 511 米，到今天仅存 400 多米，是旧时候长沙最宽的街道，是今天长沙最古老、最长保持的最完整的一条麻石路。明清时，潮宗街是长沙县署和临湘驿站所在地。行人来往，车水马龙，旅店业特别发达，又因为是出潮宗门达湘江河运码头的必经之地，因此又成为米业堆栈业的集中地，因为地理位置便利，潮宗街便是一个商业繁华的街道，尤其以米市闻名于世。

长沙历史文化名城保护专家刘淑华：潮宗街在解放前比较繁华，西边就通到湘江河，那个地方是个储运业比较发达的地方，现在叫仓储业，仓库储存、运输。另外储运什么东西呢，比较著名的是大米，长沙米市是中国四大米市之一，四大米市，其中潮宗街也是很重要的一个地方，做米生意的粮站特别多。

走在潮宗街上，脚下的麻石路面，在岁月的风雨洗礼下，变得更加的圆润光滑。20 世纪 20 年代初，毛泽东等一帮年轻人，怀抱着满腹理想在这条麻石街上掀起了一股文化之风。

长沙资深编辑记者易允武：毛泽东创办了文化书社，文化书社主要是传播马克思主义的真理、探求救国救民之道，他们发行出版一些书籍来传播马克思主义。

街道两旁的崎路随处可见的高大树木与行走在这条街上的人们，如今看来是显得那么的平常，可是若干年以前，正是那些看似平常的人改写着中国的近现代历史。毛泽东、何叔衡、易礼容这些文化书社的创始者们可

能都没有想到，他们为这条老街的历史画下了重重的一笔。1924 年一所
耶稣教会堂，也在这里拔地而起，以国人自立自养绝不借助外力的宗旨启
示着国人：不忘国耻，奋发图强。文化书社、耶稣教会堂这两种不同的文
化产物，在这条古朴的麻石路上见证着它的历史与沧桑。当我们漫步在潮
宗街凹凸不平的麻石路上，捕捉那一丝历史遗风时，又怎能不感到别有的
一番风味呢。长沙的老街就像这座城市的历史走过了几千年，漫步在古老
的麻石路上，在石墙上斑驳陆离的青苔中去追寻那久远的传说故事。你会
发现，这里的一棵参天大树，一扇褪色的木门，都会有它的故事。在化龙
池就流传着这样一个美丽而又神奇的传说。

　　长沙资深编辑易允武：传说在那个玉带街，以后叫作化龙池的地方住
了个铁匠。当时玉带街附近有一口水井，水井里困了一条龙，一条孽龙。
这个铁匠就救了这个孽龙一条命。后来这个龙上来以后呢，它要回到大海
里面去，于是就托了一个梦给这个铁匠，谢谢你救了我。它说我今天要回
到大海去了，但是我回到大海去可能全城就一片汪洋，在这个情况下，这
个铁匠就琢磨了一会儿，我虽说救了你的命，但是你走了以后，全城都被
淹了，不是所有的老百姓的命都没了？于是他就想了个非常巧妙的办法，
他就说你在井底下别动，因为他是铁匠，就烧了一大堆的铁水对着井里面
倒了下去，就把井口给封了，封了以后就把龙化掉了，所以就叫作化龙
池。

　　旧时的长沙商铺，多以同业聚街为市，其中卖木屐和油鞋的商铺多集
中在化龙池一带。每日里，伴随着商贩的叫卖，这里总是热闹非凡。而如
今，在这条街上再也看不到木屐行、油鞋庄的踪影，代替它们的是一家家
充满现代气息的酒吧。从北到南，随着街面上的石板路，歪歪斜斜地伸向
化龙池的深处。在这条老街上，生活了三十多年的宇燕，如今就在这儿开
了一间以音乐为主题的酒吧。每天下午四点多，她就会来到自己的小铺，
为晚上的生意忙碌着。

　　化龙池酒吧老板宇燕：我开始之所以选择化龙池这个地方开酒吧，我
是感觉这条街，青石板，仿古建筑然后还有它的一些的传说，像化龙池的
传说，看似好像跟现代这些酒吧不是很搭调的元素，但是融入了个人的一
些想法和一些主题创意以后可以开一些比较有个性的酒吧，把它融合在
一起。

　　快节奏的音乐，肆意摆动的舞台，这就是长沙解放路酒吧的写照。与

它们相比，化龙池这里少了一分喧哗，却多了一分淡雅。约上三两好友在轻轻飘荡着的爵士音乐中，品尝着杯中精心调制的美酒，开心地聊着朋友间的话题。

化龙池酒吧老板宇燕：喧闹了以后就想找一个比较安静点的地方，三五好友聊聊天，有点小气氛的感觉。每个店子都很随意、随性，就是说没有那么像大酒吧有保安有服务员之类的，大家有时候，老板忙不过来可以自己到吧台来拿东西，给我感觉就是很随性，很舒适这种感觉。

或许这正是这条老街的悠悠岁月为它带来的独特风韵吧。怀旧而又实在的长沙人，正有声有色地在这条百年老街上述说着另一个新的传说。今天外地人来长沙，如果要吃小吃便不能不去坡子街。古城长沙的老街并不少，但像坡子街这样老而有名的老街就屈指可数了。因为街道地势东高西低，呈斜坡，所以就取名坡子街。距今已有一千多年的历史。

外地游客：以前没来长沙时就听说过这个，蛮有名的，因为这小吃种类都比较齐全，然后香菜的口味又比较特别，最重要的是这里比较干净，环境很好，所以就过来看一下，然后点的品种也挺多的，还蛮好的。

在古代，特别是南方地区，陆路运输还不甚发达，所以无论是小到一条街道，还是大到一座城市的发展都和水运息息相关。而湘江作为湖南地区最大最长的一条河，挨着江边的坡子街，自然是"近水楼台先得月"。发达的湘江航运为坡子街带来了银行、药材，带来了繁荣。

火宫殿文化顾问李嘉华：坡子街原来就是长沙一条名街，也是一条经济的老街，他原来就是长沙市的金融业、纸业、笔墨庄、药材号为主要特征的一条名街、老街。

机敏睿智的长沙人也看到了繁荣背后的商机，一个新兴行业正在慢慢的酝酿。

长沙资深编辑易允武：过去有不成文的规定，大的殷实的企业家里失了火，就要来祭火神，那就要唱大戏，要唱三天，请戏班子来唱戏，火宫殿这个舞台，有人唱戏就有人看戏，有人看戏就有人兜售小吃，开始就是提篮小卖，然后就是朝出暮归靠摆这个临时摊子。

如今，我们依然还能在坡子街上，看到当年遗留下来的特色小吃，或许是因为历史的积淀，又或许是长沙人专一的口味，吃哪样东西就去哪一家店，似乎已成为了一个约定俗成的习惯。双燕楼的馄饨，向群的锅饺，文记的四合一，而说到吃臭豆腐那就得数火宫殿了。

长沙资深编辑易允武：火宫殿的前身叫作乾元宫，乾元宫就是一个祭祀火神的地方，后来它的房子像宫殿，似房子，是庙宇，所以大家就俗称叫火宫殿，这样说称就一直称呼到现在，它是以湖湘的小吃为主要特征的一个餐饮。

火宫殿的风味小吃可谓享誉三湘，其中最为说到的就是八大小吃，而又以臭豆腐最为有名。黑油油的豆腐在油香四溢的小煎锅里一滚，随着滋滋声不知道馋坏了多少中外游客。

群众：坡子街是湖南特色小吃的一条街，火宫殿是全国比较有名的，我们今天上街办事买些东西，所以中午就在这里吃饭，这里的菜也比较具有湖南的特色，我们也比较喜欢，而且比较经济实惠，以后我们与亲戚朋友来的话，我们一定会带他们到这里来，体会下湖南的饮食文化，体会下湖南的一些特色小吃。

这一排排的特色风味小吃，一桌桌热闹的食客，似乎在向我们重演着当年的坡子街的盛况。这些被城市的高楼包裹着的老街，就像一条历史的纽带，联系着长沙璀璨的过去与辉煌的将来。

中国历史文化名城系列之长沙

在中国，一提起吃辣椒，人们自然就会想到湖南，想到湖南人那火辣辣的性格。或许是湖南人太爱辣椒的缘故，就连省会长沙火车站的钟楼顶上的火炬，在外地人的眼里也像一个尖尖的红辣椒，而这钟楼似乎也就成了长沙的一个签名标志。事实上，对于大多数长沙人来说，古城标志性的建筑，是耸立于城南的天心阁。天心阁修建于 1735 年，它脚下的城墙已有两千多年的历史了，虽屡经战事，但是至今胜迹不灭。1938 年的长沙大火，使长沙旧日的繁华付之一炬，唯有这座城阁幸存下来，成了珍贵的文物和古城的标志。位于湘江西岸的北津城遗址，是两千多年前西汉初年的建筑，也是长沙作为中国历史文化名城的见证。每个城市都有自己值得回忆的过去，这些丰富的史前文化遗存，向人们展示着这个城市过往的历史和文化。早在公元前 14 世纪，也就是中国的商周时期，长沙就已进入青铜文化时代，在中国众多的出土青铜器中，长沙青铜器以它奇特的造型和富有强烈神秘色彩的花纹而引人注目。今天考古学家们又为这座古城找到了它的见证人。公元 1972 年，位于长沙市东郊一向默默无闻的马王堆，突然爆出一个震惊世界考古界的发现，人们从这里发掘出一具完整的西汉女尸，女尸出土时面目如生、衣饰如旧，令世人叹为观止。这位西汉初年长沙丞相的妻子辛追，在地下静静地躺了两千多年之后，又带着她的随葬物轰轰烈烈的出土，在世人面前展开了她那个时代的生活场景。这三千多件出土文物，默默地陈列着，承受着现代人的考察、猜测和惊叹。黑衣帛画是中国古代帛画中前所未有的杰作，帛画呈 T 形构图，画面从地下到地上，从地上到空中，从空中到天上；从现实到幻象，从人到动物，表达了一种虚幻的乞求和引魂升天的主题。素纱禅衣这是一件令人惊叹的稀世珍品，它身长 128 厘米重 49 克，是目前世界上现存年代最早、保存最完好、工艺最精，也是最轻薄的一件丝绸衣服。马王堆出土的五百多件完整的漆器，色彩艳丽、光泽如新。这幅彗星图也是目前世界上现存最早的。这位生前挥金如土的贵妇人，如今还经常在她的随葬物簇拥下远涉重洋到异国他乡去作巡回展览，此后两千多年的这份风光，恐怕是这位辛追夫人身前所万万料想不到的吧！

在中西交通史上，与陆上丝绸之路并称的是海上陶瓷之路，在英国牛津大学和日本、朝鲜等国家的博物馆里，珍藏着一些装饰有釉下彩的中国古瓷器，它们就是公元八九世纪长沙窑的产品，长沙窑制瓷工艺先进，尤以釉下彩独步天下，当时长沙窑烧制的陶瓷器皿就是通过海上陶瓷之路远销东南亚和阿拉伯各国。现在长沙的陶瓷工艺又有了长足的发展，陶关是中国著名陶城，20 世纪 70 年代陶关首创了实瓷器皿，这种实瓷制品细腻如瓷，坚固如石，很快风靡于世界各大宾馆。徜徉古城，人们会发现市区的喧闹与隔岸相望的岳麓山风景区的静谧形成鲜明的对比。岳麓山群峦叠翠，古树参天，山林越壑之间错错落落散布着许多古代历史陈迹，像麓山寺、六朝松、白鹤泉、禹王碑等，其间还流传着许多美丽的民间故事，引得游人如云，乐而忘返。位于麓山寺碑下的岳麓书院，是中国宋代四大书院之冠，书院创立于公元 976 年，和它相比，国际上久负盛名的英国牛津大学、剑桥大学和法国巴黎大学就显得姗姗来迟了。岳麓书院是世界上最早采用教师制进行传道授业的高等学府。宋代著名理学大师朱熹、张栻二人在书院主持讲学期间是岳麓书院的全盛时期，四方学者接踵而来，曾在历史上显赫一时，是岳麓书院成为当时全国颇有影响的教育中心。今天这里虽已不再书声琅琅，但往来于此的人仍然络绎不绝。岳麓书院虽历经战火，几度兴废，却一直办学不断，号称千年学府。1926 年学院改为湖南大学，成为湖南最早的一所综合性大学。"惟楚有材，于斯为盛。"如今这座千年学府，更是人才济济。大批的博士、硕士和学士源源不断地从这里走向中国各地。

坐落在岳麓山清风峡谷之中的爱晚亭，小巧而精致。这爱晚亭三个汉字是中国已故领袖毛泽东的手迹，当年毛泽东在长沙求学时，常来这里和同学聚会，探求救国救民的真理。

橘子洲头四面环水，绵延五公里。当年毛泽东经常邀集同学来橘洲游泳，指点江山，畅谈理想。现在橘洲公园已成了长沙著名的水上公园。位于长沙城南的湖南省立第一师范学校是毛泽东的母校，在这里毛泽东获得了最早的社会经验，政治思想也逐步形成。古城长沙，毛泽东当年留下的痕迹几乎到处可寻。如今，凡是来长沙的人几乎都要到毛泽东当年活动过的地方去踏访、穿寻、寻找毛泽东。

郑佳明、舒华：《长沙，走向世界》
（原载《新创作》1995 年第 1 期）

第一章　大潮

当地中海在昔日的余晖里沉寂，大西洋也渐趋平静的时候，亚细亚东边的太平洋却涌动着阵阵波涛。

西雅图，雅加达，太平洋上的两座美丽城市。1993 年和 1994 年的亚太经合组织年会，在这两个城市召开时已升格为亚太各国首脑会议。

江泽民主席在会上大声宣告：面向亚太地区、面向世界的中国实行全方位开放！开放的中国将加速建立社会主义市场经济体制，与世界经济对接！

中国的高速发展和全面开放，推动着一个新时代，太平洋时代的到来！这是新的机遇，新的挑战！

当今世界经济活动的重心正由大西洋向太平洋转移，亚太地区的经济增长举世瞩目。

还在 1987 年，美国 1700 亿美元的贸易赤字，就有 40% 来自日本，20% 来自韩国、中国台湾和中国香港，5% 来自东盟五国，也就是说，65% 的贸易赤字来自亚洲。

亚太地区的国民生产总值已占美国的 70%，欧洲共同体的三分之二。

经济的高速增长，催育出东京、汉城、中国台北、中国香港、新加坡、曼谷等国际性城市。出口加工区只是经济发展初期的模式。这些大都市的崛起，对中国大陆产生了强烈的示范效应。

改革开放释放出的巨大能量，驱使着中国城市走向世界。

沿海、沿江及内陆的一些城市，都在紧锣密鼓地谋划建设国际性城市：广州、深圳、珠海、厦门等沿海城市瞄准亚洲"四小龙"加速发展，率先提出建设国际性城市目标；上海重振东方大都市雄风，决心建成"东方明珠"；武汉依托"黄金水道"和坚实的工业基础，要在下世纪建成"东方芝加哥"；大连凭借天然良港优势，提出 20 年建成"北方香港"。

在世界区域经济一体化的大潮中，任何一个大城市，要么参与国际经济分工与竞争，要么自甘封闭衰落！

这股势不可当的大潮把长沙的经济、社会、文化推向新的发展起点；邻近地区竞相发展的态势使长沙建设面临严峻的新课题。这一古老的内陆城市如何走向世界、走向现代化?!

第二章　古城

长沙，湖南省会。位于湘江下游，洞庭湖南。

湘江北去入长江而连武汉，上通重庆，下达上海；京广线直抵南粤，东进浙赣，西接湘黔；中国纳入亚洲公路网的 107、319 两条国道在这里交会。黄花国际机场是中南最大的空港之一。

长沙现辖 5 区 3 县 1 市，总面积 11800 平方公里，市区 367 平方公里；总人口 560 万，市区 140 万；属亚热带季风湿润气候，四季分明，降水充足。

"楚汉名城，临湘故市"，是国务院首批公布的历史文化名城之一。

历史在地理的山谷中生长出来。湘江的灌溉舟楫之利，催育出古代长沙发达的农业和商业。《史记》载："长沙，楚之粟也"。

远在 7000 年前，我们的原始先民就耕耘生息在这块土地上。

春秋战国时为楚南重镇。"秦王扫六合"后，设长沙郡，为全国郡之一。汉高祖刘邦设长沙国。以后历经各朝各代，置国、置郡、置州、置府，逐步发展成为一个政治、经济、文化中心。

屈贾留传的诗赋，汉墓出土的文物，张仲景的《伤寒论》，长沙窑的釉下彩，无一不闪烁着历史文化的光辉。

北宋末年，大批文人学者南渡避乱，造成中国文化重心南移。长沙成为全国文化教育最发达的地区之一。

公元 967 年，太守朱洞在长沙创建的岳麓书院，为全国四大书院之首。著名理学家张栻、朱熹，明末清初集中国古典哲学大成者王船山讲学于斯，形成忧国忧民、经世致用、即事穷理、日新不息的湖湘学派，使莘莘学子"以不得卒业于湖湘为恨"。

在中国近代一百多年的政治风云中，长沙这个地处内陆的城市往往成为每次政治变革的前导，成为湖湘子弟革故鼎新，献身中华的聚集之地。

鸦片战争后中国睁开眼睛看世界的第一人魏源；戊戌变法的维新志士谭嗣同、唐才常、熊希龄；辛亥革命的英雄人物黄兴、蔡锷、宋教仁、陈天华；新民主主义革命的元勋毛泽东、蔡和森、刘少奇、李富春都在这里度过了峥嵘岁月；

此外还有清末"中兴将帅，十九湖湘"的曾国藩、左宗棠、彭玉麟、胡林翼、郭嵩焘等著名历史人物也导源于此。

杨度曾作《湖南少年歌》："中国如今是希腊，湖南当作斯巴达。中国将为德意志，湖南将作普鲁士。诸君诸君慎如此，莫言事急空流涕。若道中华国果亡，除非湖南人尽死。"这种救国救民、豪迈自负的爱国主义精神，是为湖湘文化陶冶所成。

"惟楚有材，于斯为盛。"这是历史和未来对长沙的赐予！

"西南云气来衡岳，日夜江声下洞庭。"自然界的鬼斧神工，人文史的演绎积淀，给长沙留下了丰富的旅游文化资源。

浏城桥楚墓，汉北津城，贾太傅祠，马王堆汉墓，西汉王室墓，东汉张仲景医圣祠，唐代孙思邈药王街，西晋唐宋年间著名寺院麓山寺、开福寺、石霜寺、密印寺，莺飞草长之时，最好寻踪怀古。

"江南好，风景旧曾谙。"两千多年来，屈原、贾谊、司马迁、杜甫、李白、韩愈、柳宗元、李商隐、骆宾王、刘禹锡、怀素、欧阳询、辛弃疾、朱熹等文人墨客无不为钟灵毓秀的长沙山水而留不朽之作。

一位清代文人在去过玉楼东后，留下了这样的诗句："麻辣子鸡汤泡肚，令人常忆玉楼东。"长沙饮食文化也很有特色，湘菜、小吃用料考究，制作精良。火宫殿、甘长顺、杨裕兴、德园都是百年老店。

长沙自古还是一个交通便利，商贾云集的城市。古都长安就有驿道通往长沙。"夜醉长沙酒，晓行湘水春。"杜甫的名句，更见古代长沙的商旅之便。

1904 年长沙辟为通商口岸后，英、美、日、德等国纷纷在长兴办洋行，多达 88 家。20 世纪 30 年代，长沙已发展为全国四大米市之一。各省客商也前来开庄设店，有江西的钱庄、金银首饰业；江苏的绸布业；河南、湖北的药材业；广东的西药业；福建的烟丝业。

长沙出版业自宋以来就比较发达，从宋代坊刻本《百家祠》127 卷到清曾文正公刊行《船山遗书》，可见其时盛况。

湘江北去，历尽沧桑。橘子洲头那欧美式建筑是清末洋行、海关所在。画栋雕梁，曾为歌舞场。

第三章 开放

天心阁城墙曾是长沙的象征，但它却是农耕文化的产物。我们的祖先不能超越土地和农业，千百年来在围城的保守下，盼望一个又一个丰年。

"东方风来满眼春。" 随着沿海城市开放卷起的阵阵春潮，太平洋也在呼唤这个地处内陆的城市。

知道了局限，就会进入更高的境界。开放也是发展生产力！

改革开放 15 年来，长沙已步入全国城市中上游水平。在全国 479 个城市综合经济实力 104 项指标评价中，位列 50 强中第 20 强；在全国 188 个地级以上城市经济社会发展水平 39 个重要指标综合评价中名列第 9 位；在 24 个接近小康水平的城市里位居第 10。

目前已形成了以食品、轻纺、电子、机械四大行业为支柱，以化工、建材、医药、汽车、造纸、印刷等 26 个行业为辅的工业体系。工业企业 2700 个，三资企业 1300 余家。有 250 多种产品销往 70 多个国家和地区。

农业耕地面积 370 万亩，粮食年产 250 万吨，生猪出栏 480 万头。乡镇企业总产值 230 亿元。

外向型经济的发展，促进了对外交往。与美国圣保罗市、新泽西市，日本鹿儿岛市，刚果布拉柴维尔市，瑞士弗里堡市，新加坡裕廊东市镇，俄罗斯哈巴洛夫斯克市结为友好城市。基本形成对中国港澳、日本、美国、欧盟、独联体、东欧等 6 大出口市场。

"五虎闹长沙" 闻名全国商界。年销售过亿元的大型商场 10 余家。目前已建成一级商业群 4 个，二级商业群 27 个，三级商业群 83 个，农贸、小商品市场 200 多个，零售网点 6 万多个。社会商品零售额 105 亿元。

日本和亚洲 "四小龙" 成功的秘诀，是在初期以加工贸易为主，之后转向以高新技术产业为中心。

长沙高新技术产业开发区是国务院批准的首批 27 个国家级开发区之一。1993 年 5 月列发入国家级重点开发区。创办 4 年多来，已形成微电子及电子信息技术、新材料技术、新药品及生物医学工程为主的高新技术产业群。成为全市新的经济增长点。

各类独立的科研机构 129 个，其中长沙大地构造研究所、湖南杂交水稻研究中心在世界有较大影响。各类专业技术人员 20 万人。

标志世界科技新水平的有银河 10 亿次计算机、智能机器人、籼型杂交水稻及栽培技术、人类高分辨染色体技术及供胚移植试管婴儿、地洼学说。

各类学校 3800 多所，其中普通高等学校 21 所，教授副教授 2500 多人。全国重点大学有中南工业大学、国防科技大学、湖南大学，而长沙铁道学院、长沙交通学院、湖南医科大学、湖南财经学院、湖南农业大学、湖南师范大学也享有盛誉。

精神文明建设造就了一代新人。雷锋家乡立足岗位学雷锋，年年都出"双十佳"。"五个一工程"屡结硕果。

经过 40 多年的建设，长沙以水、电、路、通信为重点的基础设施日臻完善：日供水能力 77 万吨；用电主要通过省网供应，目前正筹建望城燕坡 120 万千瓦火电厂；城区道路面积 500 多万平方米；通信技术全国领先，市话普及率 12%.

这里是一方热土。不论是筑巢引凤，还是引凤筑巢，或是实行 BOT，投资者都会得到回报。

第四章　崛起

曾因《大趋势》一书闻名于世的奈斯比特断言：人类文明在经历地中海时代和大西洋时代之后，将迎来太平洋时代！

国际货币基金组织预测，亚太地区的经济增长，将改写下世纪初世界国民生产总值排名表。

邓小平曾急切地告诫我们："中国的发展机遇不多。"

世界各国在"和平与发展"的主题下进行的是一场经济热战。风云变幻的世界存在一个优胜劣汰的现实！

我们正处在世纪之交的大变革、大发展时代！

随着世界经济、科技、文化的广泛发展，世界各国的经济将逐步一体化。这一大趋势已经把长沙推向世界经济大循环。

我们开展了出口加工、合资合作、对外承包、租赁融资等多种形式的国际性运作，与90多个国家和地区建立了经贸关系；高新技术产业开发区不少项目达到国际水平，成为与国际市场

接轨的先导区域：CBD工程已列入城市规划，历史上最繁华的湘江东岸确立为中心商务区；

长沙还将在今后5年拉通城市一环、二环线，建成长石铁路和长沙至岳阳、湘潭、常德三条高速公路，50幢高层大厦将拔地而起！

沿海的改革开放正向内陆延伸，沿江的开放战略正在抓紧实施。外商外资纷纷看好长沙。

在世界经济开放的时代，以一个或若干个国际性城市为依托，带动某一区域或国家的经济社会全面发展，已成为发展的必然趋势。

长沙肩负着依托全省6300万人口大市场、带动湖南区域经济走向世界的历史使命！

长沙素称"荆豫唇齿、黔粤咽喉"。地处长江、沿海两大经济带和沪、渝、汉、穗四极之间，受沿海、沿江开放的双重辐射。世界各国经济史表明，区位对一个城市的发展具有极其重要的作用。

长沙科技、教育发达，工业门类齐全。当今世界把大学与产业部门合作，将高新技术转化为新兴产业的城市称作硅谷。岳麓山科技园已闪现硅谷之光。

"潇湘洙泗，屈贾之乡。"长沙文化旅游资源丰富，可用开发旅游的方式取得外汇。

长沙自古就是江南的重要商埠。商业的繁荣与潜力呼唤现代国际性商城。

长沙最大的特色优势是文化。这文化是包括历史、科技、教育、旅游、出版在内的大文化。注重文化与经济的联姻开发，以此立足于世界现代化国际性城市之林！

长沙人杰地灵，物华天宝。若以沿海为弓，长江为弦，长沙就在京广线这根箭上，引而待发，跃如也！

我们要用二三十年时间把长沙建设成科技先导、外向型的综合经济区和风景名胜、旅游、第三产业发达区。

让长沙成为长江中游经济带的第二大经济中心，成为连接东南沿海、西南边与内陆的枢纽，成为面向东南亚的文化科技型国际性城市！成为亚

太地区的一颗璀璨明珠！

芙蓉今始为君开

在中国湖南的中东部，一条美丽的河——浏阳河蜿蜒流过。在它绕过第九道湾将要汇入湘江的地方，有一片美丽的家园，它就是长沙市芙蓉区的所在。

芙蓉区，自古以来就是长沙的行政中心、商业中心。即使过去了两千年，这一点仍然没有改变。作为省会的中心城市区，芙蓉区有着优越的区位优势。这里，有着独特的交通优势，贯穿南北横跨东西的高速公路，与纵横四方的铁路穿境而过，从市区出发到黄花国际机场仅需 20 分钟车程。这里，是一块古老文明的发祥地，30 多年前，这里的一次考古发现震惊了世界。一座具有 2300 年历史的马王堆汉代古墓出土了 3000 多件珍贵文物，其中历经千年不朽的辛追夫人的遗体、彩绘帛画、素纱禅衣，为世间绝无仅有，大量文物生动再现了中国西汉王朝的经济、艺术、科技发展水平。这些文物埋藏在南方潮湿的地下 2000 年而不朽，至今仍留下难以破解的千古之谜。在芙蓉区的推动下，马王堆"物址合一"，申报世界文化遗产的工程正在一步步推进。它将与世界自然遗产张家界一道成为湖南旅游的国际品牌。

如今当你漫步于芙蓉区的街头，那座三国吴简博物馆、一条条历史街巷、名人宅第、名泉古井、官署衙门，会向你一一讲述一段悠久的历史。蜚声中外的湘绣、湘菜、百年不衰的老字号，则会让你深深领会到这些非物质文化遗产时代传承发扬的魅力。

如今古老的文化和年轻的都市，在新的发展时空交汇融合，续写出新的篇章。着眼未来，全局在胸。芙蓉区谋篇布局，下出了科学发展的一着着好棋，"一区一园一城一带"的区域发展构想，和"繁荣、和谐、精美"的发展理念，得到全社会的高度认同。浏阳河把芙蓉区一分为二，在西岸 20 平方公里的传统商业工业区基础上，规划并加速建设着长沙中央商务区。它是长沙 CBD 的核心，它占着长沙 CBD 80% 的规划面积，按照面向全国、辐射中部的构想，将建成区域性的金融中心、商务中心、商贸中心和信息中心。芙蓉 CBD 不仅具有 CBD 的一般共性，更具有鲜明的个性特色。这里有全市最具品位的购物街区、休闲娱乐街区，酒吧文化街文明全国，这些为芙蓉中心商务区配套了富有魅力的生活环境，也使长沙获得了中国的"娱乐之都"的美誉。

紧邻浏阳河，环保马王堆汉墓遗址公园是一个巨大的市场群——"马王堆新城"，它是芙蓉区又一个经济增长极和投资热点。随着"马王堆汉墓遗址公园"的建设，3—5年后这里将形成以马王堆西汉文化带动的旅游产业，保守的估计是来此游览的中外游客将达到200多万人次。由此在外围形成巨大的住宿、餐饮、娱乐、休闲、旅游产品市场，带来无限商机。

现在让我们把目光投向正在规划建设中的浏阳河风光带，一河两岸，绵延5公里的滨水景观，尽显和谐的生态和本土文化特色，它是繁忙的都市居民放松身心的后花园，它是城市发展交响乐中的抒情慢板。

而在浏阳河东岸20多平方公里的土地上，布局的是一个新型的工业园区——隆平高科技园。它以世界杂交水稻之父，身为中国工程院院士美国工程院院士的袁隆平先生的名字命名。他的杂交水稻研究所就坐落在园区内，隆平高科技园享受国家高科技园优惠政策，土地规划理由已得到国家批准，土地资源充足。园区以"高科技、精密制造、清洁生产"为主导，重点发展现代农产品加工、新材料、先进制造生物医药和电子信息等高端技术产业，目前园区聚集了175家高新企业，园区高新技术孵化大厦已经建成，优秀人才和研发成果将在这里找到释放能量的最佳平台。目前，园区的主要经济指标和增速均居全球六个园区之首，着力发展现代商务、新型工业、旅游文化产业、现代物流、电子信息产业。芙蓉区的经济增长连续五年保持在15.6%以上，2006年，实现GDP 272.17亿元，人均GDP达到6.17万元，经济实力的快速增长，为社会发展注入了强劲活力。芙蓉区人深知，经济发展是过程，社会进步才是目的，多年来，芙蓉区致力于公共财政建设，不断把经济建设的成果转化为事业发展的源泉和人民的财富。在芙蓉区，社会保障体系不断健全，大力推动充分就业工程，社会公共卫生服务体系已经形成，城市居民医疗保险普遍施行。在芙蓉区，教育得到优先发展，教育经费充分保障，学校均衡发展，素质教育水平在全省领先。在芙蓉区，优良的社会文明风尚成为全社会共同创建的目标而坚持了十多年，社会治安良好，社会诚信程度体系不断健全，社区建设社区自治走在全国前列，完备的社区设施和和谐的社区文化，形成了居民的美好家园。在芙蓉区，投资环境日益优化，开放程度日益扩大。几年来，芙蓉区一方面走出去，在境外、国外举行大型招商活动7次，成功引进项目 3 个，资金约 107 亿元；另一方面，芙蓉区着力加强法制政府、责任政府、服务型政府建设，办事效率、服务质量为各方投资人士有口皆碑。自信、开放、真诚、友善，多年来，芙蓉区人带着这样的情怀和形象，出现在世界的很多地方。今天，她以同样的方式迎接来自五湖四海的朋友，向各位展示自我展示合作的美好愿望。

芙蓉，水之莲花，她美丽而清新，她在期待着，期待着天下的知己。芙蓉区欢迎你！

附录九　湖南电视节目流程及台本（节选）

资料来源：刘一平主编《湖南电视 40 年·风行》
（下卷），湖南人民出版社 2010 年版。

《倾城送英雄》流程及台本（节选）

场景一： 开篇：观众朋友们大家好，这里是湖南经视综合频道、直播都市频道、金鹰 955 电台联合为您现场直播的"倾城送英雄"。今天，罗长明、罗海文、周景华 3 位为保电而英勇殉职的烈士灵柩将从解放军 163 医院出发，经省电力最后到达阳明山殡仪馆。下午还将举行追悼大会。今天的特别直播节目，让我们送英雄最后一程。

节目形式：演播室、主持人、现场直播、VCR、解说、配音

节目内容：【10 路经视记者沿途守候全程记录感人场面】

从今天凌晨开始，我们派出了 10 路记者守候在英雄灵柩经过的各个路口、全面记录省会市民最后送别英雄的感人场面。运送 3 位英雄的灵柩的车队将从解放军 163 医院出发，（路线图）途径四方坪、三一大道、伍家岭立交桥、芙蓉路、识字岭、人民路、韶山路、香樟路，最后抵达阳明山殡仪馆。湖南经视除了派出两组记者全程拍摄外，另外 10 路记者将用镜头记录下沿途市民送英雄的感人场面。我们的许多记者和摄像都纷纷要求参加这次报道，为的就是送 3 位英雄后一程。

场景二：

节目形式：现场连线、采访、VCR、配音、实况、同期声、采访

节目内容：

连线： 袁文茜（163 医院）……

连线： 王菁（采访当日抢救的医生）……

VCR：倾城送英雄（一）悲壮瞬间：三名电力工人以身殉职……

VCR：倾城送英雄（二）三位英雄简历……

VCR：倾城送英雄（三）重走烈士路，重回英雄战斗过地方……

【配音】垮塌的电塔下，三顶色彩鲜艳的安全帽已经被牢牢地冻在冰雪中。这是罗长明、罗海文、还是周景华的？还是其他工友的？这并不重要，重要的是，它曾经戴在战斗在抗冰一线的电力工人的头上，它的使命，是保护主人的生命安全，而如今，它却凝固于此。

【同期声】省送变电公司 320 队队长文武……

【配音】在除冰工作已经持续了 3 个小时的 26 号中午 1：00，没有任何预兆，41 号、43 号、44 号电塔瞬间接连倒塌，罗长明、罗海文、周景华找不到任何逃生的机会。文武只能看着他们随着电塔倒塌，说到这里，文武在此沉默，点燃了一根烟。

VCR：倾城英雄（四）忆亲人，悲难禁

采访周景华妻子石爱英：今年我们 10 周年结婚纪念，约好要补照一套婚纱照的。他答应了我的，他答应了我的呀。

【配音】罗海文的母亲永远忘不了农历 12 月 14，儿子出门的这个日子。出门前，黄桂英试图说服儿子不让他出门，因为罗海文刚从外面回来才 3 天，冰雪天气，坐车不安全，但罗海文说只是去涟源市，3 天后就回。当时，黄桂英并不知道儿子对她撒了谎。仅仅 1 个星期，盼着儿子回家的她，听到的却是儿子的死讯。

【实况】MTV

【配音】1 月 20 日是英雄罗长明的生日，刚刚过完生日没多久的他就与家人阴阳两隔了。生日这天下午，罗长明突然接到公司电话，称省管电网出现大面积覆冰，急需除冰，以保障全省电力供应，尽管母亲一再挽留，他还是义无反顾地出发了……

【同期声】罗长明母亲彭建祥：这两个月，儿子就在家里待了两天，其他时间都在外边除冰。我要他不要出去，他硬要出去，他说是为了抗冰为了抢电……

场景三：

节目形式：VCR、实况、配音、同期声

节目内容：

VCR：倾城送英雄（五）强忍悲痛（3 位烈士工友坚守一线……看望

伤者……好男儿泪洒病床……)

【配音】下午，大家委托队长文武去医院看望在同一事故中受伤的工友李赛。但从走进病房，看到李赛一刻起，文武就开始沉默，他们到底想些什么？……当医生说李赛脊椎底骨碎裂，可能终身瘫痪时，这种沉默终于被打破。

【同期声】我不知道怎么说自己的心情了，难过……

VCR：倾城送英雄（六）温家宝总理慰问家属烈士：他们是人民的好儿子！

对英雄的感激和敬仰，是我们的情愫。百姓眼中的英雄，既崇高又平凡。英雄走了，但我们永远记得，在这个 50 年不遇的冰雪季节，是他们给予温暖光明的保证，他们使我们的亲人和恩人。因此，每个人都为他们给予我们的生命付出而致歉，而悲伤，而感动，而振奋！昨天，前来湖南指导抗灾救灾的国务院总理也特意抽出时间，在 3 位烈士的家属驻地，代表党中央、国务院，表达对烈士家属的亲切慰问。

配音：在 3 位烈士家属驻地，温总理一一握住烈士家属的手，表达党中央、国务院的亲切关怀和问候。总理告诉烈士家属，当听到 3 位烈士牺牲消息后，自己的心情十分沉痛，当即通过湖南省委表达对烈士的哀悼和家属安慰。总理说，3 位烈士为抢修国家电网和人民利益而牺牲生命。湖南人民不会忘记他们，全国人民不会忘记他们！

同期声：中共中央政治局常委、国务院总理温家宝：他们是人民的好儿子……

配音：烈士家属失去亲人的伤痛和对总理关怀的感激之情交织在一起，个个热泪盈眶。烈士罗长明的妻子是个聋哑人，家里还有个几岁大的小孩子。总理拉着她的手问长问短，嘱咐一定要把孩子抚养好、教育好。虽然她无法用语言来和总理交流，但满眼的热泪表达了内心的感激之情。

同期声：温家宝："希望你们更好地生活，把本职工作做好，把老人安抚好，把子女教育好。"

配音：随后，温家宝真诚地向 3 位烈士家属鞠躬，这一幕深深打动了现场所有的人，更让烈士家属们备感激动和温暖。

场景四：

节目形式：VCR、配音、解说、实况、同期声

节目内容：

VCR：倾城送英雄（七）：事迹感天动地，省委省政府号召向 3 位烈士学习……副省长郭开朗还代表省政府来到烈士家属驻地宾馆慰问。28号，湖南省人民政府正式批复：追认罗海文、罗长明、周景华 3 位同志为烈士。湖南省总工会授予 3 人的"'五一'劳动奖章"荣誉。共青团湖南省委授予 3 人"湖南省五四青年奖章标兵"称号。29 号，省委、省政府又作出了在全省范围内广泛开展向罗海文、罗长明、周景华 3 位抗冰抢险烈士学习的决定。

VCR：倾城送英雄（八）（上万电力职工高空破冰保电）

VCR：倾城送英雄（九）（团结一心，为保电而战！）

配音：这是元月 27 日，湘潭荷塘 22 万伏变电器的关键设备断路器出现闪击故障。面对这种紧急状况，湖南电力的工作人员立即出动，冒着万伏高压与有毒气体侵袭的危险连夜冒雪突击抢修。吱吱作响的电流，跳动的蓝色火焰，令人不寒而栗。其实，早在元月 23 日凌晨，承担长沙电网供电量 60% 的益长 5 条 500 千伏及以上输电线冻上了碗口粗的冰……元月 28 日，湖南省政府发出紧急通知，要求在当天晚上 8 点开始启动电力应急预案Ⅰ级应急响应。截至元月 29 日，全省最大可供电力继续下降，全省最大可供电力仅为 491 万千瓦，已经十分吃紧。元月 29 日下午 4 点，省政府紧急召开由多个职能部门组成的保电协调会……为充实一线保电队伍，省政府已经从省军区、武警总队等部门抽调了 4000 人的队伍，赶赴一线，为保电而战。

VCR：湖南众志成城，抗击冰冻灾害

配音：50 年未遇的严寒冰雪天气，自元月 10 日起，骤然席卷南方 10省。截至元月 29 日上午 10：00，冰冻共造成湖南 3019 万人受灾，10 人死亡，紧急转移安置 35.7 万人，倒塌房屋 5.4 万间，259.5 万人饮水困难，农作物受灾面积 212 公顷，死亡大牲畜 24.6 万头（只），初步估算直接经济损失达 120 亿元以上。由于持续冰冻，京珠高速共转移滞留旅客 8 万人，仍滞留车辆 6400 台，人员约 2 万人。目前，京珠大救援仍在紧张有序地进行。此外，湖南省委省政府还紧急动员驻湘官兵与民兵预备人员8.2 万人，投入到抗击风雪的保卫战中。湖南的冰雪灾情也牵动着党中央、国务院领导的心。元月 28 日，中共中央总书记、国家主席、中央军委主席胡锦涛专门致电湖南省委书记、省人大常委主任张春贤，详细询问湖南灾情，并向全省防冻抗灾一线的同志们和受灾群众表示亲切慰问。胡

锦涛说，希望湖南团结一心，积极抗灾救灾，确保人民群众生命安全，夺取抗灾救灾全面胜利。当天晚上 8∶30，中共中央政治局常委、国务院总理温家宝从北京赶赴湖南，考察指导抗冰救灾工作。今天上午，温家宝总理来到长沙火车站看望滞留旅客，送上党中央和国务院的亲切关怀。在湖南抗击严寒冰冻最关键时刻，总理来到因冰雪灾害而滞留的旅客身边，并激励大家同心协力抗击冰雪。温暖的话语、真诚的关怀，让所有人相信，党和人民永远在一起，风雨同舟。也坚定了全省干部群众众志成城、抗击冰冻灾害的决心。

场景五：

节目形式：VCR、配音

节目内容：

VCR 综述：倾城送英雄，携手战冰冻

冰冻面前不能畏惧，冰冻面前要忠于职守，冰冻面前要有舍己为公的大无畏精神。三位普通的电力工人，因为坚守心中的那份责任，在这个寒冷的冬天成了我们尊敬的英雄。三位英雄走了，抗击严寒冰冻的使命并没有结束，打通南北动脉，破冰保电的战斗正在打响，让我们倾城送英雄，携手战冰冻！

配音：春节近了，团聚的日子近了，而一场突如袭来的冰冻将你留在路途上。寒冷、饥饿、思念亲人的焦虑，向你袭来。冰封大地，道路中断，你们被滞留一天、两天、三天、四天、五天；严寒冰冻的无情，阻止了游子回家的道路，扼抑了亲人团聚的渴望。当你觉得寒冷、饥饿焦虑的时候，各种各样的关怀从四面八方涌来。到冰雪中去，到群众最需要的地方去，保畅通、保供电、保社会供应；分流、疏散、救援，雪中送炭；各级党员干部始终都在抗击冰雪第一线，党中央、国务院的亲切关怀，省领导的一线指挥，自然灾害来袭的时候，党和政府始终和我们站在一起。我们看到，灾害到来的时候，最艰难的不是被困者，那些应急而动的人才是最艰苦的。道路管理工人来了，严寒冰冻中，顶风挥动铁铲，一条条通道从皑皑白雪中开辟出来。

人民警察来了，冰冻光滑的道路上，冒雪蹒跚而行，一辆辆停滞的车辆缓缓前行。白衣天使来了，困顿的老人、患病的儿童，在他们的护理下露出笑容。社会各界关心来了，方便面和滚烫的开水，送到了被困者手中，那一刻，寒冷和饥饿不见了踪影。在被困者中间，美德给彼此以力量，将有限的食品和水分给儿童，将单薄的棉衣给老人，同舟共济、共渡难关。被冰冻围困的时候，信念给予我们力量，用微笑面对饥饿，用微笑面对冰冻，用微笑战胜一切困难。一路上有爱，一路上有信念，路上充满爱的力量。今天，冰雪中太阳再次露面，我们坚信冬天到了，春天就不会远了。明天我们都会在阳光下微笑！

场景六：

节目形式：VCR、主持人

节目内容：

尾声：大冰雪不可怕，怕就怕没有精神和意志，大冰雪终将穷期，终将出来。英雄的存在，实际上是无数保障民生群体的存在，一个好制度的存在。让我们携起手来，打一场抗击冰雪的保卫战，以实际行动祭奠烈士。

《在这片神奇的土地上》节目流程及台本（节选）

场景一：

节目形式：VCR、配音

节目内容：这是一片神奇的土地！

场景二：

节目形式：VCR、配音

节目内容：

介绍"湖南"的由来（在浩瀚的洞庭湖以南……），"芙蓉园"美称的由来，源自唐晚诗人谭用之《秋宿湘江夜雨》"秋风万里芙蓉国"，毛泽东同志吟咏"芙蓉国里尽朝晖"。

场景三：

节目形式：VCR、配音

节目内容：介绍"三湘四水"称谓的由来（三湘即：漓湘、潇湘、蒸湘，四水即：湘、资、沅、澧）。用"娥皇""女英""大禹治水""炎黄子孙"等优美的传说和名胜古迹说明湖南与中国历史的渊源关系。

场景四：

节目形式：VCR、配音

节目内容："过端午""划龙舟"等传统风俗源自湖南汨罗（公元前278年农历五月初五，楚国的三闾大夫屈原被放逐江南，因忧国忧民，在汨罗投江。)

场景五:

节目形式;VCR、配音

节目内容:长沙马王堆出土的西汉女尸及各种珍贵文物展现了我国2000多年前灿烂的科学、文化,说明了古代劳动人民的聪明才智。

场景六:

节目形式:VCR、配音

节目内容:中国古代四大发明之一的造纸术、中国五大名山之一的南岳衡山、中国古代三大名楼之一的岳阳楼……中国古代文学的几大名篇巨记,中国古代四大书院的石鼓和岳麓两大书院都在湖南。"惟楚有材,于斯为盛",就是对湖南这片神奇土地的点睛之笔!

场景七:

节目形式:VCR、配音

节目内容:历数明末清初开始,湖南的杰出人才:王船山,左宗棠,谭雨桐、黄兴、蔡锷、宋教仁、毛泽东、刘少奇、蔡和森、何叔衡、邓中夏、蒋先云、任弼时、向警予、夏明翰、郭亮、左权、黄公略、李立三、林伯渠、徐特立、谢觉哉、陶铸、李富春、谭震林、蔡畅、胡耀邦……彭德怀、贺龙、罗荣桓3名元帅,粟裕、黄克诚、陈赓、谭政、许光达、萧劲光6名大将,王震、杨勇、杨得志、宋任穷、宋时轮、陶峙岳等16名上将,中国的第一个女将军——李贞,国际主义战士罗盛教、共产主义战士雷锋、欧阳海,堪称"伟人之乡""将军之乡""名人之乡"。

场景八:

节目形式:VCR、配音、解说

节目内容:湖南这片土地滋养了一批著名的文学艺术大师:文学家周扬、丁玲、周立波、张天翼、沈从文,音乐家吕骥、贺绿汀,戏剧电影艺术家欧阳予倩、田汉,历史学家吕振羽、翦伯赞、周谷城、华侨教育家张国基,举世闻名的国画大师齐白石,著名画家高希舜、黄永玉,科学家袁隆平、陈国达,从湖南走向全国、走向世界。

场景九:

节目形式:VCR、配音

节目内容:"湖广热,天下足"的注脚:湖南素有"洞庭鱼米乡""麻之乡""有色金属之乡""湘绣之乡"以及浏阳的"花炮之乡"等美称，诠释了资源丰富的湖南。

场景十：

节目形式：VCR、配音

节目内容：结束语：在祖国的江南，有一片神奇的地方。一支斑竹，从九章到君山，把古老的文明大厦支撑……"一楼何奇"，集四水汇三湘，把天下的忧乐铭刻在心上。南岳独秀，武陵迷宫，集多少开拓者的智慧和力量。八百里洞庭，哺育多少英雄儿女，升腾起多少理想的光！这里不愧是地灵人杰，民族之光！

《我说潇湘女》节目流程及台本（节选）

场景一：

节目形式：VCR、配音、歌曲

上集：着重以散文的笔调介绍了湖南妇女所处的文化环境、历史环境、经济环境和自然环境，从而揭示了她们的性格特征和情感特征。

场景二：

节目内容：中集：从五四运动到中华人民共和国成立，这一历史时期是中国妇女解放黎明时期和进步期。作为湖南妇女，30 年的坎坷历程，她们中间涌现出许许多多革命领袖和杰出人物。中国共产党的第一位女党员、第一位中央军委、第一位妇女部长、中国第一个参加奥运会的女田径运动员、第一位获得斯大林文学奖的女作家、居里夫人唯一的一位中国女学生都是湖南女性。

场景三：

节目内容：下集：着重介绍新中国成立 40 年来成长、进步的湖南女性。1949 年，中华人民共和国成立，中国妇女解放运动进入高潮期，40 年的社会主义道路，中国妇女在中国共产党的领导下，为共和国的繁荣和发展做出了自己最大的努力。作为湖南妇女，也和全中国的妇女一样，在社会主义建设中，做出了可喜的成绩。中华人民共和国第一位妇联主席蔡畅，新中国第一位获得艺术勋章的电影演员白杨，世界上第一位登上南极最高峰的女性金庆民，中国第一座人类精子库创始人卢光琇，等等，都是湖南妇女的优秀代表……其中，鲜为人知的潇湘女：列入族谱的唐八公唐群英（宣言男女平等，成了女子同盟会），英国文学硕士袁昌英（中国第一位获得英国文学硕士学位的女性，第一个将莎士比亚的作品介绍到中国），居里夫人学生劳君展……

《融城》节目流程及台本（节选）

场景 1：

节目形式：VCR、配音

节目内容：

前言：世纪轮回，社会进入了一个新的春秋战国时代……市场经济定位于中国，农民崛起于土地，民工潮涌向东南，民族企业与狼共舞，红旗猎猎舞动香江……这个时代，所有的竞争都是现实的，所有的脚步都是匆忙的，所有的梦想都是真实的。

场景 2：

节目形式：VCR、配音、同期声

节目内容：

长株潭融城的大背景的必要性：世界范围内，欧盟经济圈、亚太经合组织、北美经济圈一个个横空出世。19 世纪就开始肆虐的欧风美雨，在狂舞了整个 20 世纪后，依然保持咄咄逼人的气势走向下一个世纪，他们现在仰仗的武器之一，就是经济的区域性、集团化。中国的东部沿海首先感受到这种集团化优势的惊涛拍岸，沪宁杭、京津唐、辽宁中南部、珠江三角洲、胶东半岛，一个个城市群因而先后崛起，成为中国眺望太平洋、抗衡欧风美雨的首批桥头堡。（**音乐转**）然而在这种集团化、区域化趋势大浪潮中，有着 21 万平方公里的土地，近 6500 万人口的湖南，却一直为她的国民收入苦恼。

场景 3：

节目形式：VCR、配音

节目内容：**湖南外围形势分析：**东风西渐，中西部省份蓄积待发，中部 5 省首当其冲。但湖南却大有成为中部经济区域发展洼地之势……江西建立"昌九工业走廊"，安徽搞皖江战略，湖北加强武汉中心，广西有边区优势。群雄并起，逼得湖南只剩下一条路可走，那就是寻找培育自己的经济中心——增长极。

场景 4：

节目形式：VCR、配乐

节目内容：宣传片

场景5：

节目形式：VCR、配音、同期声

节目内容：

湖南自身当下形式分析：从地图上看，湖南就像一个人头，三湘四水是她的智慧脉络，与"惟楚有材"的盛名默契，在这片沃土上，曾经产生过无数骚人墨客的文采风流，曾经发生过无数政界要人的叱咤风云，只是湖南经济肌体的内部，是否孕育了拉动自身发展的增长极呢？……

场景6：

节目形式：VCR、配音、同期声

节目内容：

长沙地理位置的局限：落花有意，流水无情。长沙虽强，湖南更大。来自岳阳的一组人口流动数据显示，南方的广州对岳阳的吸引力是长沙的50倍，东方的浦东对于岳阳的吸引力是长沙的2倍……身为龙头，心忧湖湘，但是长沙拉不动大湖南。此时此刻，留给我们的是无声无息无法忽视的巨大压力，无影无形无法摆脱的紧迫感。

场景7：

节目形式：VCR、配音、同期声

节目内容：

融城战略定位过程：启动"一点一线"战略，但"一点一线"战略中的一点如何定位，如何调整，向湖南人提出了一个非常现实的课题。专家们40年前的梦想即将实现……热土热肠，湘水湘魂。政府领导也一直在探寻着湖南的突破点，其中历程也是辗转反复，几经波折，记录了不少鲜为人知却关系到整个湖南未来的故事。最初的点与线关系叫"一线一点"，现在叫"一点一线"；最初的"一点"是长沙，如今"一点"叫放大长沙。搞长株潭经济一体化，建立湖南自己发展的增长极，是历届政府不断总结调整的结果。

场景8：

节目形式：VCR、配音

节目内容：

总结："路漫漫其修远兮，吾将上下而求索"，三湘腾飞之梦，让我们激动，也让我们焦虑。"一点一线"的一点能放大吗？放大之后能成为湖南的增长极吗？成为增长极后能使"惟楚有材"的盛誉与经济状况相辉映吗？历史性的期望，导引着我们搜寻的目光；搜寻的目光里，承载着过去的期盼与未来的遐想……或许在中国，不会再有第二个城市会像长株潭这样，经济一体的融城之梦，历经岁月悠悠，痴心始终不改。奔流的湘水作证，这是湖南大地旷古未有的浓墨重彩；不老的麓山作证，这是湖湘子民放飞梦想的又一次开始。

《毛泽东与湖南》节目流程及台本（节选）

场景 1：

节目形式：VCR、配音同期声

节目内容：情系故里，该集采用倒叙的手法，一开始就聚焦 1976 年夏天的毛泽东，这一年毛泽东已身患重病，很想再一次回家乡，节目通过毛泽东希望再回家乡又最终没有如愿的叙述，牵引出其他几次的回乡，"韶山风光依旧，人世几经沧桑"，片中故居景物和人物的引领勾勒出毛泽东家乡生活中的点点滴滴，折射出这位伟人的思乡情怀和回乡的游子之心。

场景 2：

节目形式：VCR、配音同期声

节目内容：风华正茂，描述意气风发、激扬文字时的青年毛泽东。青年毛泽东挥斥方遒，山里的小伙子决定山外求学，梦想的翅膀越飞越高，毛泽东徜徉在湖湘文化的精神之河，感受到厚重的文化分量，定王台图书馆、湖南第一师范学校、岳麓书院见证着青年毛泽东的成长，毛泽东并不只是沉浸在象牙塔里的书生，这时的毛泽东游历湖南各地，立志闯出湖南。

场景 3：

节目形式：VCR、配音同期声

节目内容：攒火潇湘，时代的使命感已经使得毛泽东立志于拯救中国，毛泽东 1918 年开始北京之行，在北京与当时知识精英的接触使得毛泽东眼界大开，并接受了先进思想的洗礼，回到湖南后，毛泽东出版刊物、领导代表团活动，尽情挥洒自己的才能。之后毛泽东接受了马克思主义思想，找到了理想坐标，并在湖南传播这种思想，接下来毛泽东创建中共湖南支部并积极领导各种运动，他将要走向整个中国的政治舞台。

场景 4：

节目形式：VCR、配音同期声

节目内容：上山之路，五卅运动爆发，反对帝国主义呼声响彻中华大地，毛泽东开始组织党支部并领导湖南农民运动。湘华之畔，毛泽东感叹"问苍茫大地，谁主沉浮"，他放眼全国，到各地调查和演讲，撒播革命的火种。国共合作破裂，北伐失败后，毛泽东依托着工农的力量，面对着反革命的白色恐怖，他开始领导秋收起义，并提出"枪杆子里面出政权"的著名论断。之后毛泽东上井冈山，沿着这条上山之路，中国革命才有燎原之势，创出一片天地。

场景5：

节目形式：VCR、配音同期声

节目内容：明月清辉，新中国成立以后，毛泽东已经是国家领导人，此时的新中国百废待兴，毛泽东并没有忘记以往的岁月和对家乡的思念。作为领导人的毛泽东依然怀旧，会对老朋友、老战友伸出援助之手，对于曾经为革命做出过贡献的人，毛泽东总显得情意绵长。但毛泽东是个有原则的人，警惕所谓"人情"，号召同志们保持谦虚、谨慎、不骄、不躁的作风，保持艰苦奋斗的作风，毛泽东身份的特殊性验证了他明月清辉的形象。

场景6：

节目形式：VCR、配音同期声

节目内容：国事萦怀，毛泽东日理万机，经常穿行在中国各地。新中国成立后，毛泽东曾40多次回到湖南，本集主要通过毛泽东在全国各地考察路经湖南时作出的一些重要决策和指示，体现了主席国事之中仍不忘湖南的情怀。1971年，正值林彪集团猖獗之时，主席南下巡视时，谆谆告诫要真懂马克思主义，避免盲从。

场景7：

节目形式：VCR、配音同期声

节目内容：长沙决策，本集形象刻画了毛泽东的恋乡情怀，往昔橘子洲头和湘江的景象在他的脑中萦绕。这也是他最后一次回湖南，年迈的毛泽东身体并不舒适，正是在这次出行中，毛泽东第一次明确表示要进一步重用邓小平，同时毛泽东也把眼光投向湖南湘剧、其他文化事业和教育事业。北京的"四人帮"并不平静，毛泽东在长沙做出相应的指示。之后，毛泽东与周恩来促膝长谈，商讨国家前途和领导体制以及人事安排方案，是谓长沙决策。

场景 8：

节目形式：VCR、配音同期声

节目内容：长岛新歌，本集聚焦湖南的发展。也是毛泽东湖南情结之延伸，讲述毛泽东在世时对湖南发展做出的贡献和逝世后党对湖南的政策指示与关照。湖南正在不断地进步，厚重的文化传统和党的领导之下必定会出现"芙蓉国里尽朝晖"的壮丽景象。

《父辈的战争岁月："红二代"眼中的大将故事》节目流程及台本（节选）

节目形式：VCR、配音

场景 1：

常胜将军粟裕：战场上，他被誉为无往不胜的"战神"。1938 年陕北延安召开苏区代表大会，烈士名单中竟然有"粟裕"两字；孟良崮战役，粟裕以"百万军中取上将首级"的气概全歼被蒋介石视为"国军模范"的张灵甫和他的精锐部队整编七十四师；淮海战役歼敌 55 万余人后，战无不胜的粟裕为何被另外一个敌人所击倒？

场景 2：

心底无私黄克诚：黄克诚晚年曾对儿女说，自己视力差，身体又不好，算不得一个合格的职业军人，然而陈毅却这样评价过他：别看黄克诚带着近视眼镜，他的眼睛看得可远，是千里眼！在漫漫长征路上，黄克诚收留了一位王姓土豪的孩子，这位在战乱中与父母失散的孩子为何后来却给他带来无限的伤痛？1945 年秋季的一天，黄克诚一封急电受到了中央军委和毛泽东的重视，那么，这份急电有着什么不同寻常的内容呢？大海啸成为苏北人们几百年来的心腹之患，面对这个强悍对手，面对老百姓的质疑，黄克诚如何让"村庄被淹，难民遍地"的悲惨景象变成历史？

场景 3：

天地英雄陈赓：在黄埔军校，陈赓是第一期学员中的佼佼者。因为曾救过蒋介石性命，陈赓与蒋介石结下了不解之缘。但是 6 年之后，两人却进行一次面对面的交锋，他们之间究竟发生了怎样的冲突？红军 25000 里长征，陈赓为何因一位小红军流下了眼泪？神头岭战役，面对不具备打伏击战的地形，陈赓如何成功指挥了这场神奇的歼日战？

场景 4：

带笔从戎谭政：毛泽东曾这样评价这位开国将军：谭政——谈政，这是对他一生功绩的高度概括和评价。1927 年，毛泽东为什么要挑选年仅 20 岁的谭政当他的第一任秘书？面对当时文化水平普遍很低的工农红军，谭政发明了一种怎样的学习方法，让红军行军的队列变成了一所流动的文化学校？

场景 5：

从容淡定萧劲光：国共北伐，佩戴中将军衔（1925 年，他是国民革命军的陆军中将，笔者注）的萧劲光亲自冲锋陷阵，当时的他只有 23 岁。1935 年娄山关狙击战，萧劲光如何以 150 多人成功牵制了敌人一个旅的强敌，让党中央得以安全转移？1942 年的延安大生产运动，精通军事，擅长打仗的萧劲光竟然成为一名纺纱能手？有着国民党 10 万人马驻守的长春，城防工事被称为"固若金汤，坚冠全国"，萧劲光如何兵不血刃瓦解了这 10 万敌军？

场景 6：

忠贞不渝许光达：14 岁起，许光达就与共产党结下了不解之缘。1932 年瓦庙集战役，许光达不幸中弹，在没有麻药的条件下，他被 3 次开胸；10 年单身，他只为等待相处不到 10 天的妻子；作为战功赫赫的开国元勋，毛泽东亲自提议"许光达应评大将"时，他却心中有愧，数次让衔。

后　记

　　20 世纪 90 年代初期以来中国大陆的城市形象建设，是政府规划主导下企业、市民和媒体等多元力量共同参与的系统工程。伴随着城市化进程诞生、发展起来的大众传媒，如何建构、塑造和传播城市的良好形象，使之服务于城市的可持续发展和市民的更美好生活，是大众传媒应对城市化进程的必然举措，也是中国传媒践行社会责任的必要担当。基于建设性媒体助推城市发展的现实关切，我将研究的目光锁定在电视湘军对长沙城市形象的建构之上，侧重从城市形象的生产而非消费的角度，探讨电视湘军因何和如何在怎样的地理和社会环境中，建构了怎样的长沙城市形象。

　　本书是在我博士学位论文基础上修改而成的。本书的出版，离不开恩师、益友、领导、亲人的悉心关照。感谢博士指导老师马睿教授，激励和指引我自信地踏上了城市形象传播学研究的沃土。她的亲和、博学与睿智，是马门弟子心目中一道永远亮丽的风景。感谢四川大学文学与新闻学院的老师们，特别是曹顺庆教授、蒋晓丽教授、王晓路教授、赵毅衡教授、冯宪光教授、张怡教授、吴兴明教授、傅其林教授、刘朝谦教授，他们在课堂、讲座和毕业论文指导中的精辟见解，让我受益匪浅。感谢季水河教授、田中阳教授、李本乾教授、陆扬教授、姜飞研究员，他们提出的宝贵建议，对我帮助巨大。感谢挚友陈华明博士、胡易容博士、冯月季博士、张志宏博士、邓榕博士、王积龙博士、刘佳硕士、陈伟芳硕士、王丽萍学士，他们的真诚和热情，让我的写作充满了温馨与活力。感谢湖南广播电视台办公室的王芳、王普女士，为实地调研和资料收集提供了极大的支持。感谢衡阳师范学院文学院的领导和同事们，为我创造了出版的有利条件。感谢我的家人，特别是妻子，"妙手理家伦"，提供了有力的后勤保障。

　　付诸铅印的喜悦才下眉头，如何弥补研究遗憾的忧愁又上心头。也许，不断地求索和超越，才是学问之美、人生之美。